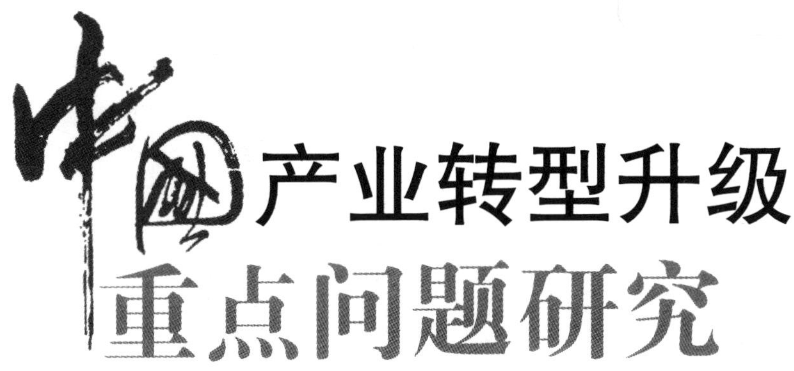

中国产业转型升级重点问题研究

Research on the Key Issues of China's Industrial Transformation and Upgrading

郧彦辉◎著

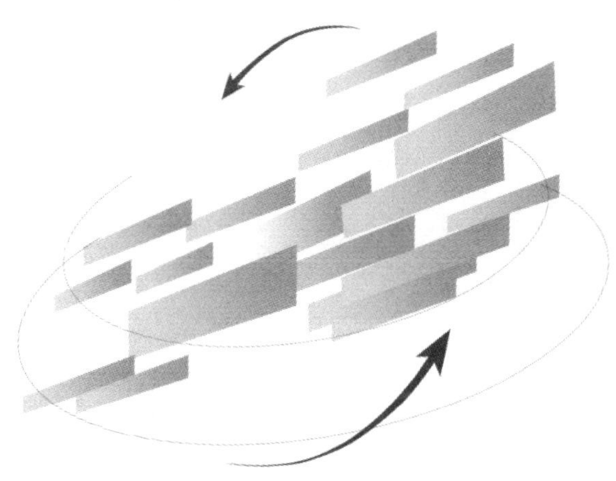

经济管理出版社
ECONOMY & MANAGEMENT PUBLISHING HOUSE

图书在版编目（CIP）数据

中国产业转型升级重点问题研究/郧彦辉著. —北京：经济管理出版社，2018.3
ISBN 978-7-5096-5666-2

Ⅰ. ①中… Ⅱ. ①郧… Ⅲ. ①产业结构升级—研究—中国 Ⅳ. ①F264

中国版本图书馆 CIP 数据核字（2018）第 034077 号

组稿编辑：丁慧敏
责任编辑：范美琴
责任印制：黄章平
责任校对：王淑卿

出版发行：经济管理出版社
（北京市海淀区北蜂窝 8 号中雅大厦 A 座 11 层 100038）
网 址：www. E-mp. com. cn
电 话：（010）51915602
印 刷：三河市延风印装有限公司
经 销：新华书店
开 本：720mm×1000mm/16
印 张：14.25
字 数：223 千字
版 次：2018 年 5 月第 1 版 2018 年 5 月第 1 次印刷
书 号：ISBN 978-7-5096-5666-2
定 价：58.00 元

目 录

第一章　产业转型升级：相关概念和基础理论

自人类社会进入大工业时代以来，产业转型升级问题就一直是经济发展的核心问题。而2008年爆发的国际金融危机，更使脱虚向实、进一步优化产业结构、做好传统产业的转型升级和结构优化等问题，成为各国政府、政党、企业和研究人员持续关注的焦点。研究当前和未来一段时期我国产业转型升级的问题，首先需要对产业转型本身及相关产业政策的基本概念和基本理论进行一个简要阐述，从而为进一步的分析提供理论基础。

一、产业结构相关概念和理论

（一）产业结构相关概念

产业转型升级贯穿于产业结构调整的过程中。产业转型升级包括产业结构的合理化和产业结构的高级化。产业结构相关理论为产业转型升级提供了坚实的理论基础。

“产业结构”主要是指各产业间的相互联系以及关系模式。根据对产业划分方式的不同，对产业结构也就可划分为相应不同的类型，传统的划分方式是将产业分为第一产业、第二产业、第三产业；新近的划分还将发展迅速的产业如高科技产业，称为“朝阳产业”，而将发展停滞甚至萎缩的产业，如一些传统工业，称为“夕阳产业”；等等。从总体上看，一个国家或地区的产业结构总是处于动态的发展过程之中，总体趋势是向以高效益为特征的高级化方向发展。产业结构的发展既是经济发展的结果，又是下一轮经济发展的必备要素。伴随着经济的发展，一些产业可能增长相对较快，另一些产业增长相对较慢，还有一些产业可能会出现萎缩，这种结构变化是产业与需求升级两者良性互动的必然结果。

于是，产业结构调整就贯穿整个现代经济发展史。但对于产业结构调整这一概念，产业经济学等学科还没有形成非常严格的概念界定。一般而言，产业结构调整是指一个国家或地区旧产业结构的衰退与新产业结构形成的过程，其基本内涵包括两个方面：一是过程，是产业结构不断调适的一个动态进程；二是状态，是产业结构调适后所形成的一个全新的结果。这种产业结构调整既有市场经济内在规律作用下的调整，也有国际组织、国家和地区的政府主动干预而希图实现的调整，但无论是自动调节还是政府调节，其目标都是一致的，即希冀通过调整产业结构使产业结构先进化、高级化，进而带来整体经济的高质量发展。

与产业结构调整概念最为相关的就是“产业结构升级”这一概念。产业结构调整是一个中性的经济学术语，调整的结果既有可能是产业结构优化和经济发展，也有可能会带来经济混乱和持续的衰退。但与“产业结构调整”方向不明确不同，产业结构升级的方向更为正向，即通过促使产业结构更加合理，实现整体经济效益优化。从政府角度来看，产业结构升级的主要方法是对现有的产业结构进行改革，采用新技术和科学管理方法，对落后的产能进行淘汰，扶持诸如高新技术行业等先进产能发展，最终实现产业结构由低级向高级形式的过渡。从近代以来人类三次工业革命的历史进程来看，产业结构升级主要表现在优势产业由第一产业向第二产业及第三产业过渡，由劳动密集型产业向技术密集型产业过渡。正在酝酿的第四次工业革命对产业结构升级的需求更加复杂。

2017 年 10 月召开的中国共产党第十九次全国代表大会指出，“我国经济已由高速增长阶段转向高质量发展阶段，正处于转变发展方式、优化经济结构、转换增长动力的攻关期，建设现代化经济体系是跨越关口的迫切要求和我国发展的战略目标”[①]。未来我国要深化供给侧结构性改革，贯彻新发展理念，推动新型工业化、信息化、城镇化、农业现代化同步发展，产业结构升级将会贯穿于整个现代化经济体系形成的过程中，成为学界和政府共同关心的核心议题。

（二）产业结构相关理论

产业结构理论是产业经济学的主体理论，其研究的核心议题一般包括：产业结构的决定因素、产业结构的演变规律、产业结构优化、战略性产业的选择，以及产业结构政策等。自近代经济学兴起以来，产业结构理论不断发展，目前已经成为国际组织、各国中央和地方政府制定各类产业发展政策的重要理论基础。

1. 国外产业结构理论的发展

包括欧美和日本在内的主要发达国家产业结构理论发展已经有几个世纪，但理论大发展还是 20 世纪 30 年代以后的事情。按不同历史时期大致可以划分为以下几个阶段：

第一，产业结构理论的萌芽时期。有关产业结构理论的思想萌芽可以追溯到 17 世纪，威廉·配第、亚当·斯密、马克思等人的观点和思想都是产业结构理论的重要思想来源。

在 17 世纪中后期，英国资产阶级古典政治经济学创始人威廉·配第（William Petty）就在其著作《政治算术》（1672）中提出了著名的“配第定理”，他认为，“比起农业来，工业的收入多，而商业的收入又比工业多，即工业比农业的附加值高、服务业比工业的附加值高”。在可见的文献中，这是第一次比较全面地提出了人类社会进入大工业时代后，未来产业结构最有可能出现的演变趋势，虽然这种论证还缺乏精准的数据支撑，但他对未来产业结构升级提供了最初的理论支持。

在 18 世纪中期，西方自由主义经济学的鼻祖亚当·斯密（Adam Smith）则提出，市场能够自发调节并进行自由竞争，在这一市场机制作用下，厂商们的市场

① 习近平. 决胜全面建成小康社会　夺取新时代中国特色社会主义伟大胜利——在中国共产党第十九次全国代表大会上的报告（单行本）［M］. 北京：人民出版社，2017.

行为会有相应的变化。他认为，随着劳动分工的不断推进，产生了大规模的专业化协作，这种专业化协作带来前所未有的经济绩效。斯密在此基础上进一步提出他的绝对成本说，认为应该按绝对成本的高低进行成本分工，合理配置资源，优化产业结构。尽管斯密并不太赞成被称为自由主义经济学家，但他对政府功能扩张的警惕，必然会影响甚至是阻止实践中各国政府出台各种形式的产业政策。

进入 19 世纪以后，马克思主义政治经济学的创始人马克思则创立了社会资本再生产理论。众所周知，马克思进行了著名的社会生产两大部类的对比分析，他认为，“社会总产品，从而社会的总生产，分成两大部类：Ⅰ生产资料，具有必须进入或至少能够进入生产消费的形式的商品。Ⅱ消费资料，具有进入资本家阶级和工人阶级的个人消费的形式的商品”。[①] 每一部类还可以做进一步的细分。两大部类之间应当相互依存、相互制约，按比例协调发展。只有生产资料和消费资料的供给—需求关系相对均衡，才能顺利地实现社会再生产。

第二，产业结构理论的形成时期。真正意义上的现代产业结构理论形成于 20 世纪 30 年代，是在 1929 年爆发的资本主义经济大萧条以后兴起的。其中，霍夫曼、赤松要、克拉克和库兹涅茨等人都对现代产业结构理论的形成发挥了重要作用。

在 20 世纪 30 年代初，德国经济学家霍夫曼（W. G. Hoffmann）依据世界上 20 多个国家的统计资料，对制造业中消费资料工业产值与生产资料工业产值的比例进行了统计分析，提出了霍夫曼比例（消费资料工业净产值与资本资料工业净产值之比）这一概念。在此基础上，他提出了著名的“霍夫曼定理”，即在工业化过程中，霍夫曼比例是不断下降的。根据霍夫曼比例的不同，霍夫曼将人类社会的工业化进程大致划分为四个阶段。首先出现的是消费资料工业的生产占主导地位的阶段，这时的霍夫曼比例约为 5；随后生产资料工业不断发展壮大，但消费品工业生产规模仍大于生产资料生产规模，霍夫曼比例约为 2.5；到了第三阶段，生产资料工业与消费资料工业两者规模旗鼓相当，这时的霍夫曼比例下降为 1 左右；到了第四阶段后，生产资料工业将会占据主导地位，霍夫曼比例小于

① 马克思. 资本论（第二卷）[M]. 北京：人民出版社，2004.

1，标志着工业进入了重工业化阶段。霍夫曼的研究提供了一个基本的大工业结构演进规律框架，但由于是一种理想型的分析，这一分析框架从一开始就受到来自其他经济学家的不断挑战。

1935 年，日本经济学家赤松要提出了产业发展的“雁行形态理论”，“二战”结束后，他与小岛清等人进一步发展了这一理论。雁行形态理论的基本观点可以用三个基本模型来表达。模型 1（基本模型）：后起国家特定产业的生命周期一般由三个阶段构成，即进口→进口替代→出口（后该模型扩展为五阶段，加上“成熟”和“逆进口”两个阶段）。模型 2（变型Ⅰ）：国内各产业生命周期经过上述各阶段，但次序由消费资料生产转向生产资料生产，或由轻工业转向重化工业，进而转向技术密集型产业。模型 3（变型Ⅱ）：随着比较优势动态化，通过直接投资等方式在国际间出现产业转移，东亚的后发超越型国家追赶先发型现代化国家的过程就呈现出一种独特的“雁行模式”。基于这一理论，赤松要认为，后发国家一定要在动态比较优势的基础上确定自身的经济发展模式，国际分工主要是一种垂直分工，必须动态推进不同类型的国家之间的产业转移。

1940 年，英国经济学家科林·克拉克（Colin G. Clark）收集了世界上 40 多个国家和地区在不同时期的三次产业劳动投入和产出数据，通过分析得出结论认为，劳动力在三次产业中所占的比例与人均收入直接相关。人类全部经济活动分为第一产业（农业）、第二产业（制造业、建筑业）和第三产业（广义的服务业），随着人均国民收入水平的提高，劳动力将从农业转向制造业和建筑业；随着人均国民收入水平进一步提高，劳动力便会向服务业转移。总体上看，一个国家或地区的经济发展大致可以划分为三个阶段：第一阶段，经济发展的初级阶段，在这一阶段，农业是人们收入的主要来源，由于农业收入低，所以这一阶段的人均收入水平很低、经济发展水平也很低；第二阶段，随着经济的发展，制造业的人均收入要高于农业，制造业在国民经济中所占的比重不断提高，这一阶段的经济发展水平和人均收入水平都高于第一阶段；第三阶段，随着经济的进一步发展，第三产业的人均收入高于农业和制造业，因此第三产业，特别是服务业获得了较快的发展，经济发展水平进一步提高。

美国经济学家库兹涅茨（S. S. Kuznets）对克拉克等人的研究进行了拓展和

深化。他对产业结构变动和经济总量增长的内在关系进行了研究，提出了库兹涅茨人均收入影响论，认为产业结构的变动受人均国民收入变动的影响。库兹涅茨从国民收入及劳动力在产业间的分布两个方面入手，对 57 个国家的相关统计数据进行了回归分析，发现发达国家在进入现代经济增长阶段后产业结构会出现新的变化：当人均产值在 70~300 美元时，农业在国民经济中的比重下降，工业和服务业的比重上升；当人均产值在 300~1000 美元时，各部门比重变化不大，但工业和服务业内部结构变化较为显著。在此基础上，库兹涅茨揭示了三个部门创造的产值和所占劳动力之间比例关系的变化趋势，认为落后的穷国要变成先进的富裕国家，不二法则是发展非农产业，让农业劳动力不断地向其他产业流动。

第三，产业结构理论的发展时期（20 世纪 50 年代至今）。20 世纪 50 年代后，现代产业结构理论得到了快速发展，刘易斯、赫希曼、罗斯托、筱原三代平、钱纳里等人对产业结构的研究都已经成为经典。

1954 年，刘易斯（W. A. Lewis）提出了著名的二元经济结构模型。刘易斯认为，发展中国家经济落后的主要表现就是，整个经济结构是现代资本主义部门太过弱小、落后，而传统的农业部门过于强大，这种畸形的二元经济部门结构必须改革，基本方向就是扩大现代资本主义部门，从而吸纳传统农业中的剩余劳动力，最终消除工农之间、城乡之间以及工农业内部的结构失衡。这一理论模式已经成为最近半个世纪以来世界各国工业化、城市化的基础性理论假设。

1955 年，日本经济学家筱原三代平针对传统比较优势理论的缺陷，提出了“动态比较费用学说”，其核心思想是，产品的比较成本会发生变化，并能形成动态比较优势。一个国家或地区应重点扶持那些有发展潜力、对国民经济有重要意义的产业，即“扶持幼小产业说”。这一理论表明，落后国家通过对幼稚产业的扶持，可以将原本处于劣势的产品转化为优势产品，促进落后国家产业的发展。筱原三代平还对日本当时产业结构的规划提出了两个基准，即“收入弹性基准”和“生产率上升基准”。收入弹性是某一产业产品需求变化与人均国民收入变化之比，随着收入的增长，收入弹性比值较大的产品，其社会需求会快速增长；生产率是产出对全部投入要素之比，影响生产率上升的最重要因素是技术水平，技术水平高的部门生产率提高速度较快，产业的增长速度较快，在国民收入中的比重也会随之上升，反之，其在国民收入中的比重不断下降。筱原三代平认为，按照收入弹性基准，应该优先选择收入弹性比较大的产业作为主导产业，并重点进行发展；按照生产率上升基准，应该选择技术进步率较高的产业作为主导产业，并重点进行发展。一个国家平衡发展所有产业是不可能的，必须重点发展能够对其他产业产生重大影响的产业，而重工业的产业关联效应较大，在经济发展过程中应优先重点发展。

1960 年，美国经济学家罗斯托（Walt W. Rostow）提出了“主导产业扩散理论”和“罗斯托经济起飞模型”。他认为，无论是在一个传统社会还是在现代社会中，主导产业的发展最为关键。为数不多的主导部门的快速扩张，是经济快速发展的关键要素，而且主导部门的扩张对其他产业部门产生扩散效应作用，也会直接制约或促进其他产业结构的发展。在《经济成长的阶段》一书中，罗斯托将经济成长的过程划分为六个阶段：一是传统社会阶段，这一阶段以手工劳动为主，农业是主导产业，经济发展处于低水平循环状态；二是准备起飞阶段，这一阶段，近代科学技术逐渐在工业中发挥作用，世界市场不断扩大，劳动力逐渐从农业转向其他产业，投资率的提高明显超过人口的增长水平；三是经济起飞阶段，这一阶段相当于产业革命时期，出现了大规模工业制造业，由一个或几个经济主导部门带动国民经济的增长，资本积累率在国民收入中所占的比重增加到10%以上；四是成熟阶段，在这一阶段，现代科技广泛应用于生产部门，投资率达到 10%~20%，产业结构发生较大变化，主导产业从劳动密集型产业转向了资本密集型产业；五是高额消费阶段，在这一阶段，主导产业从制造业转移到耐用消费品部门，社会成员的生活方式发生较大转变；六是生活质量阶段，在这一阶段，社会主导产业从耐用消费品部门转移到教育、医疗、保健、社会福利、娱乐、旅游等服务业部门，追求更高的生活质量成为社会成员的普遍目标。

20 世纪七八十年代，钱纳里（H. B. Chenery）等提出“发展的型式”理论，根据 101 个国家的数据采用了一般均衡的结构变化模型，描述了经济增长过程中产业结构变化规律的“标准结构”。借助多国模型，将经济发展阶段划分为初级产品阶段、工业化阶段和发达经济阶段，其中，工业化阶段又分为工业化初期、工业化中期和工业化后期。以 1964 年的美元计算，人均 GDP 在 200~400 美元为工业化初级阶段，400~800 美元为工业化中期阶段，800~1500 美元为工业化后期阶段。

1993 年，日本学者关满博提出了产业的“技术群体结构”理论，他构建了一个三角形模型，分别对日本以及东亚各国和地区的产业技术结构进行了比较研究。他认为，日本应放弃从明治维新后经百余年努力所形成的“齐全型产业结构”，必须促使东亚形成网络型国际分工，日本只有在参与东亚国际分工和国际合作中对其产业进行调整才能保持领先地位。

2. 我国学者对产业结构问题的研究

我国对产业结构的研究起步较晚，新中国成立之初，产业结构问题的研究被限定在“两大部类关系”和“农、轻、重关系”这两大分析框架内。自 20 世纪 80 年代初期以来，西方产业结构理论逐渐被尝试用于分析中国问题；到 90 年代初期，基本上完成了学术研究范式的转变。[①] 随着国民经济的发展，产业结构的发展和调整越来越受到重视，相关的研究成果越来越多。

杨云龙认为，20 世纪 90 年代初，我国经济发展处于工业化进程加速的初级阶段，与世界主要工业发达国家在 19 世纪末 20 世纪初的工业化程度相似。[②] 刘伟以我国产业结构演变的数据为样本，通过统计归纳和比较分析，认为我国产业结构的演变从劳动力构成和产值构成看，与配第—克拉克定理基本吻合，但演变缓慢，就业结构与产值结构变动呈非相关性。[③] 周振华在其专著《现代经济增长中的结构效应》中认为，产业结构效应的研究应该包括结构开放效应内容，他还进一步分析了在开放的环境下，产业结构变动与经济高速增长的关系。杨治借鉴西方产业结构及其组织理论，认为一定的产业结构状况是与一定的发展阶段相联系的，经济总量的增长依赖于结构的变动，特别依赖于高速增长的新兴产业。[④]

林毅夫认为一个国家的最优产业结构决定于这个国家的资源禀赋结构，提高一个国家的产业结构水平，关键在于提高这个国家的资源禀赋的结构水平。[⑤] 苏

① 江小涓. 理论、实践、借鉴与中国经济学的发展：以产业结构理论研究为例［J］. 中国社会科学，1999（6）.

② 杨云龙. 论中国经济结构的发展模型［J］. 经济研究，1988（3）.

③ 刘伟，杨云龙. 工业化与市场化：中国第三次产业发展的双重历史使命［J］. 经济研究，1992（11）.

④ 杨治. 产业经济学导论［M］. 北京：中国人民大学出版社，1985.

⑤ 林毅夫等. 中国的奇迹：发展战略与经济改革［M］. 上海：格致出版社，1999.

东水认为，产业结构优化是指推动产业结构合理化和高度化发展的过程。[①] 周建安从生态发展的角度来分析我国的产业结构，认为这是我国社会经济突破自然资源和生态环境约束条件瓶颈走向可持续发展之路的必然选择。[②] 刘伟等将产业结构高度化界定为，原有生产要素和资源从劳动生产率低的产业部门转移至劳动生产率高的产业部门，新增投入生产要素流向高劳动生产率产业部门，高生产率产业部门所占比例上升，整体产业部门劳动生产率和“结构效益”得到提高。[③] 干春晖等在测度产业结构合理化和产业结构高级化的基础上，构建了关于产业结构变迁与经济增长的计量经济模型，进而探讨了二者对经济波动的影响，研究结果表明，产业结构合理化和高级化进程均对经济增长的影响有明显的阶段性特征。[④] 郭凯明等建立了一个两国多部门的新古典增长模型，来研究中国产业结构转型的影响因素，结果发现恩格尔效应、投资效应和转移成本效应分别是影响第一、第二和第三产业就业比重变化的最主要因素，需求收入弹性低、劳动密集度高和存在转移成本是第一产业就业比重高的原因。[⑤]

3. 几点认识

产业结构理论是产业经济学的一个核心理论，产业结构理论的研究，基本上是以现实作为出发点、以政策建议作为归宿，实用主义色彩浓厚。发达国家和一些新兴工业化国家在产业结构理论研究和实际应用方面已经积累了大量的知识和丰富的经验，产业结构理论发展到现在其体系已经日臻成熟。上述有关产业结构的理论文献构成了产业结构理论的支柱与基础文献，对于产业结构的研究具有重要意义，其他很多关于产业结构的理论文献或者是对这些理论的验证与应用，或者是对这些理论的进一步完善。

但是应当注意的是，早期的国外产业结构理论大多在封闭条件下研究一国产业结构的演化动力、规律及影响。在上述产业结构理论中，无论是配第—克拉克定律、霍夫曼定理、库兹涅茨的产业结构演进规律，还是钱纳里工业化阶段理

① 苏东水. 产业经济学［M］. 北京：高等教育出版社，2000.

② 周建安. 我国产业结构演进的生态发展路径选择［D］. 暨南大学博士学位论文，2007.

③ 刘伟等. 中国产业结构高度与工业化进程和地区差异的考察［J］. 经济学动态，2008（11）.

④ 干春晖等. 中国产业结构对经济增长和波动的影响［J］. 经济研究，2011（5）.

⑤ 郭凯明等. 中国改革开放以来产业结构转型的影响因素［J］. 经济研究，2017（2）.

论、罗斯托主导产业扩散效应论和经济成长阶段理论等，这些理论研究思路和侧重点不同，但是他们研究的基本倾向和主线从总体上看是一致的，都以“国家”为分析单位，着重点在国内的产业结构变动。但是随着经济全球化的不断深入，尤其是2008年以来国际金融危机的现实提醒我们，产业结构理论不能仅仅局限于以国家为分析单位，要在区域化、全球化条件下探讨产业结构问题，构建出一个全球化产业结构理论框架。在此基础上，各国可根据自己的产业结构特点或者区域产业结构特点对这些基础产业结构理论进行应用与拓展。

而我国对产业结构的研究多集中于对现状和发展规律、趋势的研究，相关研究也取得了一定进展，研究范式不断转变，研究方法日益丰富。早期的研究以定性分析为主，随着研究的不断深化，人们开始注重定量研究，并逐步利用动态研究、模型推导等方法，研究的深度和广度也在不断拓展。

二、产业政策的基本内涵和相关概念

（一）产业政策的基本内涵

现代意义上的产业政策思想可以追溯到17世纪英国的贸易保护政策，在20世纪之前，美国、德国等也都曾实施过保护国内幼稚产业的政策。如1890年，美国制定了世界上第一部反托拉斯法，即美国联邦国会通过《保护贸易及商业以免非法限制及垄断法案》，简称《谢尔曼反托拉斯法》，该法主要是禁止限制性贸易做法及垄断贸易的行为，“一战”结束后，西欧国家也大都出台了反托拉斯法。这类法律实际上是一种以限制垄断、鼓励竞争为主的产业政策。

但是“产业政策”这一概念，最早却是产生于日本。自明治维新起，日本就开始对经济进行干预和调节。第二次世界大战结束后，为了振兴经济，日本制定了“产业合理化政策”，以提高产业结构高度化为目标，明确了带动整个经济起飞的“战略产业”，并通过政府的经济计划、经济立法来扶持“战略产业”发展，引导国民经济向既定的方向发展。由于产业政策发挥了巨大的“促进和诱导”作用，日本经济不仅快速恢复，而且在很长一段时期高速增长，使西方国家接纳了产业政策这一理念。1970~1972 年，世界经济合作与发展组织（OECD）组织编写了一系列有关国家产业政策的调研报告，则使产业政策概念广为流传。从此，不管是发达国家还是发展中国家，使用产业政策来保护本国产业、利用产业政策加强对本国经济的宏观调控，成为通行的政策取向。

从总体上看，不同学者对于产业政策给出了不同的定义。

日本经济学家下河边淳与管家茂认为，产业政策是国家或政府为了实现某种经济和社会目的，以全产业为直接对象，通过对全产业的保护、扶植、调整和完善，积极或消极参与某个产业或企业的生产、经营、交易活动，以及直接或间接干预商品、服务、金融等的市场形成和市场机制的政策的总称。①

英国经济学家阿格拉认为，“产业政策是与产业有关的一切国家法令和政策”。②

日本经济学家小宫隆太郎认为，产业政策是“通过某种政策手段，对以制造业为中心的产业部门之间的资源配置实行干预的各种政策，以及干预个别产业内部的产业组织，对私营企业的活动水平施加影响的政策的总体”，他强调指出，“产业政策（狭义的）中心课题，就是针对在资源分配方面出现的市场失效采取对策”。③

美国学者查默斯·约翰逊认为，产业政策是政府为了取得在全球的竞争能力而打算在国内发展或限制各种产业的有关活动。作为一个政策体系，产业政策是经济政策三角形的第三条边，它是对货币政策和财政政策的补充。④

日本经济学家并木信义则将产业政策定义为产业赶超政策，即工业后发国家为赶超工业先进国家而采取的政策总和，他指出，“产业政策就是当一国产业处于比其他国家产业落后状态，或者可能落后于其他国家时，为加强本国产业所采取的各种政策”。⑤

---

①［日］下河边淳，管家茂. 现代日本经济事典［M］. 北京：中国社会科学出版社，1982.
②［英］A. M. 阿格拉. 欧洲共同体经济学［M］. 上海：上海译文出版社，1985.
③［日］小宫隆太郎，奥野正宽，铃村兴太郎. 日本的产业政策［M］. 北京：国际文化出版公司，1988.
④［美］查默斯·约翰逊. 产业政策争论［M］. 美国当代研究所，1984.
⑤［日］并木信义. 日美产业比较［M］. 北京：中国财政经济出版社，1990.

从国内来看，关于产业政策内涵的主要观点有以下几个方面。杨治认为，产业政策是以产业界政策为核心，有其他诸政策与之相适应，共同构成的经济发展目标与手段体系。[①]周叔莲认为，产业政策是对一定时期内产业结构变化趋势和目标的设想，同时规定各个产业部门在社会经济发展中的地位和作用，并提出实现这些设想的政策措施。[②]江小涓在《经济转轨时期的产业政策》一书中认为，产业政策是政府为了实现某种经济和社会目标而制定的有特定产业指向的政策的总和。

由上述可知，虽然学者们对于产业政策的概念莫衷一是，但基本共识是认为产业政策是各个国家普遍使用的一种经济政策，无论是发达国家还是发展中国家，无论是社会主义国家还是资本主义国家，产业政策都是干预和调节产业活动的重要手段。世界银行对全球 13 个“二战”后连续 25 年以上增长率超过 7%的经济体进行了研究，结果表明，影响这些国家经济增长的主要因素除了市场配置资源外，最重要的就是，这些国家都有适当的政治领导体制，以及执行力强、奉行实用主义的政府。[③]

（二）产业政策的分类

一般而言，可以将产业政策分为产业结构政策、产业组织政策、产业技术政策、产业布局政策等。

产业结构政策是产业政策的核心内容，一般是指政府为规划产业结构逐渐演进的目标而制定实施的产业政策，其目标是调整和优化产业间比例关系、产业及产业部门间资源配置方式，促进产业结构协调化和高度化。产业结构政策主要包括主导产业选择政策、重点产业扶植政策、新兴产业培育政策、幼稚产业保护政策、夕阳产业调整政策等。

产业组织政策一般是指政府干预和调整产业的市场结构和市场行为、调节企业间关系的产业政策，其目标是通过协调竞争与规模经济的关系，建立正常的市

---

① 杨治. 产业经济学导论［M］. 北京：中国人民大学出版社，1985.

② 周叔莲等. 产业政策问题探索［M］. 北京：经济管理出版社，1987.

③ Word Bank. The Growth Report：Strategies for Sustained Growth and Inclusive Development［M］. World Bank Publications，2008.

场秩序，提高资源利用效率，实现最优规模经济。从政策调整对象看，产业组织政策分为三类：一是市场结构调节政策，即对各个产业的市场结构演变进行监测、控制和协调，通过适当调整市场集中度、减少不合理的产品差别化状况以及降低进入壁垒等方式，以维护某种合理的市场结构；二是市场行为调整政策，即通过监督、控制和协调，使企业的市场行为符合规范，防止出现不公正竞争和交易行为，以及防止诈骗、贿赂等违法行为的发生；三是直接改善不合理的资源配置，以补偿资源分配的市场缺陷。

产业技术政策一般是指政府引导和促进产业技术进步的政策，包括研究与开发援助政策、高新技术鼓励政策、知识产权保护政策等。尽管这类产业政策的出台可能是一种普惠型的公共产品，但对于不同的产业而言，这类技术政策的重心完全不同。

产业布局政策主要是政府引导资源要素合理分布的政策。产业布局政策一般包括经济、社会、生态三大目标，并具有地域性、层次性和综合性等特点。从政策内容来看，产业布局政策包含两个层次：一是区域内的布局，主要解决如何通过合理配置产业资源，形成产业集聚，优化产业结构，增强区域产业竞争力等问题；二是区域间的布局，通过建立区域间产业资源合作和共享机制，促进区域经济专业化和协作化发展，形成合理的产业地域集中，实现区域间产业协调发展。

除了划分为以上四种产业政策类型之外，有时也会根据产业政策是否具有特定的产业指向，将产业政策划分为横向的产业政策和选择性产业政策（见图 1-1）。横向的产业政策又被称为功能性产业政策，目标是为产业发展提供

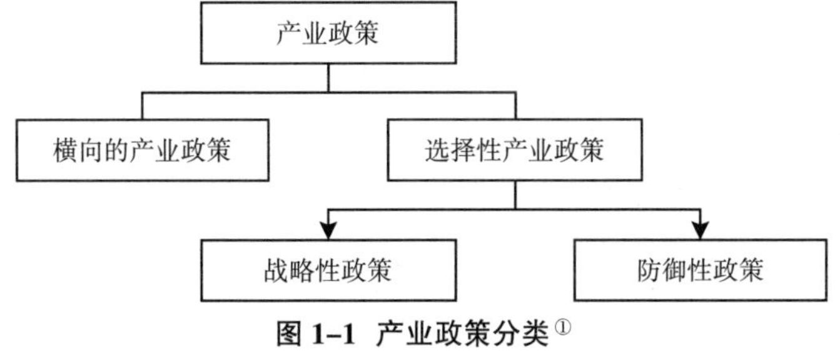

图 1-1　产业政策分类[①]

---

① K. Warwick. Beyond Industrial Policy：Emerging Issues and New Trend［J］. OECD Science，Technology and Industry Policy Papers，2013（2）.

良好的制度环境或框架性条件。选择性产业政策中包含两种政策：一种是战略性政策，主要针对两种产业，幼稚产业和优势产业；另一种是防御性政策，主要针对的是衰退产业。无论是在研究工作中还是在实践中，我们应当充分认识到，产业政策是一个有着内在关联的整体，具体实施时必须注意各类次级政策间的相互配合和相互协调，否则就会影响各类次级政策的实施效果，甚至会形成不同政策之间的相互掣肘，无法达到政策实施的预期效果。

（三）产业政策的特点

产业政策是根据一国经济发展的具体情况制定，并随着社会经济的变化不断完善和发展的，没有特定的模式。但是产业政策的实施都有特定的目标，并且也有一些共同的特点。

产业政策的最大特点就是作为一种非市场性质的经济调控手段，它是政府调控经济的基本工具。在一个国家或地区经济发展过程中，要素禀赋存在巨大的差异，需要确定适合自身发展的产业结构，这就需要政府从中发挥引导作用。由于信息不对称是广泛存在的，在产业发展过程中，政府需要制定产业政策引导产业的发展方向。同时由于市场存在外部性的问题，政府也需要通过产业政策来纠正环境污染等外部性的问题。具体而言，从诸如市场失灵理论、比较优势、国际分工和比较生产费用学说、动态比较费用学说、培育优势说、后发优势说以及产业集群理论等理论中可以看出，国家制定产业政策的主要目标是弥补市场失灵、发挥比较优势、创造后发优势、提升产业竞争力等。

产业政策的具体特点可以归纳为以下几点：一是产业政策的主要对象是产业结构和产业组织结构，可以干预产业间的资源分配和再分配，比其他经济政策对产业的影响更深刻；二是产业政策的核心目的是促进经济结构升级，特别是推动产业结构向高级化的方向发展，推进产业结构的不断升级，提高产业国际竞争力；三是产业政策的制定主体是政府。在市场机制在资源配置中起决定性作用的基础上，中央和地方政府通过干预资源的分配，弥补市场失灵，全面提高资源配置效率。

第二章　国际金融危机以来发达国家产业政策及启示

当前，我国的工业发展方式总体上还相对较为粗放，工业转型升级的任务十分艰巨。加强发展战略、规划、政策、标准等制定和实施，加强市场活动监管，加强各类公共服务提供是未来加快产业转型升级政策出台的重要方向。当前，正在展开的新一轮技术和产业革命已经给我国工业发展打开一扇历史性的机会窗口，借鉴2008年国际金融危机爆发以来美国、德国、日本、韩国、法国等发达国家促进工业发展的产业政策经验，有助于进一步完善我国产业政策体系，推动我国向制造强国迈进。

一、美国的产业政策

（一）政策概述

从20世纪80年代起，美国经济就开始出现“脱实向虚”的倾向，产业空心化严重，金融和服务业对制造业产生了挤出效应，制造业逐步萎缩。2008年，由美国次贷危机引发的国际金融危机波及全球，对美国经济造成重创，其经济增速一度负增长，2009年的第一、第二季度的国内生产总值增长率分别为–6.4%和–0.7%，制造业就业人数减少90万。2009年，美国的失业率达到10%，制造业工人面临前所未有的失业威胁，大量的美国工厂开始到境外生产，大量厂房闲置，工厂产能利用不足，空置率从 2000 年的 5.1%增加到 2009 年的近 10%；汽车行业也达到几近崩溃的地步。金融危机使美国政府开始意识到发展实体经济的重要性。于是，美国提出了“再工业化”战略，要重振制造业，并且在随后的几年间出台了一系列鼓励制造业发展的政策措施。

2009 年，美国政府发布了《重振美国制造业框架》，之后又陆续出台了十余部相关政策文件和扶持措施。目前，这些政策举措已形成了一个较为完整的产业政策体系。通过对这些文件的梳理可以发现，美国重振制造业的政策主要包括以下几个方面：一是促进制造业总体发展的政策，如《制造业促进法案》（2010 年）、《先进制造业伙伴计划》（2011 年）、《美国制造业复兴计划——促进增长的四大目标》（2011 年）、《先进制造业国家战略计划》（2012 年）等；二是旨在提高创新能力的政策，如《美国创新战略》（2011 年）、《美国制造业创新网络：初步设计》（2013 年）、《国家制造业创新网络计划战略规划》（2016 年）等；三是具体领域的发展，如《清洁能源与安全法案》（2009 年）、《2010 年美国能源法》、《电网现代化计划》（2013 年）、《从互联网到机器人——美国机器人路线图》（2013 年）、《国家机器人计划》（2016 年）、《金属增材制造（3D 打印）技术标准路线图》(2013 年)、半导体政策等。

（二）主要政策措施

具体而言，为促进制造业的发展，美国采取了一系列扶持的政策措施，主要有以下几个方面：

第一，强化对制造业创新的支持力度。美国政府注重提升制造业创新能力，将技术创新看作促进制造业发展的核心要素。比如，《美国创新战略》提出对美国创新的基本要素进行投资、激励创新创业、催生优先领域的重大突破；《美国制造业创新网络：初步设计》提出要建立 15 个制造业创新研究所，致力于应用研究、开发和示范项目等研发活动，通过政产学研共同参与，推动美国制造业新技术、教育能力、生产过程及产品的发展。此外，在其他绝大部分文件中也强调促进创新能力的提升，如《重振美国制造业框架》提出，要凭借自身技术和人才优势占领新的制高点。《制造业促进法案》要将美国打造为创新基地的首选。《美国制造业复兴计划——促进增长的四大目标》的四大目标之一即为创新，使美国成为创新的引领者。

一方面，加大对研发的投资力度。《先进制造业国家战略计划》提出，总统的2013财年财政预算案报告指出，通过美国国家科学基金会、能源部、美国国家标准与技术协会和其他机构为联邦先进制造业的研发提供22亿美元资助，比2011年增长50%以上，这项计划正在扩大制造流程创新和先进工业材料的研发。《先进制造业伙伴计划》提出，美国能源部将耗资1.2亿美元开发新的制造工艺和材料。《美国创新战略》提出研发投资要占GDP的3%。2012年开始，美国启动国家制造业创新网络计划，计划建立15家制造业创新研究所，联邦政府计划投资10亿美元，每个创新研究中心将获得约7000万美元的联邦启动资金，而非联邦政府及其他部门将以大于1∶1的比率提供配套资金。

另一方面，构建产学研新型合作伙伴关系。《先进制造业伙伴计划》提出建立“先进制造业合作联盟”，由6所顶尖的大学即麻省理工学院、卡耐基梅隆大学、乔治亚理工学院、斯坦福大学、加州大学伯克利分校、密歇根大学与阿勒格尼技术公司、卡特彼勒公司、康宁公司、陶氏化学公司、福特公司、霍尼韦尔公司、英特尔公司、强生公司、诺斯罗普·格鲁门公司、宝洁公司与斯特莱克公司等组成。《先进制造业国家战略计划》提出的实现美国先进制造业的目标之一就是建立健全伙伴关系，加快先进制造技术的投资和部署。《美国制造业创新网络：初步设计》旨在通过产学研共同投资，促进新产品、新技术的开发，由政府出资建立15个创新研究中心，其成员和合作伙伴将包括制造业企业、大学、社区学院、研究机构、国家实验室、政府机构、职业和技术培训机构、工会、职业协会和产业协会、非营利机构等。

此外，美国不断加强对知识产权的保护，《美国制造业复兴计划——促进增长的四大目标》指出要实现知识产权管理现代化，相关各部门要联合起来打击假冒行为。《政府的创新议程》（2009）将促进竞争性市场作为政府支持创新的基础，要推进专利和商标管理机构的改革。

第二，创造就业机会，促进就业。美国试图通过创造更多的就业机会来推动美国经济的复苏。2009年，美国的失业率达到10.2%，创26年来的最低水平。所以，美国将增加就业作为主要任务。《清洁能源与安全法案》《制造业促进法案》《美国制造业复兴计划——促进增长的四大目标》等政策的核心目标之一均为创造就业机会、增加就业。《2010 年美国能源法》的其中一部分内容就是保护和增加就业。奥巴马政府推出“创业美国”计划。美国新任总统特朗普以“美国优先”为施政基本原则，以“贸易保护”为基本政策，以“使用国货”为基本准绳，力争使生产与创新都在美国本土展开，为美国工人创造财富和就业。

近年来，美国政府较为重视加强制造业工人的技能培训。如《先进制造业国家战略计划》的五大目标之一就是提高劳动力技能，提出要强化先进制造业工人培训，有关机构可以优先将先进制造业列入劳动力发展补助项目。2013 年财政预算建议为教育和劳动部门提供 80 亿美元，为未来工人提供教育和培训。2014 年奥巴马签署了 6 亿美元的就业培训计划。

美国政府还通过其他多种途径积极创造就业岗位。通过基础设施建设增加就业岗位。美国的州际高速公路需要翻新大修，桥梁中有 1/3 存在结构老化问题，所以美国希望通过基础设施建设创造就业岗位。“创业美国计划”提出扩大高成长企业的数量和规模，并提出扩大创业资本来源，中小企业局在 5 年内提供 20 亿美元的资金，鼓励民营机构进行投资。

此外，美国政府较为重视教育质量，通过提高教育水平，提高劳动力素质。如《重振美国制造业框架》提出将在 5 年内投资 25 亿美元建立一个联盟以提高大学的入学率和毕业率，且要提高幼儿园、小学、大学等不同层次的教育水平。由美国教育和劳工部推进的青年创业教育行动，邀请大学生和中学生为某一项教育问题提供创新性的解决方案，并为实施该方案准备商业计划书。

第三，重视中小企业的发展。在美国的企业中，中小企业的数量占绝大部分，在美国经济中最具活力，已成为大部分新增就业和创新的源泉。美国深知中小企业的重要性，近年来大力扶持中小企业的发展。一是加大对中小企业的投资力度。如协调公共和私人部门联合投资，加强政府对中小企业产品的采购。《先进制造业国家战略计划》的目标之一是要加快中小企业投资，加强政府对制造商产品的采购。联邦政府是先进制造商生产产品的主要买主，有效利用这一支持机构的购买力可以扩张经济的规模和范围，特别是对于那些要进入新市场并在国际上进行有效竞争的中小企业来说，这一作用将更加明显。现在，联邦政府在很多行业领域进行早期采购。二是实行减税政策。通过降低中小企业税率，减轻企业负担。如《制造业促进法案》《美国制造业复兴计划——促进增长的四大目标》提出制定针对小企业实行永久性低税收的政策。三是为中小企业提供技术支持。如《先进制造业国家战略计划》，鼓励中小企业参与，增强“产业公地”，构建包括学术机构、制造商、行业协会及支持组织的合作伙伴关系，支持企业的商业化和规模化活动，国家工程和制造协会为中小企业提供以前只有大企业才能享受的建模和仿真工具。《美国制造业创新网络：初步设计》提出采取多种途径，为企业提供技术趋势信息，提供共享设施和专门设备，鼓励中小企业参加创新研究中心。

第四，积极打造先进的基础设施。基础设施建设不但有助于促进产业、经济的发展以及竞争力的提升，而且有助于促进就业，创造就业机会，促进美国经济的复苏。近年来，美国政府出台的《重振美国制造业框架》《制造业促进法案》《先进制造业伙伴计划》《美国制造业复兴计划——促进增长的四大目标》《先进制造业国家战略计划》《美国创新战略》等数个文件中都提出要加快基础设施建设。美国重点支持的基础设施建设主要包括高速公路、桥梁、铁路等面向长期的基础设施，高速通信和宽带基础设施，星基导航的新一代航空运输系统，空中交通控制系统，电网现代化等。如《制造业促进法案》提出要对高速公路、下一代网络和宽带基础设施进行投资。

第五，注重促进新兴领域的发展。美国十分注重新兴产业的发展，通过布局前沿，以保持在全球的竞争优势。

在新能源领域，美国非常注重清洁能源的发展，希望推动一场以新能源为主导的产业革命，提升国家安全，实现能源独立。如《美国清洁能源与安全法案》提出到 2020 年，可再生能源发电量占电力需求总量的 15%，通过节能节约的电量要占电力需求总量的 5%。《美国创新战略》提出未来三年可再生能源的供应要翻倍，政府制定清洁能源标准，通过能源部科学局加大了对相关研究的支持，实施了高级能源研究计划，新建三个能源创新中心等举措意味着要加快对清洁能源的研发和部署。《美国清洁能源制造计划》旨在促进美国清洁能源制造业的发展，提出至少投资 2300 万美元用于创新制造的研发项目，1500 万美元用于太阳能技术成本降低的研发，包括光伏与集中式太阳能发电等。《重振美国制造业框架》为智能电网提供 45 亿美元的投资；《电网现代化计划》将扩大对智能电网技术的投资，推动可再生能源并入电网。

从机器人领域来看，美国是工业机器人的诞生地，具有良好的基础。机器人技术有助于创造新市场、新就业岗位和改善人们生活、降低劳动成本，为加强其领先地位，美国将工业机器人作为重点发展领域之一。美国不但在各产业政策中提及要发展机器人技术，还专门制订机器人发展计划。如《重振美国制造业框架》提出发展先进机器人技术，《先进制造业伙伴计划》提出要推出一项耗资 7000 万美元的下一代机器人研究计划,《美国机器人路线图》从战略意义、研究路线图、重点发展领域等方面分析了美国制造机器人、医疗保健机器人、服务机器人、空间机器人、国防机器人的发展路线图。

在 3D 打印即增材制造领域，核心是数字化、智能化制造与材料科学的结合，这是第四次工业革命的重要代表。为促进该行业的发展，美国于 2013 年专门发布了《金属增材制造（3D 打印）技术标准路线图》，描述了增材制造在材料、工艺和设备、资质和认证、建模和仿真四个方面的发展现状、未来所需的能力，预测了在技术与计量/标准方面面临的挑战，提出了优先研究和发展路线图。

先进材料产业被视为美国近年来振兴制造业的重点之一。先进材料将推动新兴先进制造、清洁能源和国家安全等领域的相关技术的发展。《先进制造业伙伴计划》推出“材料基因组计划”，将通过在研究、培训和基础设施方面超过 1 亿美元的投资，使美国企业发现、开发和应用先进材料的速度提高到目前的 2 倍。2012 年的《先进制造业国家战略计划》提供 22 亿美元资助，比 2011 年增长 50% 以上，主要用于制造流程创新和先进工业材料的研发。《美国创新战略》提出，建议对国家科学基金会、能源部科学局以及国家标准与技术研究院的投资翻一番，为生物技术、信息技术、纳米技术等产业的发展奠定基础；国家纳米计划对纳米电子学等领域进行投资。《从互联网到机器人——美国机器人路线图（2013)》提出促进纳米制造，许多传统的制造范式将被替换为新的纳米制造方法。

在信息技术领域，从发布的政策文件看，美国对信息技术领域的布局在逐步深化，将信息技术领域作为中亚的基础设施进行投资。如《重振美国制造业框架》指出，加速信息技术的应用，建立“信息物理系统”。《美国创新战略》提出，建议对国家科学基金会、能源部科学局以及国家标准与技术研究院的投资翻一番，为生物技术、信息技术、纳米技术等产业的发展奠定基础。此外，开展“智能微尘”“全球网络研究环境”等项目。《美国人工智能研究与发展战略计划》明确人工智能发展的战略，如对人工智能研发进行长期投资，开发人机协作的有效方法，积极应对人工智能带来的伦理、法律和社会影响，确保人工智能系统的安全性等。

美国的生物技术的发展也具有巨大的潜力。《重振美国制造业框架》提出利用生物技术制造绿色化学原料为生物经济创造基础。《美国创新战略》提出要加大对生物技术的投资力度，促进该产业的发展。

第六，营造良好的法律环境和经营环境。重塑法律体系中的公平，明确责任和公正的标准。《制造业促进法案》提出要实施公平的法律改革，明确责任和公正的标准，对新增暂缓纳税及税收减免项目、现行的减免或延缓征收税项、海关收取的费用、企业支付估计税项的时间等都做出了规定。《美国制造业复兴计划——促进增长的四大目标》提出，要恢复对做出不严肃诉讼定案并损害各种规模企业的律师进行强制性惩罚；改善国际贸易和投资环境。《美国制造业复兴计划——促进增长的四大目标》还提出为出口企业提供信贷支持，改革出口限制；减少贸易壁垒，拓展国际市场。2009 年出台的《重振美国制造业框架》提出，要与世界贸易组织合作，减少制造业商品出口的贸易壁垒，改革出口管制，消除贸易壁垒，扩大市场准入。《美国制造业复兴计划——促进增长的四大目标》指出，要制定贸易协定，并迅速协商补充协议；赋予总统提供贸易促进权，以进行新的贸易协定谈判；完善服务体系。如《重振美国制造业框架》和《清洁能源技术制造和出口援助法案》等提出为企业提供市场调研、帮助企业了解相关的政策和程序服务来促进产品的出口。

经历了数年政策调整和恢复，到 2016 年时，美国经济已经进入温和复苏状态。联合国数据显示，自 2008 年经济危机爆发以来到 2015 年间，美国制造业增加值经过通胀调整后，增长了 2.3%，高于同期加拿大、西班牙、意大利、日本和英国的增长速度。同时，美国的就业人数出现了增长，尤其是在 2014 年，美国创造了 310 万个新就业岗位，达到 1999 年以来的峰值。从 2009 年第 3 季度到 2016 年第 1 季度，美国制造业产出增长约 30%，约为总体经济增长速度的 2 倍；其中自 2010 年 2 月以来，美国制造业新增 80 多万个工作岗位。与此同时，与金融危机之初相比，具有标志性意义的汽车行业也增长恢复，汽车行业（包括销售和分销）整体增加了超过 67.1 万个工作岗位。

2017 年 1 月，特朗普政府执政之后，美国新政府采取的最重要的经济政策之一就是促进制造业的复兴。为此，特朗普政府提出“美国优先”战略，鼓励美国人用本国的产品；推进监管制度改革，积极推进基础设施建设，重建美国道路、桥梁、机场等设施；实行贸易保护主义，退出跨太平洋伙伴关系协定(TPP)，提高美国工人和产品竞争力。2017 年 6 月，美国总统特朗普在白宫宣布美国退出《巴黎协定》，终止《巴黎协定》的所有条款。美国是全球第二大温室气体排放国，这一决定有力地支持了美国的石油和煤炭工业的生存和发展。同时，特朗普政府实施税改政策，简化税档，将个人所得税的税率由七档减少为四档；将遗产税提高起征点并提出最终废除的目标；公司税由原来的 35%骤降到 20%；海外利润汇回将享受更低的税率，由原来的 35%降至 5%~12%；取消企业和个人享有的部分税务抵扣。此外，特朗普政府非常注重传统产业的转型升级，产业政策的中心也开始转向钢铁、汽车、纺织等传统产业。这些政策措施不仅是对其竞选方针的兑现，更是从战略角度高瞻远瞩，为美国工业长期雄霸世界所做的长远规划。

（三）对我国的启示

美国近年来的产业政策发展，给我国产业结构转型升级以一定的启示。

要健全促进工业发展的产业政策体系。世界金融危机以来，美国出台的一系列政策文件是由多个政策、计划或法案构成的，既有整体上促进制造业发展的政策，也有针对具体领域的促进政策，而且在这一系列的政策措施中，综合了财政政策、税收政策、贸易和投资政策、人才培养政策等多方面的政策工具，它们之间相互衔接和配合，提高了政策的有效性。从我国现有的产业政策来看，呈现出边缘化、碎片化的倾向，产业政策与多种经济政策工具的衔接配合机制不强，影响了政策的执行力。建议在未来的一段时期内，加强产业政策的顶层设计，围绕工业中长期发展的目标、任务和重点领域，进一步健全促进工业发展的政策体系。在产业政策的运用中，进一步完善其与财政政策、税收政策、金融政策、价格政策、贸易政策、投资政策等衔接配合的机制。

要明确产业发展路线图。美国制定了工业机器人、增材制造等重点产业发展的路线图，日本制定了机器人战略。所以，我国在已经制定的战略性新兴产业发展规划和相关领域规划的基础上，根据当前全球技术发展方向、各产业发展的特点，进一步制定重点产业发展的路线图，明晰产业发展路径，打通新兴产业发展亟待突破的关键技术、制造工艺、产业链和市场培育等环节，完善配套政策措施和实施办法。

要将产业技术政策作为产业政策的核心内容。在美国发布的政策中极为重视创新，对创新的扶持力度非常大。我国应该将产业技术政策作为产业政策的核心内容，在高端共性技术供给和人力资本等方面着力提升要素供给质量，在创新技术产品应用、知识产权保护、研究开发资助、加速设备折旧等方面采取综合措施，形成鼓励创新的有效激励，促进企业技术的提升。

二、德国的产业政策

“二战”以来，德国长期是一个外向型经济国家，进入 21 世纪之后，这一状态更加明显。2003~2008 年，德国连续 6 年成为世界最大出口国，2008 年德国经济的对外依存度为 47.2%。因此，2008 年的国际金融危机对德国的冲击较为严重，世界市场的需求减少导致 2009 年德国出口下降了 14.7%，而德国国内市场的需求并不能缓解外部冲击，于是同年的国内生产总值同比下降了5%，创1949年德意志联邦共和国成立以来最大降幅。为缓解国际金融危机的负面影响，并在新一轮工业革命中抢占先机、保持装备制造业大国的地位，德国政府采取了一系列措施。

（一）政策概述

2008年11月，德国政府推出了《保经济增长促就业的一揽子措施》，这是第一套经济振兴计划。2009年3月，联合政府向联邦议院提交了《德国经济增长与稳定促进法》并获得议院批准通过，以法律形式为企业应对危机提供支持，这是第二套经济振兴计划，投入总额为515亿欧元，在2009年和2010年两个年度里额外支出。2009年8月，德国发布《国家电动机车发展计划》，以确保德国在全球汽车市场的领先地位。2010年3月，德国联邦内阁批准 《可再生能源法》修改草案。2010年7月，德国政府通过了由德国联邦教研部主持制定的《思路·创新·增长——高技术战略2020》（以下简称《高技术战略2020》），重点关注气候变化与能源、健康与营养、移动、安全和通信五大领域。该战略汇集了德国联邦政府各部门的研究和创新政策举措，在每一个领域，德国都将确定一些“未来项目”，制定要达到的社会和全球目标，依靠科学技术的帮助，德国将在未来10~15年跟踪这些目标。为促进通信产业的发展，2010年德国发布了 《数字德国2015》战略。2013年，德国工业4.0工作组发布《保障德国制造业的未来——关于实施工业4.0战略的建议》，4月在汉诺威工业博览会上正式推出“工业4.0”项目。该项目被德国政府《高技术战略2020》确定为十大未来项目之一，要点可概括为建设一个网络、研究两大主题、实现三项集成、实施八项计划。其愿景为：在一个“智能、网络化的世界”里，物联网和务联网（服务互联网技术）将渗透到所有的关键领域，创造新价值的过程逐步发生改变，产业链分工将重组，传统的行业界限将消失，并会产生各种新的活动领域和合作形式。2015年发布了《智能服务世界2025》，2016年发布了《德国数字化战略2025》。

（二）主要政策取向

第一，高度重视技术创新。德国十分重视科技活动发展，积极开展高技术战略，加快抢占全球科技制高点，确保德国未来在世界的竞争力和技术领先地位。而且创新是德国促进经济增长和就业的关键因素。德国联邦经济技术部部长指出，要确保经济的长期创新能力，德国需要按照“塑造技术就是塑造未来”的原则，针对社会、企业和国家，采取更加综合的政策措施，包括促进追求技术发展的激情、创造创新友好型环境乃至具体推动企业创新活动。国际金融危机以来，德国所发布的两套经济振兴计划、《高技术战略 2020》、《国家电动机车发展计划》、德国工业 4.0 等，均提出要支持研究与创新。如《高技术战略 2020》指出，德国面临着几十年来最严峻的经济与金融政策挑战，解决之道在于依靠研究、新技术、扩大创新，目标明确地去激发德国在科学和经济上的巨大潜力。为此，至 2015 年，用于教育和科研的投入占 GDP 比重增至 10%。提出以 5 大需求领域开辟未来新市场，重点推出 11 项“未来规划”，积极营造友好创新环境。联邦教研部向“汽车电子联盟”提供 1 亿欧元研发经费，工业界承诺投入 5 亿欧元。在新“高科技战略”中，明确了优先考虑的研究和创新领域：数字经济和社会、可持续经济和能源、创新的工作场所、健康生活、智能移动工具和公民权利保障，这些领域的创新都较为活跃。

第二，促进中小企业发展。中小企业是德国经济增长的引擎，是制造业发展的支柱。这些企业在某些细分领域占据着统治地位，在细分市场占据 50%甚至 90%的份额，被称为德国制造的“隐形冠军”。为促进中小企业发展，德国采取了许多措施。如联邦政府特别拨款 4.5 亿欧元给“中小企业核心投资计划”（ZIM）项目，用于促进中小企业的研发活动，员工少于 1000 人的企业都可以申请该项目。《数字德国 2015》战略提出，支持继续实施“中小企业创新计划”，加强中小企业的 ICT 竞争力。“工业 4.0”战略强调吸引中小企业的参与，力图使中小企业成为新一代智能化生产技术的使用者和受益者，同时也成为先进工业生产技术的创造者和供应者。中小企业可使用特别折旧法，根据企业不同的规模和类型运用不同的折旧方法，如盈亏平衡的企业纳税时可计提特别折旧 33.5 万欧元，亏损企业纳税时可计提特别折旧 20 万欧元。新“高科技战略”提出为中小企业和科技初创企业提供特殊的支持。

第三，减轻个人和企业的税收负担。德国第一套经济振兴计划提出，为了刺激私人家庭对手工业服务的需求，提高手工业服务的减免税额。该项措施规定将私人家庭用于翻修和维护房屋而获取的手工业服务的税款减免翻一番，至总服务费的 20%。这项措施每年为全德国家庭减税 15 亿欧元。第二套经济计划将个人所得税起始税率从 15%调低至 14%，同时年收入所得税起征点提高了 170 欧元，达到 7834 欧元。2010 年起，医疗保险费可完全免税。德国为新购轿车免除一年机动车税。

第四，重视劳动者素质的提高。德国历来重视教育对于产业发展的作用，注重人才的培养，尤其注重科学与技术、理论与应用的结合，注重根据企业发展的实际需要培养适合的人才。如德国第一套经济计划推进继续教育，复兴信贷银行专项拨款 24 亿欧元资助各种职业继续教育项目，提高人们的就业竞争力；为弥补专业人员的短缺，扩大了“针对中老年及低技能员工的特殊培训项目”的规模。《国家电动汽车发展计划》提出要培养年轻的研究人员。

第五，积极促进未来领域的发展。随着经济发展对能源的需求不断增加，各国都极为关注可再生能源的发展和使用。德国大力扶持可再生能源开发与利用。因此，2010 年德国政府修改《可再生能源法》，提出 2020 年德国可再生能源在电力消费中的占比目标为 30%，让可再生能源的开发与利用更多地市场化。德国政府采取了多种措施，主要有：一是提供资金支持。如《可再生能源法》对小型的太阳能设备给予一定数量的财政补贴，对于大项目，政府提供优惠贷款，甚至将贷款额的一部分作为补贴。成立“能源—气候变化基金”，专门为可再生能源提供资金支持。二是大力支持相关技术研发和创新。“能源—气候变化基金”每年为可再生能源的研发提供 30 亿欧元的支持。三是为提高利用效率，升级智能电网。《高技术战略 2020》中未来规划之一就是能源供给的智能化改造，对智能电网进行技术改造。

电动汽车既可以推动工业的发展，又可以减少石油的消耗以及二氧化碳的排放。德国为促进电动汽车的发展，专门制订了《国家电动汽车发展计划》，明确提出电动汽车总量到 2020 年达到 100 万辆，2030 年达到 500 万辆，2050 年基本上实现城市运输的非化石燃料驱动。《思路·创新·增长——高技术战略 2020》中也提出了德国 2020 年拥有 100 万辆电动车这一目标。

新型交通。《高技术战略 2020》提出，新型运输方式快速、安全、舒适、低噪声且节约资源。研究和创新重点在于开发新型驱动系统、燃料和存储技术，以及广泛使用欧洲卫星导航系统“伽利略”。信息、通信和导航系统的发展推动交通基础设施进一步智能化。交通领域的行动计划包括交通与交通工程研究计划、电动车辆、未来交通总规划、国家航空研究计划、国家海运技术总体规划、显著降低噪声的道路货物运输的研究和开发项目。这些计划使德国成为最强的交通研究基地，以及电动车辆和机电数据通信的领先市场。

信息和通信产业。对于几乎所有的工业分支来说，信息和通信技术都能成为具有决定话语权的创新驱动力。《高技术战略 2020》中的未来项目为“智能能源供应的重建”“多上网少能耗”以及“知识让数码可触可得”，使信息通信技术（ICT）供应和网络的使用更为高效节能，降低了信息与通信技术本身的能量消耗。另外，“更有效的保护通信网络”项目推动了通信领域的研究。《数字德国 2015》的目标就是支持通信产业的发展。“工业 4.0”大力推进信息和通信技术的发展。

智能制造。德国的经济增长动力主要来源于制造业。在新一轮科技革命和产业变革的兴起中，智能制造是保持制造业领先地位的必争之地。德国大力推广“工业 4.0”战略，目的就是在工业生产过程中实现人工智能技术和网络技术的应用。德国制造业长期处于全球的前沿，新一轮工业革命将以智能制造为主导。德国“工业 4.0”概念是以智能制造为主导的第四次工业革命或革命性的生产方法。该战略致力于构建智能生产网络，推动工业生产制造由自动化向智能化和网络化方向升级。其核心理念是：深度应用信息通信技术，让制造领域的资源、信息、物品和人之间相互关联，形成“信息物理融合系统”。“工业 4.0”项目主要分为两大主题：一是“智能工厂”，重点研究智能化生产系统及过程，以及网络化分布式生产设施的实现；二是“智能生产”，主要涉及整个企业的生产物流管理、人机互动以及 3D 技术在工业生产过程中的应用等。

第六，促进绿色经济发展。2009 年 6 月，德国明确了生态工业政策，主要包括六个方面：严格执行环保政策，制定各行业能源有效利用战略，扩大可再生能源使用范围，可持续利用生物智能，推出刺激汽车业改革创新措施及实行环保教育、资格认证等方面的措施。德国积极发展高效率、应用清洁煤技术的发电站。通过修改机动车税来降低各种交通工具的二氧化碳排放，还规定新车要标注能源效率信息。开发节能环保汽车，《国家电动汽车发展计划》，目标是至 2020 年使德国电动汽车保有量达到 100 万辆，2030 年达到 600 万辆。

第七，提供相应的制度保障。德国“工业 4.0”建议要依托德国信息技术、通信和新媒体协会，德国机械设备制造联合会和德国电子电器制造商协会这三大工业协会，设立工作组，对工作进行分解和落实。建立了促进标准化和参考体系结构建设工作组、负责系统操控技术应用的工作组及效率和资源节约问题的工作组。这三个工作组各有侧重，如促进标准化和参考体系结构建设工作组主要负责宣贯“工业 4.0”的目标、风险、实施内容等，编制标准化框架，制定工作路线图等。

（三）对我国的启示

时至今日，德国可谓是在这次国际金融危机中恢复最快的发达国家。德国一直重视实体经济的发展，近年来通过产业政策的调整，依靠自身体制性优势以及发展模式的长期结构性优势实现了软着陆，国内经济迅速恢复并得到发展，其中的一些做法值得借鉴。

要加强面向未来技术的研发。技术是推动经济发展的重要因素。德国“工业 4.0”、《高技术战略 2020》等非常重视先进制造、智能技术的研发。德国“工业 4.0”加强了对智能工厂技术和智能生产模式研究。我国也应该借鉴德国的发展经验，提高创新能力。针对不同类型自发的产学研合作网络或产业研发联盟，政府可通过引导和支持的方式促进其发展。要充分调动科研机构和企业的积极性，特别是重视通过高技术人才创业，加快推进先进制造技术的突破。

要继续深入推进两化深度融合。德国“工业 4.0”战略对于先进制造业发展方向和升级路径的决策，目标明确、战略务实、发展路径清晰，类似于我国工业转型升级中的工业化和信息化融合的提法。如“工业 4.0”强调通过信息网络与物理生产系统的融合来改变当前的工业生产与服务模式，这将成为企业提高产品附加值、增强市场竞争力的重要手段。在“工业 4.0”时代，产品与生产设备之间、不同的生产设备之间，通过数据交互连接到一起，让工厂内部纵向之间甚至工厂与工厂横向之间都能成为一个整体，从而形成生产的智能化。在新的发展背景下，将信息化与工业化紧密结合起来、将两化融合作为主要着力点，为推动工业转型升级注入新的动力和活力，推进我国新一轮技术与产业革命的进程。

要构建完善的制度保障体系。德国“工业 4.0”战略十分重视产业创新、组织创新与现有制度相冲突的问题。德国采取了一系列措施强化制度保障以促进工业平稳运行，如制定和实施安全性支撑行动，建立培训和再教育制度等。我国在推动工业转型升级的问题上，也同样面临制度保障方面的相关问题。因此，有必要建立和完善有利于工业转型升级的长效机制，从知识产权保护、节能环保、质量安全等方面形成推动工业转型升级的制度保障。

三、日本的产业政策

（一）政策概述

日本是世界上典型的运用产业政策的国家之一。从 2008 年春季开始，日本的经济增长速度出现下滑，出口受到巨大打击。日本企业的生存环境日益恶化，开始出现大面积亏损，家庭收入减少，失业率不断增加，内需疲软，汽车产业受到严重打击。2009 年，日本政府发布的报告承认日本经济恶化。

日本政府希望通过调整产业结构来应对危机的影响。2009 年，经济产业省发布《新增长战略》，为日本产业未来发展提供指引；为促进信息技术发展，发布《i-Japan 战略 2015》。之后，陆续发布《2009 年节能技术战略》，2012 年出台了《日本再生加速发展计划》，以创建全新市场，释放私人部门力量，加快产业结构转型。以新增长战略为基础，2013 年 6 月发布《日本再兴战略》，明确了增强国内制造业基础、培育战略新兴产业和扩大国际市场的目标，该战略于一年之后又进行了修订；2013 年发布《产业竞争力强化法案》，以强化产业竞争力，鼓励企业积极发展。为鼓励科技创新，提高日本在世界范围科技创新的地位和影响力，2016 年出台了《科技创新综合战略》。对于具体产业领域的发展，日本也出台了许多相关政策。如 2013 年出台了《电力系统的改革政策》，以确保电力系统稳定运行；2015 年出台了《机器人新战略》，拟通过实施五年行动计划和六大重要举措达成三大战略目标，使日本实现机器人革命，以应对日益凸显的老龄化、劳动人口减少、自然灾害频发等问题，提升日本制造业的国际竞争力，获取大数据时代的全球化竞争优势。

（二）主要政策措施

第一，加大对技术创新的支持力度。早在 1995 年 11 月，日本政府就将“科技创新立国”作为基本国策，力争由一个技术追赶型国家向科技领先型国家转变。目前，日本已实施了第三个《科学技术基本计划》（2007~2012 年），除继续推进能源技术、制造技术、交通网络等社会基础技术和宇宙、海洋开发等前沿科学领域的研究开发外，重点支持生命科学、信息通信、环境、纳米技术与材料等专业领域的发展。

促进产学合作，鼓励民间企业创新体系改革，促进地域科学技术振兴。《新增长战略》提出要加大创新，推动“产学官”合作开发关键技术和共性技术，为本土制造业服务，增加世界领先水平的大学和研究机构的数量，提高官民研发投入，占国内生产总值比重要超过 4%；促进创新制度和规则的改革。《日本再兴战略》提出要加强科技政策委员会功能，发布新的创新研发项目，启动战略创新项目等计划，并制定在未来五年成为全球竞争力报告中位列第一的国家的政策目标。

第二，促进中小企业发展。中小企业是日本经济发展的基石，所占比重达 99%，日本政府历来重视中小企业发展。从对中小企业的融资支持来看，《日本再生加速发展计划》提出要发挥中小企业活力，为中小企业提供 951 亿日元的融资支持；《产业竞争力强化法案》提出对中小企业购置生产设备实施税收抵扣优惠，为改善中小企业的经营状况提供必要的资金，对其融资提供一定的支持。从为中小企业创造商业机会来看，《酷日本战略》指出，酷日本计划的推广可以为中小企业创造商机；《电力系统的改革政策》提出电力零售和发电全面自由化，也可以为中小企业提供商业机会。此外，《日本再兴战略》提出要支持中小企业出口，制定了到2020年中小型企业出口比2010年翻一番的政策目标。

第三，注重产业人才培养。提高产业人才素质是增强制造业的关键。如《日本再兴战略》提出政府将对全国高校提供优先支持，有助于充分发挥大学的全部潜力。政府加强小学和中学的英语教育，增加在高等教育中的海外学习的机会，培养具有全球竞争力的人力资本。《产业竞争力强化法案》提出改善劳动者短期待遇、重新评估有限期雇佣等。《机器人新战略》指出，通过实际项目和职业培训、职业资格制度来培育机器人系统集成、软件等技术人才；加大培养机器人生产线设计和应用人才；立足于中长期视角，制定大学和研究机构相关人才的培育政策。日本还实施“高技能工人上门指导”措施，对高技能工人授予“技能大师”资格，这些人才可以到有需要的企业指导年轻人的技能培训。

第四，重视节能环保。2008年9月，日本经济产业省公布了《新经济成长战略》修正案，确定了两个基本战略，主要是为了集中财力提高资源效率和提高产品的附加值。2009年，日本对《新经济成长战略》进行又一次的修订，在技术改造、低碳排放社会、农工商联合等方面推出一系列政策，以促进经济走出低谷。《新经济成长战略》的这两次修订，都涉及了逐步以低碳能源替代高碳能源，发展绿色经济。日本要保持和扩大环保技术方面的领先优势，促进低碳领域的融资，在一定前提下开发和使用核技术，通过技术革新，降低信息通信系统用电量，重视发展智能电网等。加强可再生能源系统的研发。《日本再生加速发展计划》表明要推进绿色能源社会形成，鼓励绿色创新，并对相关产业给予资金支持。2009财年国家预算案及补充预算案中，提出普及、开发节能技术，加大研究清洁能源力度，预算支持的力度也较大，如环保车减税2100亿日元，节能设备投资等减税1900亿日元等。可以看出，日本试图通过促进能源结构转型，推进绿色低碳经济的发展，为危机过后经济可持续发展提供新动力。

（三）对我国的启示

近年来，日本政府所采取的产业政策对中国工业发展也有积极的启示。一方面，应注重培养产业的自身活力。近年来，日本政府制定的产业政策发生了较大的转变。之前日本强调扶持主导产业的发展，这种方式虽然见效快，但隐患也较为严重。国际金融危机之后，日本政府面临着高额的财政赤字，所以调整思路，侧重于培养产业自身的活力，更有助于真正实现产业转型升级。所以，我国在制定产业政策时，尽量避免对企业进行直接的补贴，而是要通过培养产业自身活力，实现企业的优胜劣汰。另一方面，应促进大中小企业协调发展。日本在积极培育大企业的同时，非常注重中小企业的作用，并从金融、商机等方面提供优惠政策，促进中小企业增强竞争力。我们应借鉴日本，在充分发挥大型企业引领作用的同时，激发中小企业活力，为中小企业发展创造良好的环境，促进大中小企业协同发展。

四、韩国的产业政策

2008 年初，由于韩国存在金融体系自由度高、金融监管不完善、对外依存度过高等问题，国际金融危机对韩国的经济造成了严重打击。具体表现为韩国股市暴跌，2008 年 10 月较 9 月下跌 35%，境外投资者大量抛售韩元；韩国经济短期内下滑严重，2008 年第 4 季度经济增长为–3.4%，民间消费增长率为–4.4%；实体经济遭受严重冲击，2008 年的制造业增长仅为 0.3%，为 2002 年以来的最低值，其中仅造船企业现代集团当年 1~10 月的订单就减少了 50%；就业受到严重影响，仅 2008 年 12 月就有 14.7 万人主动放弃就业。此外，韩国的资源与环境的压力日益增大，“低增长、低就业”困扰着韩国的经济增长。

为应对危机，韩国采取了一系列措施，其中最主要的是韩国总统提出的低碳绿色增长战略，希望通过发展绿色产业，实现经济的可持续增长。

（一）政策概述

2008 年 8 月，韩国李明博政府提出低碳绿色增长战略，又一次将科技战略作为重要的应对危机的手段。随后，韩国政府发布了《绿色增长国家战略及五年计划》《新增长动力规划及发展战略》《绿色能源技术开发战略路线图》等文件，构成韩国绿色增长战略，旨在依靠发展绿色环保技术和新再生能源，以实现节能减排、增加就业、创造经济发展新动力三大目标。2009 年，韩国出台《电动汽车产业振兴方案》，积极推广普及电动汽车。2009 年 9 月，韩国发布《IT 韩国未来战略》，决定未来 5 年内投资 189.3 万亿韩元（约合 15174 亿美元）发展信息核心战略产业，将信息整合、软件、主力信息、广播通信、互联网五个领域确定为信息核心战略领域，并将促进信息产业与汽车、造船、航空等其他产业融合发展，建立大企业和中小风险企业一起成长的产业链。2011 年，《智能国家电网路线图》提出，2030 年建成全国范围的智能电力网络系统。2014 年 2 月，韩国总统朴槿惠公布的《经济革新三年规划》提出了韩国经济面临的主要课题和具体的解决方案，旨在夯实韩国经济发展基础，实现韩国经济的第二次腾飞，并提出到 2017 年韩国经济增长率提升至 4%，就业率达到 70%，人均年收入增加至 4 万美元，实现“474”的蓝图，该规划包括夯实经济基础、全面推动“创造经济”、进一步扩大内需三大核心战略。2014 年 6 月，韩国发布《制造业创新 3.0 战略》。2015 年 3 月，韩国政府又公布了经过进一步补充和完善后的《制造业创新 3.0 战略行动方案》，旨在促进制造业与信息技术（ICT）相融合，从而创造出新产业，提升韩国制造业的竞争力。如此，韩国基本上形成了韩国版的“工业 4.0”战略体系。

（二）主要政策措施

从国际金融危机以来韩国所实施的产业政策来看，其政策措施主要包括以下几个方面：

第一，增加对制造业的投资力度。韩国为促进经济发展，投资的强度不断增大。如《绿色增长国家战略及五年计划》提出，2009~2013 年投资 836 亿美元，资金总量约占国内生产总值的2%，用于应对气候变化与能源自主、创新经济增长动力机制、改善生活质量等。《经济革新三年规划》提出，政府将在未来3年内投入约4万亿韩元的风险创业资金，用于扶持有发展前景的中小骨干企业。其中，为发掘和培养1.3万名创业人才投入1.0598万亿韩元，为培育先导型企业投入2.2万亿韩元，为支持再创业投入7730亿韩元，政府投资占28%。《制造业创新3.0战略行动方案》提出，韩国将积极发动民间资本的参与，计划对智能工厂、新兴产业总投资约24万亿韩元（约合230亿美元）资金，其中韩国政府投入约2万亿韩元，其余的拟吸引民间资本。

第二，强化科研的支撑力量。韩国很早就认识到经济增长的根本动力是科学技术，对科学技术的发展极为重视。早在20世纪60年代，“科技立国”战略思想就开始萌芽；80年代后期，韩国正式提出以“科技立国”战略取代之前的“贸易立国”和“重化工业战略”；金融危机之后，韩国继续以创新为突破口，重视绿色技术的发展，将绿色技术视为实现经济中长期转型的支柱。

比如，《绿色增长国家战略及五年计划》的目标之一就是开发绿色技术，并提出绿色动力机制包含气候变化、能源技术、效率提高、尾管技术、虚拟现实研发技术等27项核心技术。《经济革新三年规划》提出，2017年研发投入的比重较2013年提高0.6个百分点，在未来3年投入4万亿韩元（约合37.23亿美元）在17个城市设立经济革新中心，增加对现有青年创业基金的投入，同时将引进300名世界顶尖级科学家，以强化科研力量。“制造业创新3.0”提出成立东北亚研发中心，制定东北亚研发中心战略，构建东北亚技术合作网络，发掘未来经济增长新领域，共同研发气候应对以及能源等国际合作项目；与美国、德国、以色列等创新型国家联合举办高端技术交流会，加强战略合作。《制造业创新3.0战略行动方案》提出到2017年前，投资1万亿韩元研发3D打印、大数据、物联网等8项核心智能制造技术，尽快缩小与相关技术领先国家的差距。《新增长动力规划及发展战略》提出要开发薄膜太阳能电池的基础技术，开发第二代氢燃料电池商用化技术，开发生物能、潮力等核心技术。

第三，积极引导民间资本的参与。韩国较为重视民间资本的力量，积极引导民间资本参与经济建设。如《新增长动力规划及发展战略》鼓励民间投资参与相关建设。《经济革新三年规划》提出，政府将通过公司拆分或设立子公司来加强铁路部门的竞争，公租房等公共服务领域则将积极向民间资本开放。韩国的“济州岛示范园”，计划从2009年12月到2013年5月，在济州岛内总投资2395亿韩元，由168家电力、通信、家电等企业共同参与组建。此外，实行税收优惠吸引民间投资，对私人投资于绿色产业的债权利息实行税收减免。《制造业创新3.0战略行动方案》计划总投资24万亿韩元，其中韩国政府的直接投入不到10%（2万亿韩元），其余的资金均拟通过吸引民间资本投入解决。

第四，积极推进绿色经济发展。2008年8月，韩国总统李明博提出“绿色低碳增长”的经济振兴战略。这一战略框架包括《绿色增长国家战略及五年计划》《新增长动力规划及发展战略》《绿色能源技术开发战略路线图》等文件。目的是通过发展绿色环保技术和新再生能源，以实现节能减排、增加就业、创造经济发展新动力三大目标。《国家能源基本计划》提出要提高能效和降低能源消耗量，计划在2030年能源消费中化石原料的比重从83%降至61%，太阳能、风能、地热能等新再生能源的比重从2.4%提升至11%，从能耗大的制造经济向服务经济转变。2009年1月，韩国政府实施“绿色新政”，通过“绿色工程”计划，在未来4年内投资50万亿韩元（约380亿美元）开发36个生态工程，创造约96万个工作岗位，用以拉动国内经济，并为韩国未来的发展提供新的增长动力。

2009年，韩国知识经济部公布了绿色能源技术开发战略路线图，确定了2030年前重点研发的15个“朝阳领域”，其中绿色能源生产领域7个（太阳能、风能、氢燃料电池、清洁燃料、整体煤气化联合循环发电、核能、二氧化碳捕捉与封存）、绿色能源传输领域3个（电力信息技术、超导技术、能源储存）、绿色能源利用领域5个（小型热聚变、热泵、车辆电池、能源建筑、发光二极管照明），该战略由政府以及三星、LG等73家韩国大企业和中小企业共同参与研发。为此，2012年前韩国政府将投入1.8万亿韩元，企业投入4.2万亿韩元。随后韩国政府制定《低碳绿色增长基本法》，为“低碳绿色增长战略”提供法律基础。韩国绿色增长战略形成了较完备的政策体系。

此外，韩国政府还积极为绿色中小企业提供资金支持。韩国政府将设立绿色中小企业专用基金，规模为1.1万亿韩元；并成立以产业银行为主的研发及产业化专项支援基金，规模为3000亿韩元。

第五，着力培育新兴增长产业。信息技术产业是全球创新最活跃、带动性最强、渗透性最广的领域，新一代信息技术将带动产业格局深刻变革，而且其应用日益广泛，与其他产业加速融合，带动整个经济的发展。2009年，韩国推出《IT韩国未来战略》，把信息整合、软件、主力信息、广播通信、互联网五个领域确定为信息核心战略领域，并将促进信息产业与汽车、造船、航空等其他产业的融合；将汽车、造船、医疗、纤维、机械、航空、建筑、国防、能源、机器人等信息技术整合效果显著的行业定为十大战略行业。《智能电网国家路线图》，通过促进相关技术的研发、产业发展和完善相关制度，以达到在2030年建成全国范围的智能电力网络系统。韩国选择在济州岛进行智能电网实验，打造“济州岛示范园”。设定了智能电网的五大重点领域：智能电网、智能场所、智能交通、智能能源、智能供电服务。

第六，完善相关法律和制度。为促进经济增长，韩国不断完善相关的法律和政策。比如，为保证绿色增长，出台了《绿色增长基本法》，以立法的形式保障绿色增长战略，建立绿色增长制度，提出“绿色经济概念”，建立绿色增长委员会制度、能耗量化管理制度、绿色交通制度、绿色文化和教育制度、绿色增长基金制度。《新增长动力规划及发展战略》提出，为培育和发展市场构建良好的制度环境。如对绿色高科技交通系统进行税制支援；给予财政扶持，为创造新的、初期的市场提供支持；重点利用公共需求，为新技术、新产品创造初期市场；强化基础能力建设，为率先抢占全球市场夯实基础。《绿色增长五年计划》通过建立监管制度，促进减排目标的实现，如建立碳排放交易制度、温室气体清单报告制度、碳积分制度等。

（三）对我国的启示

从韩国的产业政策调整中，我国也可以得到一些启示。

应提高资源利用效率、促进清洁能源发展。韩国的能源对外依存度较高，面临资源和环境压力，为推进经济转型，将绿色增长定为未来发展的核心。我国面临着同样的问题，以能源为例，我国是能源消费最多的国家，是世界最大的煤炭生产国和消费国。我国应转变传统的发展方式，从高投入、高能耗、高污染的发展模式向低投入、低能耗、低污染、高产出、高效益转变，大力发展清洁能源，改善能源结构。

应支持绿色产业的发展，实现可持续增长。韩国将绿色产业发展作为发展的首要任务，认为绿色技术和产业是经济增长的核心动力，在该方面不断加大投资扶持的力度，并确定了可再生能源等 17 个新增长动力产业。我国资源环境约束日益趋紧，应大力支持绿色产业的发展，实现可持续发展，所以要加快推进产业结构调整优化、提升工业部门能源效率、推进绿色循环低碳生产方式、大力发展节能环保产业和加快建立绿色发展政策机制。

应积极引导民间投资，增强资金支持力度。韩国在经济发展过程中，积极引导民间投资。《制造业创新 3.0 战略行动方案》计划总投资 24 万亿韩元，其中韩国政府的直接投入不到 10%，其余均拟通过吸引民间资本投入解决。在我国的工业投资结构中，民间投资占总量的 80%左右，可以说是具有举足轻重的作用，但是，2016 年以来，我国工业民间投资增速出现了大幅下滑，民间投资增速仅为 3.4%，创历史新低。所以，我国应优化民间投资环境，以简政放权为契机，取消民间投资的歧视性条件，降低民间投资准入门槛，提高政府对民间投资的服务水平，加强对民间投资的市场引导。

五、法国的产业政策

从传统上看，法国是较早实现工业化的国家之一，是传统的工业强国，拥有强大的工业基础。但是近二三十年来，法国出现了较为明显的“去工业化”趋势。过度的“去工业化”所带来的不利影响在 2008 年国际金融危机爆发后集中显现。为了重塑法国工业精神，重振法国工业，实现“脱虚向实”，法国也采取了一系列措施，其中最为重要的是自 2013 年以来法国开始实施“新工业法国”战略。

（一）“脱实向虚”令法国经济严重衰退

自 20 世纪 80 年代开始，法国逐渐走上了“去工业化”的进程，经济增长放缓，经济中许多负面现象不断显现，国际竞争力出现下滑。一方面，法国产业结构失衡，产业“空心化”严重。从工业来看，世界银行的统计数据显示，1980 年，法国工业增加值在国内生产总值中所占比重为 31.8%，到 2008 年仅为 20.7%，下降了约 10 个百分点。从制造业来看，1980 年，制造业增加值占国内生产总值比重为 20.6%，2009 年为 11%，2013 年下降到 10%。另一方面，就业岗位减少，失业率居高不下。法国制造业就业岗位从 1980 年的 510 万个下降到 2013 年的 290 万个。2013 年，时任法国总统奥朗德也承认，近十年来，法国丧失的工业岗位达 75 万个。

国际金融危机加剧了法国“去工业化”趋势。据不完全统计，2009~2013 年，法国共有 1253 家企业倒闭。2013 年，工业增加值占国内生产总值比重进一步下降到 19.8%。法国成为欧洲地区“去工业化”最为严重的国家。

但是，法国具备再次振兴工业的工业基础，法国工业体系较为完备。当前，法国在 20 个关键科研领域仍处于世界领先水平，如核电技术处于全球第一梯队，航空航天仅次于美国、俄罗斯，航天、能源、材料科学、空间技术等方面的优势较为明显，而且部分制造业领域拥有全套核心技术，许多是自主创新的成果。法国拥有标致、雷诺、米其林等诸多知名品牌。法国拥有多所知名大学，属于典型的精英教育模式，有利于为制造业培养人才。

（二）“新工业法国”的主要内容及特征

当前，全球产业格局的不断调整增强了法国的危机意识。国际金融危机后，各国纷纷意识到发展实体经济的重要性，许多发达国家实施再工业化战略，意图抢占新一轮科技和产业革命主导权，以保持领先地位。如前所述，美国发布了《重振美国制造业框架》《制造业促进法案》等一揽子政策，美国制造业已经出现回流；日本发布《新增长战略》等。与此同时，新兴经济体不断崛起，许多国家保持着高速和稳定的增长。

在这些内忧外患的共同作用下，法国决定重振实体经济。从 2013 年 9 月至 2015 年 4 月为“新工业法国”战略的第一阶段，从 2015 年 5 月至今，该战略进入第二阶段，内容上进行了较大的调整。

1. 新工业法国Ⅰ

2013 年 9 月，法国总统奥朗德宣布实施“新工业法国”计划，该战略为期 10 年，意图使法国工业重回世界第一梯队，解决能源、数字革命和经济生活三大问题。该计划的核心为 34 项工业项目。这 34 个项目涵盖数字技术、能源、交通运输、智能电网、纳米科技、医疗健康、生物科技和未来工厂等多个领域，可分为 3 类，环保和新能源、医疗和健康、前沿技术。

这些项目是由全国工业、企业代表和雇员代表根据标准经过充分论证之后筛选出来的。选择标准有三个：具体体现为可明显识别的、有代表性的产品和服务；依赖于法国企业已经掌握内涵、方向和内容的技术；符合大的产业和技术环境，能使法国企业占据卓越地位。

2014 年，随着 34 个优先发展项目的实施路线图全部审批通过，“新工业法国”战略进入落实阶段。各个项目由产业界的专业人士负责，每 6 个月对项目进度情况进行一次检查。

2. 从新工业法国Ⅰ到新工业法国Ⅱ

新工业法国Ⅰ实施一段时间之后，法国意识到这一战略的顶层设计仍存在一定的缺陷。此外，认为德国的经验值得借鉴，应该积极对接德国工业 4.0。所以，2015 年 5 月，法国提出“未来工业”计划，对之前的战略进行调整，“新工业法国”进入第二阶段。

新工业法国Ⅱ主要包括一个核心、九大支点。

一个核心为“未来工业”。该计划包括五项内容：一是加强技术开发，加强 3D 打印、物联网、增强现实等新技术的开发，支持企业开展项目合作，建立技术平台，对企业提供支持；二是开展企业跟踪服务，对中小企业提供个性化诊断，为企业提供财政优惠等资金资助，支持企业提高生产现代化程度；三是提高工业从业者技能，实施各种培训，适应未来工业需求；四是加强国际合作，与欧洲和其他国家建立战略合作伙伴关系，尤其是加强与德国的合作；五是推动法国未来工业发展，建立示范项目及示范企业。

九大支点是工业化战略布局九大重点领域。其主要内容如下：

新能源。到 2020 年，法国化工领域使用植物原料总量翻倍，非危险废品的回收率达到 55%。大力发展绿色化学和绿色燃料，转变化工企业生产模式。

可持续发展城市。发展对水和能源进行智能管理的网络，改善建筑的能源性能和提高终端消费者的可参与性，提高建筑行业的劳动生产率。购买绿色原料可以享受优惠。

环保出行。部署网络终端，积极发展电力交通工具。到 2021 年，新制造的交通工具的二氧化碳的排放量减少 30%。

未来交通。提高能源利用效率，推进电气化技术和储能技术的应用。积极发展绿色船舶、高速列车等。船舶的化石能源消耗量减少 50%，未来高速列车性能提高 25%。

未来医疗。加大投资力度，促进医疗设备、创新疗法、高通量测序下的诊断和治疗的发展，设立企业研发基金。

数字经济。保持基础科技的优势地位，尤其是高性能计算。鼓励密集计算、云计算、大数据技术在企业中的应用。创造数字经济生态系统发展的良好环境。到 2020 年，掌握支持开发超级计算机新生代产品的关键性技术，并使其拥有“exascale”能力。

智能设备。通过竞赛、主题投资基金等支持创新生态系统和新兴信息通信企业发展。通过共享的方式促进创新产品的设计和生产。推进远程支付、远程交通等创新服务的应用。

数字信任。积极发展多核芯片、5G 网络，保护技术专利。到 2020 年，纳米电子领域的产品性能增强 2 倍，发展 5G 网络，促使移动互联设备以千计级规模增长。

智能食品。提高肉类市场竞争力，开放功能性食品市场，占据持续冷藏领域的领先地位；鼓励数字化工具在企业中的应用；在酶和蛋白质等领域树立标杆。

“新工业法国”的主要特点表现为以下几个方面：

一是体现了比较优势。法国在选择发展领域的过程中，充分考虑了法国所具有的工业基础，注重发挥自身优势，并且预测这些领域能够取得巨大的突破。

二是具有战略前瞻性。“新工业法国”战略是一个长期的发展战略，是在对当前和未来的形势研判的基础上提出的，紧紧跟随全球制造业发展趋势，积极布局面向未来的重点领域，更加注重智能制造、数字经济的发展，促进工业生产向数字化、智慧化转型，以生产工具的转型升级带动商业模式转型。

三是着力推进重点领域实现突破。“新工业法国”战略在实施的第一阶段中，选择了 34 个重点项目；在第二阶段中，又进一步聚焦于九大领域，部署更加高效。通过重点领域的突破，带动提升整个制造业的竞争力。

四是体现了强化监管的理念。为保障项目的顺利实施，法国专门成立“未来工业联盟”协调计划的各项行动，“未来工业指导委员会”两个月举行一次会议，部署与检查计划的实施。

（三）“新工业法国”实施中面临的挑战

“新工业法国”战略的愿景非常美好，但法国除面对全球经济增长依然乏力这样的大背景外，其国内也存在着许多问题，将对实施的进程和效果产生诸多不利影响。

第一，高失业问题在短期内无法得到有效缓解。很长一段时期以来，高失业率问题成为困扰法国的一大顽疾，近年来，这一状况未得到任何改善，法国的本土失业率一直在 10%左右徘徊，如图 2-1 所示。其中，有两个问题尤其值得关注：一是长期失业较为严重。法国《回声报》称，法国的长期失业者超过 213 万人，并且近 1/3 已失业超过三年。二是存在着结构性失业。工业每年提供 8 万~10 万个新岗位，某些领域如机械与电子领域出现劳动力紧缺状况，而年轻人不愿意到工业领域就业；25 岁以下青年人失业率接近 1/4。

“新工业法国”战略提出要创造就业岗位，但到目前为止，改善就业的效果并没有体现出来。高失业率问题不但会对国内消费市场产生负面影响，而且会影响社会稳定，使人们对政府的不信任度上升，影响政府的施政效果。

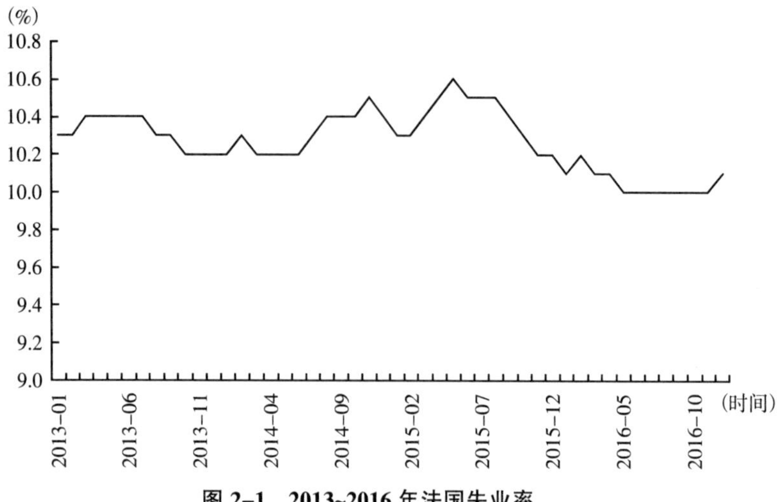

图 2-1 2013~2016 年法国失业率

资料来源：根据 Wind 数据库相关数据绘制。

第二，公共债务负担沉重。近年来，法国的公共债务不断攀升。2012 年，其公共债务为 1.868 万亿欧元，占国内生产总值的 89.5%，2016 年，公共债务达到 2.147 万亿欧元，占国内生产总值的 96%，如图 2-2 所示。据世界经济合作与发展组织预计，2018 年法国的公共债务占国内生产总值的比重将超过 100%。

公共债务规模过大，会加重法国政府的公共财政负担，造成市场信心下降，增加金融体系的风险，对项目投资产生不利影响。

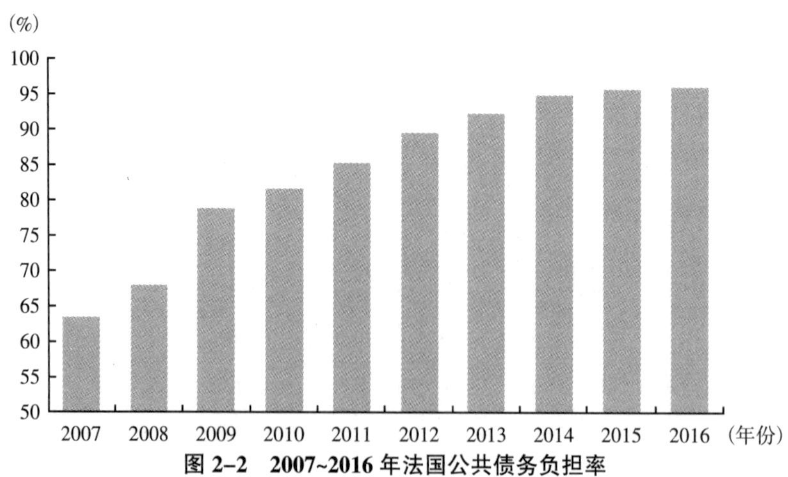

图 2-2 2007~2016 年法国公共债务负担率

资料来源：根据 Wind 数据库相关数据绘制。

第三，劳动力成本较高。法国是公认的制造业成本较高的发达国家之一。自从法国推行 35 小时工作制以来，其劳动力成本曾一度上升为欧盟最高水平，虽然近年来有所下降，但依然处于较高水平，难以吸引企业形成回流浪潮。欧盟的数据显示，2016 年，欧元区和欧盟成员国平均每小时用工成本分别为 29.8 欧元和 25.4 欧元，法国为 35.6 欧元。法国是非工资成本（主要为社会分摊金）份额最高的国家，达 33.2%，远高于欧盟平均水平的 23.9%。这在一定程度上削弱了法国产品的国际竞争力。

第四，欧盟及经济一体化进程存在较大不确定性。从欧盟角度而言，当前欧洲经济复苏已进入上行区间，但整体复苏势头仍然较弱，经济增速依然在低区间徘徊，比如，2017 年第 1 季度欧元区经济增长率仅为 1.7%，与世界主要经济体仍存差距，且内生动力依然不足。复苏前景充满不确定性，并存在多个可能进一步放大经济危机的潜在风险点，将在未来持续制约欧洲整体经济复苏的步伐。区内各个国家分化严重，对“一体化”打击加剧。欧洲整体竞争力与现有制度间仍存在不协调现象，造成了成员国间贸易增长红利分配不均、生产要素流动错配的问题，引发各成员国收入与贫富差距扩大，各国内部收入差距与社会不平等加剧。加之，英国脱欧，导致欧盟“一体化”进程受到严重影响。

（四）对我国的启示

当前，我国已经成为世界第一制造大国，但距离制造强国仍有一段距离。同时，我国正处于产业转型升级的关键时期，但经济出现了“脱实向虚”的倾向，应当借鉴法国的经验，促进我国制造业做大做强。

应认识到工业的发展是一项长期战略。工业是立国之本。法国经济发展经历了工业化、去工业化、再工业化。法国在实现工业化之后，曾经一度忽视了工业的发展，致使经济“脱实向虚”，法国政府再次意识到工业是经济发展的根本，决定重振实体经济。我国应吸取这一教训，紧抓工业发展这一主线，牢牢把握促进制造业的发展是一项长期战略，深入推进制造强国战略，促进我国产业不断转型升级。

工业发展应聚焦先进制造业及其关键领域。新工业法国Ⅰ的项目过多，重点不突出，法国意识到了这一点，对战略进行了调整，转为重点发展九大领域，这些项目的选择经过了充分的论证，不但瞄准前沿，而且具有一定的发展基础。所以，我国工业在未来发展过程中，发展的方向应更加聚焦，瞄准未来尖端技术，防止大而全，充分发挥重点领域的带动，这样才能全面发力，抓住新一轮产业革命机遇，不断向制造强国迈进。

应注重发挥中小企业的作用。在“新工业法国”战略中，法国极为重视中小企业的发展，为中小企业提供个性化诊断，向中小企业提供财政支持、银行贷款；利用云计算技术扶持中小企业等。中小企业在我国国民经济发展中居于重要地位，针对中小企业发展难题，我国也出台了相关政策。我国可以借鉴法国的经验，进一步完善相关措施，可以针对不同企业的特点，提供个性化的跟踪服务。

应加强两国之间相关领域的合作。“新工业法国”战略与我国的“中国制造2025”有许多不同之处，如法国意图实现再工业化，我国注重促进制造业的转型升级。应积极探寻《中国制造 2025》和“新工业法国”的契合点。一是建立一个有效的、长期性的合作平台与机制。二是强化双方科研合作。鼓励高新技术发展是“中国制造 2025”的核心思想，法国也极为重视。三是加强智能制造、数字经济等领域的合作，如我国新能源、智能制造领域存在许多技术上的短板，应加强双方合作，实现优势互补，提升我国制造业的竞争力。

第三章　国际金融危机以来我国产业政策变迁

由于我国经济外向性强，源自西方国家的世界金融危机给我国的产业发展也带来了一定的冲击，加之我国也正处于产业结构调整的关键时期，因此，近些年来我国产业政策也在不断发展和完善。

一、国际金融危机前我国产业政策的历史演进

从新中国成立起，我国就开始实施具有产业政策特征的经济政策，但直到1989年，中国发布了《关于当前产业政策要点的决定》，才标志着中国开始正式颁布、实施专业性的产业政策。此后，中国的产业政策得到了极大的发展。

（一）计划经济时期的产业政策

新中国成立初期，经济基础极其落后，可谓“一穷二白”，当时中国的产业结构以农业为主，可利用的资源非常稀缺，而且面临着严重的外部威胁，如许多西方国家对中国实施“封锁”“禁运”政策，迫使中国不得不依靠自己的力量进行经济建设，并希望尽快建立一个完整的工业体系。当时，我国选择了政府主导的工业化道路，政府通过干预经济，利用计划的手段干预产业的发展。

1. 主要内容和效果

改革开放以前，中国政府重视对产业的引导，实施全方位的发展计划，优先

发展重工业，提出“以农业为基础、以工业为主导”的发展战略。对这一时期产业发展政策进行归纳，如表 3–1 所示。

表 3–1　计划经济时期主要产业政策

历史阶段	时间	政策目标/方针/口号	产业政策主要内容
国民经济恢复时期	1949~1952 年	恢复和发展生产	没收官僚资本 统一财政 对工商业进行调整 大力恢复工农业发展
“一五”时期	1953~1957 年	重工业优先发展战略	实施“156 工程” 对农业、手工业、资本主义工商业进行改造
“大跃进”和经济调整时期	1958~1965 年	“以钢为纲” “调整、巩固、充实、提高”	工业发展以钢铁为主 调整工业内部生产结构 对长线企业进行关、停、并、转
“文化大革命”时期	1966~1976 年	“以农业为基础、以工业为主导”	大力实施“三线建设” 发展“五小工业” 积极引进国外先进技术

新中国成立初期，我国政府采取了没收官僚资本的措施，建立国营经济；统一财政收支管理；对工商业进行合理调整，调整公私关系、劳资关系和产销关系，将私营经济纳入国家计划之中。在劳资关系方面，首先保证工人的民主权利，加强对私营工业的加工订货。制定“边打”“边稳”“边建”的经济方针和有计划的重点建设水利和铁路交通。20 世纪 50 年代初期，我国正式确立了以重工业为主的工业化发展道路。

1952 年，我国国民经济状况基本好转，工农业总产值达到 810 亿元，其中工业生产总值 120 亿元，较 1949 年增长 145%，轻重工业比例由 1949 年的 73.6：26.4 变为 64.5：35.5；主要产品产量增长迅速，如铜的年产量由 1949 年的 15.8 万吨上升到 135 万吨，煤的产量由 0.32 亿吨上升到 0.66 亿万吨。

1949~1952 年，公私合营工业企业由 193 家增加到 997 家，增长 4.2 倍，产值增长 5.2 倍，在上述企业中，公股所占比重 1949 年为 70.7%，1952 年则为 60.7%。另据对 695 家公私合营企业的调查，公股中来自没收官僚资本及敌产的占 62.18%，新中国成立后国家的新投资则占 31.14%。

1953年，我国开始实施经济建设的第一个五年计划。“一五”时期实施了以“156项工程”为核心的工业建设，实际建设为150项，其中，军事工业企业44个；冶金工业企业20个，其中包括钢铁工业7个、有色金属工业11个；化学工业企业7个；机械加工企业24个；能源工业企业52个，其中煤炭工业和电力工业各25个、石油工业2个；轻工业和医药工业企业3个。建设了一批重要企业，如第一汽车制造厂、机床制造厂等，到1956年，我国基本完成了对手工业、资本主义工商业的社会主义改造，建立了全民所有制和劳动者集体所有制。

“大跃进”和经济调整时期，我国提出“以钢为纲”，工业发展以钢铁为主。1963年，对国民经济采取“调整、巩固、充实、提高”的方针。积极调整投资的方向和结构，主要用于煤矿和铁矿的延伸及配套工程，优先发展质量好的企业，保障其生产资料的供应，及时关、停、并、转那些效益差的企业。1966年，我国独立的工业体系雏形已现。

1966~1976年，即“文化大革命”时期，我国大力实施“三线建设”，集中力量建设西南地区的基础设施和基础工业，重点建设攀枝花、酒泉、武钢、宝钢、太钢五大钢铁基地，煤炭行业重点建设贵州六枝、水城等12个矿区，石油行业重点开发四川的天然气，机械行业重点建设为军工服务的东风电机厂等。新建了胜利油田、大港油田、辽河油田等油田，建成了葛洲坝、刘家峡水电站等重大工程。地方积极发展“五小工业”，即小钢铁、小机械、小化肥、小煤窑、小水泥，从1970年起，中央财政安排80亿元用于发展五小工业，并制定了一系列的优惠政策；中央预算外的投资也迅速增加。1970年全国约有300个市、县建立了小钢铁厂，90%的县建立了农机修造厂，20多个省、市、区建立了手扶拖拉机厂、动力机械厂和农机具制造厂。

这一时期在产业科技方面，我国也在积极引进国外技术。实施“四三方案”，从日本、英国、法国等国家引进化肥、石油化工、化纤等成套生产设备、电站设备、采煤设备等机械设备，初步预算资金为43亿美元，后来将预算总金额调整为51.4亿美元。

计划经济时期，我国工业经济发展取得一定成效。1952~1978年，工业年均增长速度达11.2%，到1978年，工业总产值达到4231亿元。1952年，重工业在工业总产值中所占比重为35.5%，到1978年达到56.9%，以重工业为主导的工业化格局已经基本形成。1978年，在基建投资中，重工业占48.7%，轻工业只占5.8%。①

2. 主要特点

这一时期我国所采取的促进经济发展的一系列经济政策，承担了组织和指导经济发展的功能，其本质就是产业政策，但是当时我国并没有正式提出“产业政策”一词，可谓是有实无名。该时期产业政策的特点主要表现在两个方面：

一方面，产业发展以中短期目标为主。当时的主要目标就是高速赶超，希望经济发展速度能超过旧中国和其他国家，缩短与其他国家之间的差距，因此很少制定长期产业发展规划，而且我国确实在短期内建立起了相当完善的工业体系，为我国从农业国向工业国转变奠定了基础。

另一方面，以计划性政策为主要手段。完全根据行政指令对全国经济、社会发展、产业结构进行统一调控。以指令性计划安排要素的配置。政府以指令性计划直接干预行业结构、技术发展、产品开发、技术改造等，政府不仅制定了直接管理到产品工艺的产业技术政策，并且承担了新产品开发研制的很大一部分工作。我国政府通过指令性计划手段，在短时间内使我国建立了完善的工业体系，但是产业政策的局限性不断显现，出现各种失衡和比例失调。如原材料、燃料动力、交通运输等基础产业与加工工业之间严重的失衡。

（二）经济转轨时期的产业政策

经济转轨时期的时间段为1978~1992年。1978年，中共十一届三中全会的召开拉开了我国改革开放的大幕，我国重新确立了以经济建设为中心的发展战略。在改革开放初期，我国产业结构存在严重失衡，主要表现为以下几个方面：

这一时期，我国农轻重比例严重失衡，1957年，轻工业与重工业的比例为51.7∶48.3，到1978年，这一比例为42.7∶57.3，轻工业生产技术落后，劳动生

① 史言信. 新型工业化道路：产业结构调整与升级［M］. 北京：中国社会科学出版社，2006.

产率低，这可以从轻工业品的供应情况反映出来，当时一些生活必需品无法满足人民群众的基本需求。原材料、燃料动力、交通运输等基础产业与加工工业之间严重失衡，因缺煤、缺电，仅1/4的工业生产能力能够充分发挥作用，交通运输全面紧张。我国的制造业产品的国际竞争力较差，出口产品主要是初级加工品，附加值较低。我国某些加工工业出现了产能过剩问题，主要表现为部分机械加工能力大于钢材供应能力，机械加工能力是钢材加工能力的三四倍。整个20世纪80年代，“长线”问题都受到了普遍的关注。

改革开放初期，我国产业政策最早推行的是产业结构调整政策。1978年，《中共中央关于加快工业发展若干问题的决定》的重要内容之一就是结构调整，要重点发展燃料、动力、原材料工业和交通运输业。1984年，党的十二届三中全会通过了《中共中央关于经济体制改革的决定》，我国进入全面经济体制改革阶段。1986年，《国民经济和社会发展第七个五年计划》第一次正式提出“产业政策”这一概念，这一时期的产业政策随着市场经济体制的改革不断推进而进行不断的调整。1989年，我国颁布《国务院关于当前产业政策要点的决定》（国发〔1989〕29号），标志着产业政策已成为国家宏观经济调控的重要手段。

1. 主要内容

一是调整产业结构问题。国家采取措施重点解决轻重比例失调问题。1978年，我国发布《中共中央关于加快工业发展若干问题的决定》，重点就是要解决农轻重比例失衡的问题。1979年，我国提出“调整、改革、整顿、提高”八字方针。1979年，五届人大二次会议的政府工作报告提出要加快轻纺工业发展，对纺织业实行“五优先”倾斜政策，优先保证轻纺工业发展所需要的能源和原材料，优先增加进口轻纺工业所需的原材料，优先增加对轻纺工业的投资和用汇，优先安排轻纺工业的挖潜革新改造项目，允许轻纺工业自销一部分产业。1980年，对轻纺工业安排中短期贷款为20亿元，买方信贷3亿美元。通过直接干预政策措施，限制重工业发展。

20世纪80年代初期，家电行业发展迅速，彩电、电冰箱、洗衣机都属于国家鼓励发展的行业。但是政府认为家电行业发展存在一定问题，于是在1981年开始转向控制家电行业的发展，对于彩电和电冰箱实行定点生产，对洗衣机实行企业准入控制。1982年，我国明确将洗衣机、电冰箱列为严格控制建设项目行业。之后，发布了《关于采取紧急措施，严格控制盲目引进电冰箱生产线的通知》。针对以家电行业为代表的轻纺工业的重复建设问题，我国采取了计划定点和目录管理办法，对定点企业进行支持，对其他的企业进行限制。

此时，我国已经发现存在重复建设问题，并开始采取措施防止生产能力过剩。如为防止低水平重复建设，1981年，国家计委等部门发布《关于制止盲目建设、重复建设的几项规定》，提出了不准搞资源不清的项目，不准搞工程地质、水文地质不清的项目，不准搞工艺不过关的项目，不准搞工艺技术十分落后、消耗过高的项目，不准搞协作配套条件不落实的项目，不准搞污染环境而无治理方案的项目，不准搞长线产品项目，不准搞重复建设项目，不准搞与现有企业争原料的项目，不准搞“大而全”“小而全”的项目，不准盲目引进项目等“十二个不准”。1982年，我国提出了具体要控制汽车、机床、农机、棉纺锭、毛纺锭、化纤原料与抽丝、纺织机械、纺织器材、内燃机、轴承、电机、电视机、电冰箱等行业。此外，直接关停落后加工企业，关停并转了几千家企业，但各级地方政府及民间同时又新建2万多家企业。

这一时期，促进“短线”基础设施和基础产业发展成为产业政策的主要目标之一，我国积极推进基础工业和基础设施建设。1978年，《中共中央关于加快工业发展若干问题的决定》提出，将燃料、动力、原材料和交通运输的发展放在突出地位。1979年3月，中央提出了“调整、改革、整顿、提高”的方针，提出适当加强能源、交通等基础设施的建设。1990年，预算外专项建设资金达到了637.54亿元，主要用于能源、交通等基础设施建设。

自20世纪80年代开始，高技术产业发展就得到了国家的高度重视。如“七五”计划提出“有重点地开发知识密集和技术密集型产品，努力开拓新的生产领域，有计划地促进若干新兴产业的形成和发展”。《国务院关于当前产业政策要点的决定》提出重点支持高技术产业。我国对高技术产业投入力度加大，促进高技术产业形成自我发展良性机制。在高技术产品中，优先发展集成电路、电子计算机、软件、程控交换机等产品，给予优惠政策。

二是促进产业技术升级。长期以来，产品原材料消耗高、生产技术陈旧落后等问题制约了我国工业效率的提高，用先进技术对企业进行改造，是促进我国产业技术升级的重要途径。政府支持技改的措施主要表现为以下几个方面：安排技改重点项目，鼓励企业进行技术改造。"六五""七五"期间，政府安排引进技术3000项，其中，机械工业的项目达1150项。[①] 国家制订计划明确各时期进行技术改造的重点企业、行业和区域。如"六五""七五"期间，沿海地区的轻纺工业、机械工业等是技术引进的重点。1992年，确定了多项技术引进和改造项目。明确规定技改的重点是大中型企业、行业领先的企业，必须是国家一级、二级企业。为鼓励企业技术开发，对一些重点企业提高折旧率，进行技术改造的企业的折旧率可以从5%提高到8%；技术改造所需的进口设备、进口原材料和外汇优先安排；在大中型企业建立技术开发中心，减免中间试验产品的所得税。

该时期，我国对科技的发展较为重视，开始制定科技发展计划。我国制定了科技发展长期规划，即《1986~2000年科技发展规划》，还制定了中期和中长期科技规划，如《"七五"科技计划》。为了促进科技成果的推广和应用，政府还专门制定了相关政策。如1988年制定的《火炬计划》，旨在推动高新技术成果商业化、产业化；1988年出台的《国家重点新产品试产计划》，为的是促进新产品尽快进行试制。

专栏1 《国务院关于当前产业政策要点的决定》政策要点

1989年3月，国务院发布了《国务院关于当前产业政策要点的决定》（以下简称《决定》）。该政策主题共包括三大部分，即制定当前产业政策的原则、产业发展序列、保障政策和组织实施，附件为当前的产业发展序列目录。

《决定》明确了当时制定产业政策的原则为：压缩和控制长线产品的生

① 江小涓. 中国推行产业政策的公共选择问题［J］. 经济研究，1993（6）.

产和建设，增加和扩大短线产品的生产和建设，产业政策的制定权在国务院等。

《决定》明确了当前在生产领域、基本建设领域、技术改造领域、对外贸易领域各主要产业的发展序列。在生产领域中，重点支持生产的产业除农业外，还包括轻工、纺织业，主要是糖、盐、纸、纱、布、化纤；基础设施和基础工业；机械、电子工业，主要是大型机电成套装备、机电仪一体化产品、高附加值出口创汇机电产品；高技术产业，主要是航空航天、新型材料、生物工程技术；经济效益好的出口创汇产品，特别是加工制成品。并且具体规定了严格限制生产的产品和停止生产的产品。

2. 主要特点

这一时期产业政策的特点主要表现为以下几个方面：

产业政策组织体系初步形成。1988 年，国家计委成立产业政策司，自此，我国形成了研究、组织、制定和实施产业政策的组织体系。

这一时期的产业政策主要以纠正结构偏差为主，调整轻重工业和重工业内部关系，以及基础工业和加工工业关系，重点发展轻工业，调整各方面失调的比例。1989 年，国家颁布了第一个明确的产业政策文件《国务院关于当前产业政策要点的决定》，对国家主要产业的发展方向和目标提出了基本要求。

产业政策仍主要以行政手段为主、经济手段为辅，经济手段包括投资倾斜、增加银行贷款、优惠利率、开征固定资产投资方向调节税，并通过差别税率引导投资。

从产业政策的实施效果来看，由于中央对轻工业的倾斜政策，轻工业得到了较大的发展，释放了轻工业的发展潜力，从 1978 年开始，轻工业产值在工业总产值中所占的比重连续上升，1990 年，轻工业产值在工业总产值中的比重约为 49.4%，工业向“轻型化”发展。而且到 1981 年，我国工业消费品长期供应紧张的状况已有了根本转变。之后，促进轻纺工业发展的政策就不再过多强调了。

但是，促进短线基础设施和限制长线加工业发展的效果不是非常明显，基础设施和基础产业虽然得到了较快的发展，如 1985 年与 1980 年相比，钢产量增长 26.1%，煤炭增长 37.1%，发电量增长 35.8%，原油增长 17.9%，[①] 但是，这些产业的发展仍滞后于国民经济的发展，生产能力过剩的加工工业的增长速度仍较快。如铁路网弹性系数在 1983~1991 年都小于 1，[②] 同期，电力生产弹性系数仅有 4 年高于 1，其余年份都小于 1。基础设施和基础产业虽然发展加快，但是并未达到超前发展的目标。

（三）市场经济初期的选择性产业政策

1992~2003 年为市场经济初期。1992 年初，邓小平同志发表“南方讲话”；同年 10 月，党的十四大召开，提出市场在国家宏观调控下对资源配置起基础性作用，最终确立中国经济体制改革的目标是建立社会主义市场经济体制。1993 年 11 月，党的十四届三中全会通过了《中共中央关于建立社会主义市场经济体制若干问题的决定》，描绘了社会主义市场经济体制的基本框架。

我国市场经济体制改革全面启动，经济发展进入新的历史阶段，开始注重发挥市场在资源配置中的基础性作用，投融资、财税、金融等体制改革不断推进，市场体系建设全面推进，财政、货币、价格等经济政策逐渐成为调节产业运行的重要手段。

经过改革开放十多年的发展，我国经济进入高速增长阶段，国内市场由卖方市场转向买方市场，轻重工业比例不协调得到极大改善。但我国经济增长已经由原来的供给不足转向需求制约。同时，多年来的重复建设导致加工工业生产能力普遍过剩，结构失衡现象日益凸显，地区产业结构趋同等问题出现。我国工业结构又逐渐出现明显的重化工业趋势，到 2000 年，我国重工业占全部工业总产值的比重超过 60%。

在经济发展方式方面，中央提出经济增长方式由粗放型向集约型转变，要实

---

① 韩小威. 有效产业政策的具体准则构架［J］. 东北师范大学学报，2006（5）.
② 江小涓. 经济转轨时期的产业政策［M］. 上海：格致出版社，上海三联书店，上海人民出版社，2014.

现跨越式产业结构升级。

1. 主要内容

1994 年，国家颁布了《90 年代国家产业政策纲要》(国发〔1994〕33 号)，这一纲要成为 20 世纪 90 年代我国产业结构调整政策的总纲，阐明了这一时期我国经济的重点就是优化产业结构，提出产业政策要解决的重大问题是，不断强化农业的基础地位，大力发展农业和农村经济；切实加强基础设施和基础工业；积极振兴支柱产业；合理调整对外经济贸易结构；加快高新技术产业发展的步伐；大力发展第三产业。同时，优化产业组织结构，提高产业技术水平，使产业布局更加合理。该纲要明确了产业政策由国务院制定，建立产业政策的审议制度，实施保障制度，监督、检查及评价制度等。

专栏 2 《90 年代国家产业政策纲要》简介

1994 年 3 月，国务院第 16 次常务会议审议通过了《90 年代国家产业政策纲要》。

《纲要》提出制定产业政策应遵循的原则为符合工业化和现代化进程的客观规律，密切结合我国国情和产业结构变化的特点；符合建立社会主义市场经济体制的要求，充分发挥市场在国家宏观调控下对资源配置的基础性作用；突出重点，集中力量解决关系国民经济全局的重大问题；具有可操作性，主要通过经济手段、法律手段和必要的行政手段保证产业政策的实施，支持短线产业和产品的发展，对长线产业与产品采取抑制政策。

《纲要》提出 20 世纪 90 年代产业政策要解决的重要课题，并确立了 90 年代国家产业政策的主要目标为：大力发展农村和农业经济，切实加强基础设施和基础工业，积极振兴支柱产业，积极发展对外经济贸易，优化产业组织，促进技术水平的提高和产业合理布局。

《纲要》规定了产业政策的制定程序和实施保障。

《“八五”计划纲要》关注的焦点是产业结构问题，提出今后十年国民经济和社会发展的主要任务是根据国民经济和居民消费结构的变化，积极调整产业结构，重点加强农业、基础工业和基础设施，改组改造和提高加工工业，把发展电子工业放在突出位置，积极发展建筑业和第三产业，促进产业结构合理化并逐步现代化。

这一时期，我国所实施的产业政策主要有以下几个方面：

一是改组改造和提高加工工业。我国加工工业发展取得巨大成就，但是在总量、结构、效益等方面的矛盾不断暴露，如纺织工业中的棉纺、毛纺等行业超前发展、低水平扩张的问题比较突出。党的十四大提出，“轻工、纺织等一般加工工业主要通过联合、改组和技术改造提高素质和水平”。对新增棉纺、毛纺、化纤等生产能力严格进行控制；优化产品结构，在“三大领域”纺织品中提高装饰用、产业用纺织品的比重，在初级产品、中间产品和最终产品中提高服装等最终产品的比重。淘汰高能耗、污染严重的落后产能，关闭小造纸、小制革、小燃料等“十五小”企业，淘汰一批产品质量差、高能耗、技术落后的陈旧落后设备。提高企业技术水平，鼓励企业“以技改促效益，以效益促技改”，鼓励利用外资加快改造步伐。

二是继续加强基础设施和基础工业建设。从 1994 年起，我国对财税体制进行了改革，但其中保留了对基础设施建设“减税让利”的政策，专项建设基金继续保留，1997 年，专项建设基金和利用外资借款在基建的大中型项目中的比重达到 26%和 18%。

三是积极培育发展支柱产业。自 20 世纪 80 年代中期，我国开始关注主导产业、支柱产业的发展问题。党的十四大报告明确提出把机械电子、石油化工、汽车制造业和建筑业作为中国经济发展的支柱产业。《90 年代国家产业政策纲要》将机械、电子、石油化工、汽车制造和建筑业等确定为国民经济的支柱产业。

围绕支柱产业，我国制定了一系列的产业政策，从投资、融资等方面予以政策支持。如《汽车工业产业政策》提出，要充分运用国内外资金，努力扩展和开拓国内国际市场，采取大批量、多品种生产方式发展；促进汽车工业投资的集中和产业的重组，重点解决生产厂点多、投资分散，审批项目乱，重复引进低水平产品，定点厂建设及国产化速度慢（即散、乱、低、慢）的问题。到2010年成为国民经济支柱产业。

四是促进高新技术产业发展，改造提升传统产业。通过税收减免、贷款贴息、发布鼓励目录等方式鼓励高技术产业发展。如1994年出台《关于企业所得税若干优惠政策的通知》，1997年颁布的《当前国家重点鼓励发展的产业、产品和技术目录》制定了国家重点鼓励的产业、产品和技术目录以及鼓励软件和集成电路产业发展的政策，以促进高新技术产业发展并用高新技术改造传统产业。通过技术改造专项资金、贷款贴息等方式鼓励传统产业和企业利用高新技术和先进装备进行改造提升。如1994年开始安排技术改造资金鼓励企业进行技术改造，1999年采取技术改造贴息形式支持重点冶金、机械、有色、石化、纺织企业和军转民项目更新设备，1999年在自行开发软件产品、技术转让、科研资助、进出口和科研机构转制等方面实施税收优惠政策。

五是推进技术进步和技术改造。2000年，"十五"计划提出，"建设国家创新体系""建立国家知识创新体系，推进知识创新工程"。2003年出台的《关于进一步实施科技兴贸战略的若干意见》对高新技术出口产品研发项目给予资金支持。支持大企业建立技术研发中心；采取加速折旧、加大新产品开发费提取、减免进口先进技术与设备和进口环节税等措施，鼓励企业进行技术改造。

六是促进地区产业合理分工和协调发展。我国中西部和沿海地区之间发展不平衡，因此，1995年，我国提出坚持区域经济协调发展，此后，国务院发布了《关于实施西部大开发若干政策措施的通知》（国发〔2000〕33号），重点任务是加快基础设施建设；加强生态环境保护和建设；巩固农业基础地位，调整工业结构，发展特色旅游业；发展科技教育和文化卫生事业。引导沿海地区发展高、精、尖、新等层次较高的产业和出口创汇产品，将耗能高、运量大的工业逐步转移到内地。引导发达地区与落后地区通过签订协议或合同的方式建立横向联合，实现利益兼顾，协调资源地区和加工地区、沿海地区和内陆地区的关系。

七是积极扩大对外开放水平。1992年，我国政府提出了"以市场换技术"的战略，为此修改了《合资企业法》。1995年，国家颁布《指导外商投资方向暂行规定》和《外商投资产业指导目录》，正式把外商投资行为纳入国家产业政策规范指导下。2000 年 3 月召开的第九届全国人大第三次会议正式提出“走出去”战略。从此，国家不断优化对外投资环境、引导对外投资，扩大对外贸易和对外经济技术交流与合作；改善出口商品结构和质量；扩大能源、交通等基础设施的对外开放，有步骤地开放金融、保险、商业等服务领域；有计划地发展境外投资，重点是能源、原材料、高技术等领域；积极参与和发展区域经济合作。

2. 主要特点

这一时期产业政策的特点主要表现为以下几个方面：

产业政策制定的框架轮廓基本形成。《90 年代国家产业政策纲要》，对国家产业政策的制定、申报、颁布、执行、监督、修订和补充等程序都做了明确规定，为产业政策的制定和实施建立了科学基础，形成明确的产业政策的制定框架。

我国产业政策体系雏形基本形成，主要包括重点产业政策、产业技术政策、产业布局政策、产业发展政策等。重点产业政策如 1994 年的《汽车工业产业政策》，产业技术政策集中在发展高新技术和促进企业技术改造方面，产业布局政策主要体现在促进产业转移和合作方面，产业发展政策主要是支持发展支柱产业。

这一时期产业政策以选择性政策为主，政策手段逐渐丰富。主要是对加工工业、基础工业和基础设施、支柱产业、高新技术产业等特定产业或领域实施倾斜式、差别化的政策。在政策手段上，从过去以直接的行政干预手段为主导向行政、经济、法律等手段并重转变，虽然行政干预手段仍然较为频繁，但法律、财政、税收、金融、信息等间接的手段逐渐增多。

3. 实施效果

该时期，我国产业政策逐步规范化。从产业政策的实施效果看，在产业政策的推动下，工业经济不断扩张，产业结构调整取得一定成效。第二、第三产业比重不断上升，高技术产业迅速增长，工业投资增速不断加快。

工业内部结构整体不断升级（见表 3-2），一般加工业的比重有所下降，诸如医药制造业、电子及通信设备制造业等技术密集型的产业所占比重不断上升，到 2003 年其所占比重已由 1990 年的 40%左右上升至 50%左右。家用电器行业的国际竞争力不断增强。基础设施和基础产业有了较为明显的改善。1993~2003年，国有工业产值占工业总产值的比重由47%下降到38%。我国吸引外商直接投资规模由1993年的27亿美元增加到2003年的535亿美元，对出口导向型企业的发展起到了积极的作用。

表3-2 中国工业按要素密集度划分的部门比重（1990~2003年）

单位：%

年份	高技术产业产值比重	技术密集型	资本密集型	中度资本密集型	劳动密集型
1990	—	4.2	9.0	7.1	39.7
1995	7.0	5.8	6.7	5.7	39.3
2000	11.0	11.7	5.5	5.8	32.9
2001	11.1	12.6	5.0	5.5	32.2
2002	9.9	13.6	4.6	5.1	31.5
2003	12.0	15.1	4.1	4.8	29.5

资料来源：陈瑾玫. 中国产业政策效应研究［M］. 北京：北京师范大学出版社，2011.

纺织行业转型取得积极进展，从1998年起，用三年时间淘汰落后棉纺锭1000万锭，分流安置下岗职工120万人，到2000年实现全行业扭亏为盈，为实现纺织工业的产业升级和转型奠定了坚实基础。2002年之后，纺织行业去产能效果明显提升，纱、布产量稳步提升；劳动生产率由1998年的1.75万/人提升到2002年的3.24万/人，增长85%。

但是，这一时期对加工工业调整的产业政策效果不明显，加工工业生产能力过剩、低水平重复建设等问题没有得到根本改善，技术密集型的加工工业发展缓慢。如20世纪90年代末，国内汽车生产厂家多达120家，生产能力利用约为50%；全国炼油能力达2.6亿吨，其中，炼油能力在50万吨以下的小炼油厂就占全国炼厂总数的62%。

（四）市场经济体制不断完善时期的产业政策

2003年，党的十六届三中全会提出《完善社会主义市场经济体制若干重大问题的决定》，这标志着我国改革开放进入了完善社会主义市场经济体制的新阶段。

2003~2008 年，我国市场经济体制不断完善，我国促进工业发展的产业政策也发生了较大的转变。

21 世纪以来，围绕促进技术创新和产业转型升级，全球掀起了加快信息化发展的浪潮，信息技术、产品、内容、网络和平台等加速融合发展，新的经济增长点不断催生，以互联网为代表的信息技术快速扩散。

我国工业化加速发展，能源、交通、重要原材料等基础产业和基础设施建设明显加快，进入新一轮以重化工业带动增长的时期，对投资和资源依赖度较高。重化工业快速发展使资源环境压力不断加大，已经超出了经济承受能力，资源约束和环境压力加大。我国全方位对外开放格局基本形成，对外贸易和利用外资的规模扩大、结构改善、质量提高，开放型经济迅速发展。居民消费结构逐步升级。消费从原来的以“衣、食”为主，向“住、行”方向发展，房地产、汽车消费等成为拉动消费发展的重要内容。

1. 主要内容

产业结构调整是这一时期的主要任务，注重各区域间工业门类的差异化、协调化发展。2005 年，国务院颁布《关于发布实施促进产业结构调整暂行规定的决定》（国发〔2005〕40 号），国家发展改革委配套发布《产业结构调整指导目录》。这是一个系统性、纲领性、综合性的产业结构调整指导文件，明确了当前及今后一段时期产业结构调整的目标、原则、方向和重点。其中，产业结构调整的目标是“推进产业结构优化升级，促进第一、第二、第三产业健康协调发展，逐步形成以农业为基础、高新技术产业为先导、基础产业和制造业为支撑、服务业全面发展的产业格局，坚持节约发展、清洁发展、安全发展，实现可持续发展”。

一是稳步淘汰落后产能，推动工业发展方式转变。2003 年开始第一波调控时，钢铁、水泥、电解铝三个行业被列入落后产能的名单；2005 年的《促进产业结构调整暂行规定》（国发〔2005〕40 号），对国家鼓励类、限制类、淘汰类产业目录提出明确要求；《产业结构调整指导目录》提出了鼓励、限制和淘汰三类目录的分类原则和具体配套政策措施，涉及煤炭、钢铁、有色金属、机械、建材、轻纺、信息产业、石油化工、服务业等多个行业，淘汰类目录有 399 条。

二是促进重点行业的发展。为促进重点行业的发展，我国相继制定了钢铁、电石、水泥、煤炭、铝、电力、纺织等行业的结构调整政策，如 2004 年，国家发展改革委发布《汽车产业发展政策》（发改委令第 8 号），同时废止 1994 年版的汽车产业政策，鼓励企业间的战略重组，促进大型汽车企业集团的发展，鼓励企业之间形成企业联盟，详细规定了汽车行业的准入条件、退出机制及新建项目的准入条件；2005 年，国家发展改革委发布了《钢铁产业发展政策》（发改委令第 35 号），这是我国第一部钢铁行业的产业政策，该政策严格市场准入制度，原则上不再批准新建钢铁联合企业，严格控制高能耗、高耗材、高污染产品的发展。此外，国家有关部委还先后出台了关于水泥、电解锅、煤炭、焦炭、电石、铜冶炼、铁合金等行业的产业政策。

三是提升工业自主创新能力，推动高技术产业发展。“十五”规划纲要首次提出建设国家创新体系，实现“跨越式发展”。大力推进原始创新、集成创新和引进消化吸收再创新，突破关键核心技术，加快构建以企业为主体、产学研结合的技术创新体系；支持大企业建立技术研发中心；运用先进适用技术和高新技术改造提升传统产业；在促进新兴产业发展方面，为鼓励高新技术产业发展，重点支持高新技术产业和产品，如发布《关于进一步实施科技兴贸战略的若干意见》（国办发〔2003〕92 号），对高技术产业中出口项目的研发给予资金、出口信贷、出口信用保险、便捷通关等方面的优惠政策。从 2004 年起，对笔记本电脑等 97 种高技术产品实行 17%的出口退税率。

四是抑制产能过剩。我国主要通过控制土地和信贷严格控制固定资产投资规模，设置严格的准入标准，采取经济、法律等手段进行强制性整改，利用兼并重组等措施促进过剩产能的退出。2004 年，国家发改委发布《当前部分行业制止低水平重复建设目录》（发改产业〔2004〕746 号），目录分为禁止类和限制类；2005 年的《关于发布实施促进产业结构调整暂行规定的决定》（国发〔2005〕40 号），限制和淘汰落后生产能力，防止盲目投资和低水平重复建设，切实推进产业结构优化升级；2006 年，国务院发布《关于加快推进产能过剩行业结构调整的通知》（国发〔2006〕11 号），指出“部分行业盲目投资、低水平扩张导致生产能力过剩，已经成为经济运行的一个突出问题，如果不抓紧解决，将会进一步加剧产业结构不合理的矛盾”。2007 年发布的《关于加快推进产业结构调整，遏制高能耗行业再度盲目扩张的紧急通知》（发改运行〔2007〕933 号），目的就是控制生产能力过剩行业和高能耗产业的发展。针对具体行业的产能过剩问题，出台了钢铁、电解铝、水泥、铁合金、焦化行业、煤炭、电石、电力、纺织等行业结构调整的意见，如《关于制止钢铁行业盲目投资的若干意见》《关于加快焦化行业结构调整的指导意见的通知》《关于加快水泥行业工业结构调整的若干意见》《关于推进铁合金行业加快结构调整的通知》等。

五是推动产业绿色发展。促进工业节能减排；发展节能环保技术和产业；推动能源综合利用和再制造。综合运用经济、法律和必要的行政手段，关闭产品质量低劣、浪费资源、污染严重、不具备安全生产条件的厂矿，淘汰落后设备、技术和工艺，压缩部分行业过剩和落后的生产能力。如钢铁行业已全部淘汰了平炉炼钢。控制产能过剩，遏制高污染、高耗能产业发展是“十五”和“十一五”时期的重要任务。对出口退税制度进行改革。调整部分产品的出口退税率，扩大了“高能耗、高污染、资源性”产品取消出口退税和降低退税率的范围，同时增补加工贸易禁止类商品目录，对部分“两高一资”产品加征出口关税，降低进口关税，支持转变外贸增长方式。

六是进一步深化对外开放。对外商投资逐步实行国民待遇，加强鼓励外商向东北、中西部地区进行投资，通过所得税减免等措施给予优惠政策；放宽外资准入，制定统一、规范、透明的投资准入政策；对《外商投资产业指导目录》进行多次修订，引导外商投资的产业方向。鼓励企业“走出去”，将“引进来”和“走出去”较好地结合起来。

2. 主要特点

这一时期，我国市场经济体制不断完善，市场在决定产业发展方向方面所发挥的作用越来越强大，产业政策产生作用的机制更加市场化。产业政策主要以引导性和服务性为主。计划性的产业政策逐步退出历史舞台，行政审批不断减少，新出台的产业政策多以财政、税收、金融等手段为主，政府主要为企业提供各种公共服务，力图引导全国的产业向预期方向发展。

该时期主要以产业结构优化升级为重点目标。21 世纪以来，我国一直将产业结构优化作为发展的主要目标。努力形成以高新技术产业为先导、以基础产业和制造业为支撑、服务业全面发展的产业格局。“十五”计划、“十一五”规划都将推进产业结构优化升级作为重点目标，并发布了工业、服务业的结构调整、改革方向和主要政策措施。该时期，我国将产业结构调整作为重点任务，强化政策“组合拳”的引导作用，将财税政策、金融政策、法律等多个政策工具进行综合运用。

该时期的产业政策逐步与国际规则接轨。21 世纪之初，我国加入世贸组织以后，更加全方位地、深入地融入全球经济体系，经济全球化深入推进要求产业政策与国际规则相协调。随着我国经济与世界经济的融合，我国产业开始进入国际化竞争，产业的对外开放和市场化竞争程度不断增强，并与新的局势相结合。随着全球化的发展，我国的规则、管理逐步与国际接轨，产业政策无论是在理念、思路上，还是在内容上都逐步与国际规则接轨。

3. 实施效果

该时期，产业政策的实施效果包括：这一时期，我国以企业为主体的技术创新体系建设取得重要进展。中央财政用于科技的投入达到 3406 亿元。全社会研究与实验发展经费，从 2002 年的 1288 亿元增加到 2007 年的 3664 亿元，占国内生产总值比重从 1.07%提高到 1.49%。科技创新对经济的支撑和引领作用明显增强。

依法淘汰了一批落后生产能力，截至 2006 年 6 月，全国共关闭煤矿 5900 多个，淘汰非法和落后煤炭生产能力 1.1 亿吨；水泥行业的新型干法水泥的比重已经超过 50%；[①] 钢铁行业全部淘汰了平炉炼钢，2006 年，国产钢材国内市场占有率达到 95.82%，达到历史最高水平。

2000 年以来，我国出现了新的重工业化趋势，重工业快速增长，以重工业为主导的工业增长格局再次形成。重工业在工业增加值中的比重迅速上升，由 1999 年的 50.8%上升为 2005 年的 68.9%，轻工业所占比重则不断下降。

---

① 马晓河. 中国产业结构变动与产业政策演变［M］. 北京：中国计划出版社，2009.

二、国际金融危机以来我国产业政策

2008 年国际金融危机爆发之后，我国面临的内外部环境均发生了显著的变化。新一轮科技革命和产业变革正在孕育，为我国产业发展带来新的机遇与挑战。许多发达国家为争夺制造业的制高点，实施再工业化战略，制定了诸多值得借鉴的产业政策。市场机制在资源配置中逐步起到决定性的作用。产业政策不断向功能型政策转型。

（一）基本背景

2008 年国际金融危机后，世界经济进入深度调整期，经济复苏乏力。由于全球市场需求萎缩，全球经济已经进入成熟市场和过剩经济时代。而新一轮科技革命和产业变革正在孕育兴起，重大颠覆性创新不时出现，新产业、新业态、新模式不断涌现。习近平总书记指出："信息技术、生物技术、新能源技术、新材料技术等交叉融合正在引发新一轮科技革命和产业变革，这将给人类社会发展带来新的机遇。未来几十年，新一轮科技革命和产业变革将同人类社会发展形成历史性交汇，工程科技进步和创新将成为推动人类社会发展的重要引擎。"技术变革为全球经济发展带来新的机遇。

在意识到发展实体经济的重要性后，发达国家积极实施"再工业化"战略，如美国提出《制造业促进法案》《美国生物经济蓝图》，德国实施"工业 4.0"，法国提出"新工业法国"战略，目的是促进实体经济发展、重振制造业、提升制造业国际竞争优势。与此同时，发展中国家不断崛起，许多国家依靠低成本优势积极承接国际产业转移，但产业结构调整步伐放缓。

2008 年，我国制造业规模跃居世界第一位。我国工业经济总体规模和综合实力不断迈上新台阶，高铁、航天、核电、信息通信等领域具有全球竞争力。[①] 2014 年，我国对外投资超过利用外资规模，成为资本净输出国。同时，我国国内形势也正在发生着深刻的变化，党中央提出我国处于“三期叠加”状态，即经济发展增长速度换挡期、结构调整阵痛期、前期刺激政策消化期三种情况同时出现并且交错叠加在一起，并且明确我国经济发展进入新常态，经济增长速度转向中高速增长。

我国明确提出要建设制造强国、建设网络强国。但制造业发展面临的挑战不容忽视，部分行业产能过剩严重、自主创新能力不强、劳动力等生产要素成本不断上升等，转方式、调结构、培育经济增长新动能刻不容缓，着力解决深层次的结构性矛盾已成为经济转型发展的重要问题。

党的十八大的召开，标志着我国产业政策又进入新的阶段，市场因素更加重要，市场在资源配置中将逐渐起到决定性作用。自 2015 年 11 月中央财经领导小组第十一次会议上，习近平总书记提出“在适度扩大总需求的同时，着力加强供给侧结构性改革”的要求以来，供给侧结构性改革已成为新时期引领我国经济转型发展的重要方向。党中央和国务院积极推动供给侧结构性改革，提出了产业政策要准的工作要求。

2016 年，我国提出了经济工作的主要任务是“去产能、去库存、去杠杆、降成本、补短板”，其中最重要的任务是去产能。2017 年继续推进“三去一降一补”这五大任务。围绕去产能、去库存、去杠杆、降成本、补短板五大重点任务，国家层面相关政策相继出台，顶层设计思路清晰，相关工作机制逐步确立，政策体系日益完善。

党的十九大提出，我国经济已由高速增长阶段转向高质量发展阶段，正处在转变发展方式、优化经济结构、转换增长动力的攻关期，建设现代化经济体系是跨越关口的迫切要求和我国发展的战略目标。党的十九大还提出，加快建设制造强国，加快发展先进制造业，推动互联网、大数据、人工智能和实体经济深度融

---

① 苗圩解读十九大报告：把发展经济的着力点放在实体经济上［EB/OL］. 工业和信息化部网站，http://www.miit.gov.cn/newweb/n1146290/n1146397/c5891420/content.html.

合，在中高端消费、创新引领、绿色低碳、共享经济、现代供应链、人力资本服务等领域培育新增长点、形成新动能。

（二）主要内容

2008 年的国际金融危机之后，尤其是党的十八大以来，我国产业政策体系日臻完善。当前，我国产业政策的重点仍是促进产业结构调整，推动产业转型升级，促进产业向中高端发展，形成现代产业体系。

一是引导、激励和支持创新。创新是引领发展的第一动力，是建设现代化经济体系的战略支撑。我国经济要突破经济发展瓶颈、解决深层次矛盾和问题，根本出路在于创新，关键要靠科技力量。激励创新，加快构建以企业为主体、市场为导向、产学研相结合的技术创新体系，完善国家制造业创新体系成为产业政策的核心内容。如《"十三五"国家科技创新规划》《国家创新驱动发展战略纲要》《关于印发〈国家产业技术政策〉的通知》（工信部联科〔2009〕232 号）。党的十九大报告提出要坚定实施创新驱动发展战略，并提出我国要"跻身创新型国家前列"目标。

在科技体制改革方面，我国不但加强对产业发展具有重大影响的关键、共性技术研发支持，还加强知识产权的保护，建立完善促进科技创新资源合理流动的体制机制。我国出台了《关于深化科技体制改革加快国家创新体系建设的意见》（中发〔2012〕6 号）、《国务院办公厅关于强化企业技术创新主体地位全面提升企业创新能力的意见》（国办发〔2013〕8 号）、《关于深化体制机制改革加快实施创新驱动发展战略的若干意见》（中发〔2015〕8 号）等。《关于深化体制机制改革加快实施创新驱动发展战略的若干意见》提出，到 2020 年，基本形成适应创新驱动发展要求的制度环境和政策法律体系，为进入创新型国家行列提供有力保障。

在促进基础设施建设和科技载体建设方面，如国家发布《国务院关于印发国家重大科技基础设施建设中长期规划（2012~2030 年）的通知》（国发〔2013〕8 号）、《国务院关于国家重大科研基础设施和大型科研仪器向社会开放的意见》（国发〔2014〕70 号）等。工信部印发《关于完善制造业创新体系推进制造业创新中心建设的指导意见》（工信部科〔2016〕273 号），提出以产业化应用为导向，着力构建完善以国家制造业创新中心为核心节点、省级制造业创新中心为重要补充的国家制造业创新网络。

在促进科技成果转化方面，如《国务院办公厅转发发展改革委等部门关于促进自主创新成果产业化若干政策的通知》（国办发〔2008〕128号）提出，培育企业自主创新成果产业化能力、大力推动自主创新成果的转移、加大自主创新成果产业化投融资支持力度、营造有利于自主创新成果产业化的良好环境等。《国务院办公厅关于印发促进科技成果转移转化行动方案的通知》（国办发〔2016〕28号）提出，围绕科技成果转移转化的关键问题和薄弱环节，加强系统部署，抓好措施落实，形成以企业技术创新需求为导向、以市场化交易平台为载体、以专业化服务机构为支撑的科技成果转移转化新格局。

2014年以来，李克强总理多次对“大众创业、万众创新”做出重要指示。2015年，我国政府工作报告提出要促进“大众创业、万众创新”。我国不断完善创新创业体系，进一步优化创新创业生态环境，相继发布《国务院关于大力推进大众创业万众创新若干政策措施的意见》（国发〔2015〕32号）、《国务院办公厅关于发展众创空间推进大众创新创业的指导意见》（国发〔2015〕9号）、《国务院关于强化实施创新驱动发展战略进一步推进大众创业万众创新深入发展的意见》（国发〔2017〕37号）等。

我国不断加强企业创新的主体地位，如《关于强化企业技术创新主体地位全面提升企业创新能力的意见》（国办发〔2013〕8号）提出，建立健全企业主导产业技术研发创新的体制机制，促进创新要素向企业集聚，增强企业创新能力，加快科技成果转化和产业化，为实施创新驱动发展战略、建设创新型国家提供有力支撑。党的十八届三中全会要求健全技术创新市场导向机制，强化企业技术创新主体地位。

二是推动重点领域突破发展。2009年出台钢铁、汽车、装备制造、电子信息等十大产业调整振兴规划。2015年，我国制定《中国制造2025》，对制造业发展作出全面部署，重点推进新一代信息技术产业、高档数控机床和机器人、航空航天装备、海洋工程装备及高技术船舶、先进轨道交通装备、节能与新能源汽车、电力装备、农机装备、新材料、生物医药及高性能医疗器械十大重点领域的发展。《国家集成电路产业发展推进纲要》（国发〔2014〕4 号）对软件和集成电路行业实施税收优惠政策，设立集成电路产业发展基金等，推进信息产业的发展；《云计算发展三年行动计划（2017~2019 年）》提出突破一批核心关键技术，云计算服务能力达到国际先进水平，对新一代信息产业发展的带动效应显著增强。此外，还发布了《国务院关于印发促进大数据发展行动纲要的通知》（国发〔2015〕50 号）、《机器人产业发展规划（2016~2020 年）》（工信部联规〔2016〕109 号）等政策文件。

三是推动信息化和工业化深度融合。党的十八大明确提出，推动两化深度融合，坚持四化同步发展。为促进两化深度融合，我国出台促进智能硬件、大数据、人工智能等产业发展的政策和行动计划。完善两化融合管理体系和标准体系建设，开展应用试点示范，如发布的《信息化和工业化深度融合专项行动计划（2013~2018 年）》，提出"企业两化融合管理体系"标准建设和推广行动、企业两化深度融合示范推广行动、中小企业两化融合能力提升行动、电子商务和物流信息化集成创新行动、重点领域智能化水平提升行动、智能制造生产模式培育行动、互联网与工业融合创新行动、信息产业支撑服务能力提升行动等。推进智能制造发展，将智能制造作为两化融合的突破口和主攻方向，以信息化改造传统工业。如《关于积极推进"互联网+"行动的指导意见》（国发〔2015〕40 号）提出，到 2025 年，网络化、智能化、服务化、协同化的"互联网+"产业生态体系基本完善，"互联网+"新经济形态初步形成，"互联网+"成为经济社会创新发展的重要驱动力量。《国务院关于深化制造业与互联网融合发展的指导意见》（国发〔2016〕28 号）提出，开展制造业与互联网融合发展的试点示范，利用信息技术改造制造业的生产方式、管理模式。此外，我国还发布了《智能制造工程实施指南》《智能制造发展规划（2016~2020 年）》等。

四是积极化解过剩产能。2013 年 10 月，国务院发布《关于化解产能严重过剩矛盾的指导意见》（国发〔2013〕41 号），全面部署化解产能严重过剩矛盾工作，化解产能严重过剩矛盾成为当前和今后一个时期推进产业结构调整的工作重点。围绕化解产能过剩，财税、金融、职工安置等配套政策文件已经出台，包括《关于金融支持工业稳增长调结构增效益的若干意见》等。通过开展国际产能合作转移部分产能，提高在全球范围配置资源和整合价值链的能力，如《国务院关于推进国际产能和装备制造合作的指导意见》（国发〔2015〕30号）。对于产能置换规定了相关的措施，如《关于部分产能严重过剩行业在建项目产能置换有关事项的通知》《关于印发部分产能严重过剩行业产能置换实施办法的通知》规定，产能过剩行业项目建设，必须制定产能置换方案，实施等量或减量置换，鼓励各地积极探索政府引导、企业自愿、市场化运作的产能置换指标交易，支持跨地区产能置换，引导国内有效产能向优势企业和更具比较优势的地区集中。

2016年，中央经济工作会议明确提出将"去产能"作为着力推进供给侧结构性改革的五大任务之首。

针对产能过剩较为严重的行业，明确相关措施。2013年5月，我国发布《关于坚决遏制产能严重过剩行业盲目扩张的通知》，指出，中央已将化解钢铁、水泥、电解铝、平板玻璃、船舶等行业产能过剩矛盾作为工作重点；2016年重点化解钢铁、煤炭行业的过剩产能，2017年，将重点行业扩展到有色金属、船舶制造、炼化、建材和电力等。《质检总局关于化解钢铁行业过剩产能实现脱困发展的意见》（国质检监〔2016〕193号）强化行业准入，如《国务院关于化解产能严重过剩矛盾的指导意见》提出，严禁建设新增产能项目，加强产能严重过剩行业项目管理，各地方、各部门不得以任何名义、任何方式核准产能严重过剩行业新增产能项目，对钢铁、水泥、平板玻璃、船舶等行业制定了严格的准入条件。

五是推动产业绿色发展。为进一步推动节能减排，我国不断完善相关制度，如发布《全国工业能效指南（2014年版）》等；针对中小企业，钢铁、水泥、石油和化学等工业行业出台节能减排工作综合指导意见，如国务院办公厅关于进一步加大节能减排力度加快钢铁工业结构调整的若干意见（国办发〔2010〕34号），加强钢铁、石化、建材、有色金属、轻工等重点行业企业能源管理中心建设；鼓励引导企业采用新技术、新工艺、新设备、新材料对现有设施和工艺条件进行改造提升，提高生产效率及产品附加值。大力发展循环经济，推行清洁生产，推进再制造产业规模化、规范化发展，如制定《工业清洁生产审核规范》和《工业清洁生产实施效果评估规范》（工信部节〔2015〕154号）、《废弃电器电子产品规范拆解处理作业及生产管理指南（2015年版）》等。此外，我国还制定了《工业绿色发展规划（2016~2020年）》和《绿色制造工程实施指南（2016~2020年）》等政策文件。

六是推动区域协调发展。我国对促进区域协调发展的总体安排，一般称为“四大板块”战略。制定了总体规划和专项规划，发布《国务院关于进一步实施东北地区等老工业基地振兴战略的若干意见》（国发〔2009〕33号）、《关于依托黄金水道推动长江经济带发展的指导意见》（国发〔2014〕39号）、《京津冀协同发展规划纲要》等文件，从战略和全局高度出发，在深入实施区域发展总体战略的同时，推动京津冀协同发展、长江经济带发展等重大战略。《关于印发贯彻落实区域发展战略促进区域协调发展的指导意见的通知》（发改地区〔2009〕1771号）提出，创新完善区域规划和区域政策，健全区域协调发展机制，推进全国统一市场建设，积极推动形成以沿海沿江沿线经济带为主的纵向横向经济轴带。在引导产业转移方面，《京津冀协同发展产业升级转移规划》《京津冀产业转移指南》，明确京津冀地区产业发展定位，提出构建“一个中心、五区五带五链、若干特色基地”的产业发展格局，支持河北雄安新区规划建设，推动北京非首都功能疏解。

七是构建深层次的对外开放体制，提高企业国际化发展水平。国际金融危机之后，特别是党的十八大以来，我国实施了更加积极主动的开放战略，对外开放再上新台阶，为经济社会发展注入了新的活力和动力。习近平总书记提出“站在新的历史起点上，实现‘两个一百年’奋斗目标、实现中华民族伟大复兴的中国梦，必须适应经济全球化趋势、准确判断国际形势新变化、深刻把握国内改革发展新要求，以更加积极有为的行动，推进更高水平的对外开放”。2013年，习近平总书记提出了“丝绸之路经济带”和“21世纪海上丝绸之路”战略，旨在建立一个政治互信、经济融合、文化包容的利益共同体、命运共同体和责任共同体，以探寻经济增长之道、实现全球化再平衡、开创地区新型合作，对世界经济的发展具有积极意义。

在利用外资方面，放宽外资准入，制定统一、规范、透明的投资准入政策，不断对《外商投资产业指导目录》进行修订，鼓励外商投资现代农业、高新技术、先进制造、节能环保、新能源、现代服务业等领域，同时，鼓励外商投资研发环节，简化境外投资管理程序，除少数有特殊规定外，境外投资项目一律实行备案管理。在对外投资方面，强化对外投资管理，加强国际产能和装备制造合作，如商务部发布了《境外投资管理办法》，进一步下放了境外投资开办企业核准权限，简化了核准手续；商务部还发布了《对外投资国别产业导向目录》《对外承包工程国别产业导向目录》等；支持企业参与大型成套设备出口、工程承包和大型投资项目等。

我国不断加快自贸区建设，充分发挥自贸区对投资贸易的促进作用。如施行以准入前国民待遇和负面清单管理模式为主要特征的投资管理体制，进行金融开放、简化查验手续等。推动中资金融机构海外网点建设，加强对境外企业的金融服务。

（三）主要特点

当前，我国产业政策正在由选择性产业政策向功能性产业政策转变。随着我国经济发展进入新常态，产业政策的重心和形式应适应转型和转变的要求，应采取更加普惠式的功能性政策，未来产业政策的取向应该是紧密围绕产业结构调整、促进产业升级和提质增效的目标方向，重点解决技术创新、公平竞争、节能环保等方面的问题，弥补市场不足。产业政策的目标是服务于建设制造强国，服务于建设网络强国。

产业政策逐步倾向于营造公平的市场竞争规则。我国不断完善产业发展规范体系，推动要素市场化改革，进一步有序放开一般制造业，完善反垄断、反不正当竞争、安全审查制度，健全知识产权保护制度，为企业营造公平的竞争环境。

产业政策范围的界定更加科学，产业政策体系更加完善。产业政策作用的发挥首先应当明确政府和政策的定位，界定政策作用的范围。政府制定政策是去完善市场机制，而不是用政策去干预市场经济活动，产业政策作用的发挥要以市场机制为前提，产业政策要逐步退出市场机制作用的范围，而在解决市场机制失灵和影响产业结构调整发展的关键因素方面，应当强化产业政策对市场机制的弥补作用。

产业政策制定和实施机制不断完善，政策效力有所提高。产业政策在推动经济发展中具有重要作用，其制定和实施取决于有效的政策工具。我国产业政策的制定机制逐步向“政府机构—产业部门—研究机构—行业协会”等多维度转变。

但是我国的政府仍试图以政府的判断代替市场的选择。在政策制定和执行过程中仍然存在政府干预微观经济、政府选择代替市场竞争的特征。如 2009 年，我国制定的《钢铁产业调整和振兴规划》提出，2009 年的粗钢产量 4.6 亿吨，2011 年的粗钢产量 5 亿吨左右，国内排名前 5 位钢铁企业的产能占全国产能的比例达到 45%以上。

产业政策中倾斜式政策仍占较大分量，往往针对重点行业或领域实施差别化的财税、金融、价格、贸易等经济政策，给项目、提供资金的方式仍然普遍存在，甚至仍然存在采取行政手段直接干预的情况，如关停企业等，容易对微观主体决策行为产生较大影响，会在一定程度上降低资源配置效率，甚至可能带来严重的经济和社会问题。

（四）主要成效

全面深化改革的核心就是坚持社会主义市场经济改革方向，让市场在资源配置中起决定性作用的同时，在促进“有效的市场之手”方面，更好地发挥政府“有为之手”的作用。尤其是在党的十八大之后，我国产业政策实施取得了一定的效果，产业结构调整取得了一定的成效。

工业是立国之本，是经济发展的关键。从工业整体发展状况来看，我国工业经济实现稳步增长。随着我国经济发展进入新常态，工业增速虽然放缓，但工业经济实现了平稳健康发展（见图 3-1）。2010 年，我国成为世界第一制造大国。2010~2016 年，规模以上工业增加值平均增速达到 8%以上。当前，我国 500 余种主要工业产品中有 220 多种产量位居世界第一。

我国产业创新能力得到了进一步提升。我国高技术产业的 R&D 投入力度进一步增加，产业发展的创新驱动特征日益凸显。国家级制造业创业中心建设逐步推进。我国已经在北京成立了首个国家制造业创新中心——动力电池创新中心。之后，陆续成立了国家增材制造创新中心、国家信息光电子创新中心等，到目前为止已经成立了 5 家国家级制造业创新中心。依托国家科技重大专项，加强关键

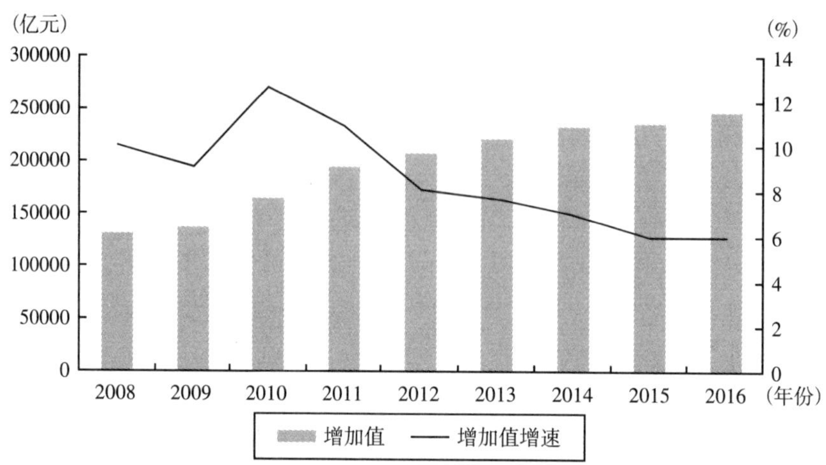

图 3-1　2008~2016 年我国全部工业增加值及增速

资料来源：根据国家统计局数据绘制。

核心技术攻关，高性能计算、新型显示、百万千瓦级核电装备等取得重大突破，C919 大型客机成功首飞，全球首颗量子卫星成功发射，长江三峡升船机刷新世界纪录，多轴精密重型机床、数控冲压生产线等产品跻身世界先进行列。2013 年，我国启动 5G 研发推进工作，目前已基本完成第二阶段的技术方案试验，5G 网络架构、灵活系统设计、编码方案等技术被国际标准采纳。量子通信技术处于全球领先地位。“神威·太湖之光”成为世界上首台峰值运算速度超过十亿亿次的超级计算机。集成电路系统级芯片的设计能力接近国际先进水平，16/14 纳米工艺研发取得重要进展，32/28 纳米制造工艺实现规模量产。我国建设了高世代 10.5 代线液晶面板线。

我国产业体系不断迈向中高端，工业结构优化成效显著。从高技术产业发展来看，2016 年，我国高技术产业增加值呈现快速增长，比规模以上工业快 4.8 个百分点，占规模以上工业比重为 12.4%（见表 3-3）；高技术制造业利润增长 14.8%，增速比上年加快 5.9 个百分点。高技术制造业的较快发展得益于研发投入的不断增加。2016 年，高技术制造业研发经费为 2915.7 亿元，研发经费投入强度为 1.9%，是制造业平均水平的近 2 倍。

2013~2016 年，装备制造业增加值年均实际增长 9.4%，快于规模以上工业 1.9 个百分点；2016 年，装备制造业增加值占规模以上工业增加值的比重达到

表 3–3　2013 年以来我国高技术产业增加值增速

指标	规模以上工业增加值增速（%）	高技术产业增加值增速（%）	高技术产业占规模以上工业增加值比重（%）
2013 年	9.7	11.8	
2014 年	8.3	12.3	10.6
2015 年	6.1	10.2	11.8
2016 年	6.0	10.8	12.4
2017 年 1~6 月	6.9	13.1	

资料来源：国家统计局。

32.9%，比 2012 年提高 4.7 个百分点。2016 年，战略性新兴产业增加值同比增长 10.5%，增速比规模以上工业快 4.5 个百分点。

随着“互联网 +”行动计划深入推进，基于大数据、云计算、物联网的服务应用和创新不断增加。创意设计、远程诊断、设备全生命周期管理服务等新业态发展迅速，为制造业转型升级提供了有力支撑。平台经济、分享经济、协同经济等新模式广泛渗透，线上线下融合、跨境电商、智慧家庭、智能交流等新业态方兴未艾。

我国许多主要工业产品的产量稳居世界前列。其中粗钢、煤、发电量、水泥和化肥产量稳居世界第一位；原油产量在全球居第四位，仅次于沙特阿拉伯、俄罗斯和美国（见表 3–4）。在建核电机组数量在世界排名第一。2016 年，我国汽车产销量突破 2800 万辆，连续 8 年位居全球第一。工业新产品也在快速增长，我国智能手机、新能源汽车、工业机器人等新产品的市场规模在全球位居前列。2016 年，新能源汽车销量达到 50.7 万辆，连续两年位居全球第一。我国手机产量和市场规模全球第一，2016 年智能手机产量达 15 亿部。

表 3–4　2012~2015 年我国主要工业产品产量居世界位次

单位：万吨

工业产品	2012 年		2013 年		2014 年		2015 年	
	产量	位次	产量	位次	产量	位次	产量	位次
粗钢	72388	1	81314	1	82231	1	80383	1
煤	394513	1	397432	1	387400	1	374700	1
原油	20571	4	20992	4	21143	4	21456	4

续表

工业产品	2012 年		2013 年		2014 年		2015 年	
	产量	位次	产量	位次	产量	位次	产量	位次
水泥	220984	1	241924	1	249207	1	235919	1
化肥	6832	1	7026	1	6877	1	7432	1

资料来源：国家统计局网站，http：//www.stats.gov.cn/tjsj/sjjd/201706/t20170621_1505616.html.

我国工业化和信息化融合不断推进。2016 年，我国数字化研发设计工具普及率、关键工序数控化率分别达到 61.8%、45.4%。截至 2017 年 3 月 31 日，全国范围内共有 4220 家企业开展两化融合管理体系贯标，其中 714 家企业通过评定，占贯标企业总数的 16.9%。截至 2016 年底，全国光缆线路长度达到 3041 万公里，建成了世界上最大的 4G 网络。

绿色制造是制造业发展的重要趋势，也是解决我国工业化过程中资源环境约束的必由之路。我国正在加快推动形成绿色生产方式和生活方式。一方面，绿色制造发展深入推进。我国已经利用财政资金支持了 225 个重大绿色制造项目，打造以绿色标准、绿色工厂、绿色产品、绿色园区和绿色供应链为核心的绿色制造体系，带动重点行业资源能源利用效率不断提高。另一方面，充分利用国家和地方节能减排、技术改造、绿色信贷等政策措施，加快对传统产业的绿色化改造。工业固体废物和再生资源综合利用不断在全国推广，京津冀及周边地区实施了 44 个工业资源综合利用产业协同发展示范项目。2012~2016 年，全国规模以上企业单位工业增加值能耗累计下降约 29.5%，万元工业增加值用水量累计下降约 26.6%。2017 年 1~8 月，全国规模以上工业企业单位增加值能耗同比下降了 3.19%。

我国的区域协调发展、“一带一路”建设取得了积极的进展。“三大战略”和“四大板块”发展进展顺利，区域协调发展水平进一步提升。我国进一步明确了京津冀地区产业发展定位，河北和天津积极承接北京非首都功能疏解和产业转移，产业协同示范区建设加快推进，许多项目不断落地。河北雄安新区规划建设开始启动。2016 年，我国与“一带一路”沿线国家贸易总额为 9535.9 亿美元，占中国与全球贸易额的比重为 25.7%，我国已经在沿线国家建设了 50 多个境外的经贸合作区，中老铁路、土耳其东西高铁等一大批有影响力的标志性项目逐步落地。

第四章　我国制造业成本问题分析

近年来，我国经济长期赖以发展的生产要素低成本的情形发生了根本性的变化。人工、土地、资金、能源、物流、税费等生产成本高企，使我国制造业低成本优势逐步弱化。而与此同时，基于创新驱动的新竞争优势尚未形成。如何降低要素成本、提高产业竞争力是当前我国经济发展中亟待解决的问题。2015 年 12 月的中央经济工作会议经济新常态提出供给侧结构性改革的新战略，并从我国经济发展的阶段性特征出发，形成了“三去一降一补”经济工作部署。党的十九大报告再次提出降成本的要求。因此，未来一段时期内，产业转型升级的一个重点任务就是，积极探索降低制造业生产成本的新空间，减轻企业负担，激发微观市场活力。

一、我国制造业成本的现状

制造业成本主要有劳动力成本、税收成本、原材料成本、物流成本、能源成本、土地成本等。既包括直接生产成本、流通成本等，也包括整体营商环境等外部交易成本。改革开放初期，我国依靠劳动力成本低等优势，促进了制造业崛起，推动了我国经济的发展。但是，近年来，我国制造业综合成本居高不下，如国家统计局数据显示，规模以上工业企业每百元主营业务收入中的成本约为 85.85 元，高成本摊薄了企业利润，降低了工业品竞争优势。

（一）劳动力成本

改革开放以来，我国凭借低廉丰富的劳动力资源，促进了劳动密集型产业的快速发展，工业品价格在国际上取得了一定的竞争优势。很长一段时期，我国制造业的成本优势主要体现在劳动力的低成本上。而近些年来，随着原材料、能源等价格的不断涨价，倒逼劳动力成本快速上涨。

制造业劳动力成本中，劳动者的劳动报酬占绝大部分比重。2003~2016 年，制造业的城镇单位就业人员的名义平均工资呈不断上升趋势，年均增长速度达到了 11%，但是近年来增速有所趋缓，如图 4-1 所示。

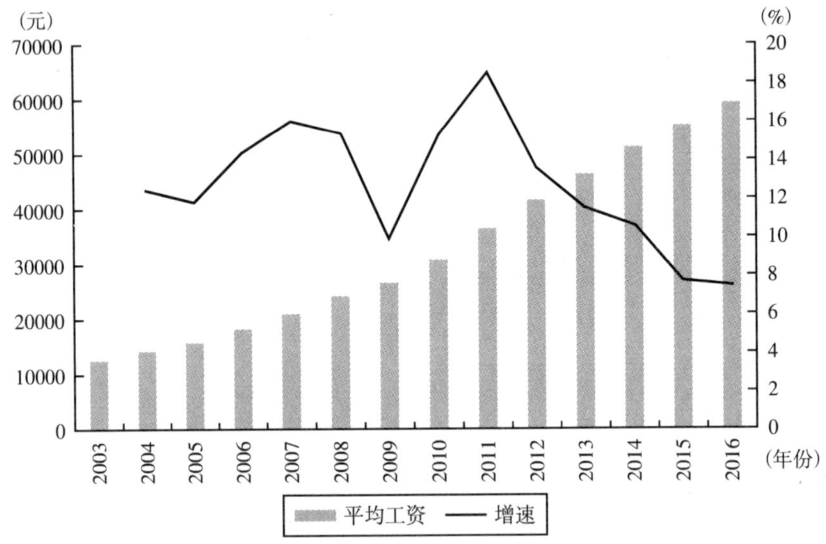

图 4-1 2003~2016 年制造业城镇单位就业人员名义平均工资及增速

资料来源：根据国家统计局、Wind 数据库数据绘制。

从最低工资标准来看，我国各地区的名义最低工资标准呈不断上升趋势。如表 4-1 所示，2005 年，北京的名义最低工资为 580 元，到 2016 年，上升为 1890 元；青海的名义最低工资由 2005 年的 370 元上涨到 2016 年的 1270 元；上海的名义最低工资由 690 元上升为 2190 元。随着我国经济的不断发展，工资上调是必然的趋势。

表 4-1　2005~2016 年部分省份月最低工资标准

单位：元

年份	北京	上海	贵州（最高一档）	青海（最高一档）	四川（最高一档）
2005	580	690	400	370	363
2006	640	750	550	460	510
2007	730	840	650	460	650
2008	800	960	650	600	650
2009	800	960	650	600	650
2010	960	1120	830	770	820
2011	1160	1280	930	920	1000
2012	1260	1450	930	1070	1150
2013	1400	1620	1030	1070	1320
2014	1560	1820	1250	1270	1320
2015	1720	2020	1600	1270	1480
2016	1890	2190	1600	1270	1500

资料来源：Wind 数据库。

根据国家统计局的分行业城镇单位就业人员工资总额，2005~2015 年，我国制造业劳动力成本总量由 0.7 万亿元增加到 4.3 万亿元，年均增速为 19.9%。

从我国的社会保障缴费（“五险一金”，即养老、医疗、失业、工伤、生育、公积金）比例来看，我国属于全球缴费比例最高的 11 个国家之一。目前，我国企业需要负担的“五险一金”缴费比例占单位职工工资总额的 33%~40%，企业需要负担的比例分别为：养老保险 20%、医疗保险 6%、失业保险 2%、工伤保险的平均费率 0.75%、生育保险不超过 0.5%、住房公积金 5%~12%。以北京为例，2016 年，企业缴存“五险一金”的比例为 43.1%，个人缴纳比例为 22.2%。《纽约时报》曾指出，“在中国的工资收入成本中，社会保障费用占到 40%，这在世界上绝无仅有”。[1] 我国社会保障缴费比例较高，未来将控制在合理范围之内。从 2016 年 5 月 1 日起，我国开始逐步降低企业职工基本养老保险单位缴费比例

① http：//www.scsi.gov.cn/hotnews/shownews.php?lang=cn&id=2264.

以及失业保险费率。随着社会平均工资的稳步增长，社保缴费基数也在不断调整，基本上是随着工资的增长而不断提高。

劳动人口的减少对劳动成本具有负面影响。从我国人口结构来看，我国数量型“人口红利”逐步消失，人口老龄化进程加快。2012 年，我国劳动力人口第一次出现绝对下降，此后劳动年龄人口逐渐减少。截至 2014 年底，我国 60 岁及以上的老年人口达到 2.12 亿人，占全国总人口的 15.5%。据中国人类发展报告预测，到 2030 年，我国 65 岁以上的人口所占比重将提高到 18.2%。

随着人口结构的变化、社会经济的快速发展，预计在今后相当长一段时期内，我国劳动力成本的上涨趋势将不可避免。劳动力成本的过快上涨将严重削弱我国制造业的竞争力。

（二）税费成本

当前，我国企业需要缴纳的税种包括所得税、增值税、流转税、印花税、契税等。我国增值税税率分为 17%、13%、11%、6%四个档次。2017 年 4 月，国务院常务会议决定推出进一步减税措施，2017 年 7 月 1 日起，将增值税税率由四档减至 17%、11%和 6%三档，取消 13%这一档税率。其中，制造业增值税大部分企业的税率为 17%，部分企业的税率为 13%。从企业所得税来看，一般企业所得税税率为 25%，高新技术企业的税率为 15%，对于符合条件的小微企业，企业所得税税率为 20%。

除需支付相关税收外，企业实际上还需支付大量其他费用，目前主要有三类：一是政府性基金，如铁路建设基金、城市基础设施配套费、教育费附加、残疾人就业保障金等，目前，这一类型基金已经减少至 20 多项。二是行政事业性收费，收费主体既有国家机关，也有事业单位或者代行政府职能的社会团体。三是经营服务性收费，目前，政府定价的收费主要有六项，如民用机场、渔港收费、银行卡刷卡手续费等。地方也有经营服务项目。

近年来，国家出台了减税措施，如财政部、国家税务总局、国家发改委、工业和信息化部 2016 年发布《关于软件和集成电路产业企业所得税优惠政策有关问题的通知》（财税〔2016〕49 号），符合条件的软件和集成电路企业可以享受税收优惠。我国决定自 2017 年 1 月 1 日至 2019 年 12 月 31 日，小微企业每年应纳税所得额上限由 30 万元提高到 50 万元，符合这一条件的小微企业所得减半计算应纳税所得额并按 20%的优惠税率缴纳企业所得税。提高科技型中小企业研发费用税前加计扣除比例。自 2017 年 1 月 1 日到 2019 年 12 月 31 日，将科技型中小企业开发新技术、新产品、新工艺实际发生的研发费用在企业所得税税前加计扣除的比例，由 50%提高至 75%。创投企业投资种子期、初创期科技型企业，可享受按投资额 70%抵扣应纳税所得额的优惠政策；将商业健康保险个人所得税税前扣除试点政策推至全国；将 2016 年底到期的部分税收优惠政策延长至 2019 年底等。

我国税收收入增幅从 2012 年的 11.3%下降至 2016 年的 4.8%，降低了 6.5 个百分点。国家统计局数据显示，规模以上工业企业的税金（包括应交增值税、企业所得税、营业税金及附加、管理费用下税金等）与营业收入的比值，从 2012 年开始逐年下降，2012~2015 年分别为 5.8%、5.77%、5.6%、5.36%。2016 年，我国规模以上工业企业享受研发费用加计扣除减免税和高新技术企业减免税分别为 489.1 亿元和 842.8 亿元，分别比 2012 年增长 63.9%和 59.8%，年均分别增长 13.1%和 12.4%。①

企业税费负担过重，其中最重要的一个原因就是对企业乱收费的情况较为严重。2016 年，中国财政科学研究院报告中提出，全国层面纳入一般公共预算收入的非税收入有七款，七款之一的行政事业性收费又分为 62 项，每一项下又有若干“目”级收入，新疆、山东、安徽、湖北等省份的行政事业性收费项目达到 200 个左右。李克强总理曾指出，“过去有一些审批项目，比如‘公章刻制’，几个部门重复审批，导致正规的公章刻制流程异常繁复、耗时很长”。2015 年，娃哈哈集团有支出数据的实际缴费项目为 317 项，剔除掉重复计算，实际共有缴费项目 212 项，缴费金额高达 7412.07 万元。在经济下行压力较大的情况下，企业对于一些费用的支出非常敏感，导致企业压力增大。

① 资料来源：国家统计局 2011~2016 年国民经济和社会发展统计公报［EB/OL］. 国家统计局网站.

针对企业乱收费的情况，我国出台了相关规定取消乱收费。如2015年5月，财政部等部门下发《关于开展涉企收费专项清理规范工作的通知》（财税〔2015〕45号），取消、降低一批涉企收费，切实减轻企业负担；加快建立完善监管机制，坚决遏制各种乱收费；对确需保留的涉企收费基金项目，建立依法有据、科学规范、公开透明的管理制度。2017年，取消或停征35项中央设立的涉企行政事业性收费。但实际中仍存在诸多问题。如部分收费合规合法，但收费标准不合理。对于残疾人就业保障金，国家规定企业按一定比例安排残疾人就业，残疾人人数不低于在职职工总数的1.5%，如果企业没有按规定比例安排残疾人就业，需要缴纳残疾人就业保障金。再如，评估检测费用额度不菲。新设企业至少需要进行15个评估，包括消防、质检、土地、能耗、环境等。有些评估项目耗时长，评估项目之间造成重复。如果企业将一台设备从一个车间搬到隔壁车间，需要重新进行环评，花费达数万元。

当前，许多政策存在落实不到位，卡在“最后一公里”，实际增加了企业的成本。在有些地区，税收不是按企业实际经营状况来收，而是税务部门在年初制定指标，分配到各个企业，原则上多退少补，实际上企业并未收到退款。我国全面实施“营改增”，但是因为有些企业管理水平较低，抵扣链条不完整，无法充分抵扣。税费、评估、检测等制度性交易成本给企业带来巨大压力。

（三）融资成本

融资成本是资金所有权与资金使用权分离的产物，其实质就是资金使用者支付给资金所有者的报酬。随着金融市场化的深入，我国企业的融资渠道不断拓宽，企业可以通过银行、信托公司、股市、P2P、私募基金、互联网金融等渠道进行融资。其中，企业债券、股票融资等对企业资质要求较高。目前，我国企业直接融资的规模不断扩大。银行借贷的非利息成本，如担保成本等是融资成本的主要组成部分。

当前，我国企业尤其是中小企业的融资难、融资贵问题依然十分突出。企业融资成本一般在基准利率上浮20%~30%，通过信托产品融资上浮100%，达10%~15%，通过担保公司的在15%~30%。企业融资的非利息支出占比已接近50%。

企业向银行贷款2000万元，银行可能只放贷800万元，剩下的1200万元开承兑汇票，有些银行甚至让企业多次贴现。这无形中增加了企业的财务成本。[①] 中国中小企业发展促进中心发布的《2015年全国企业负担调查评价报告》指出，企业面临的困难主要表现为人工成本快速攀升、融资难且贵、生产要素价格上涨等，认为“融资成本高”的企业占66%，较上年提高6个百分点；66%的企业反映“资金压力紧张”。

（四）能源原材料成本

我国资源短缺，能源、资源约束日益趋紧，能源利用效率低下，生态环境压力不断加大。

从原材料价格来看，2001~2011年，随着经济快速发展，我国原材料价格快速上涨，企业原料成本不断上升。从企业购进价格指数来看，燃料动力类购进价格平均每年上涨幅度达7.51%；铁矿石等黑色金属材料购进价格平均每年上涨4.95%；有色金属材料类购进价格平均每年上涨7.11%，上升幅度明显高于工业品出厂价格指数。2012年以来，随着国际经济形势变化和国内经济放缓，原材料价格持续走低，相关成本压力大大缓解。

当前，我国能源价格在经历了高位运行之后面临下行压力。国内能源供求关系和国际能源市场对我国能源价格走势具有决定性作用。

从电价来看，我国许多地区都实行了阶梯电价，不同地区、企业规模不同、不同时段电价存在一定的差异。以1~10千伏为例，上海每千瓦时约1.2元，内蒙古约为0.5元，河南约为0.6元。从总体上看，多数地区的工业用电价格不超过1元/度。我国实施的是煤电价格联动机制，2013年以来煤价下降，国家多次对电价进行了调整，2015年4月20日，国家将工商业销售电价下调1.8分钱，2016年1月1日，一般工商业销售电价下调3分钱。

---

① 资料来源：中央人民政府网站，http：//www.gov.cn/xinwen/2016-01/04/content_5030407.htm.

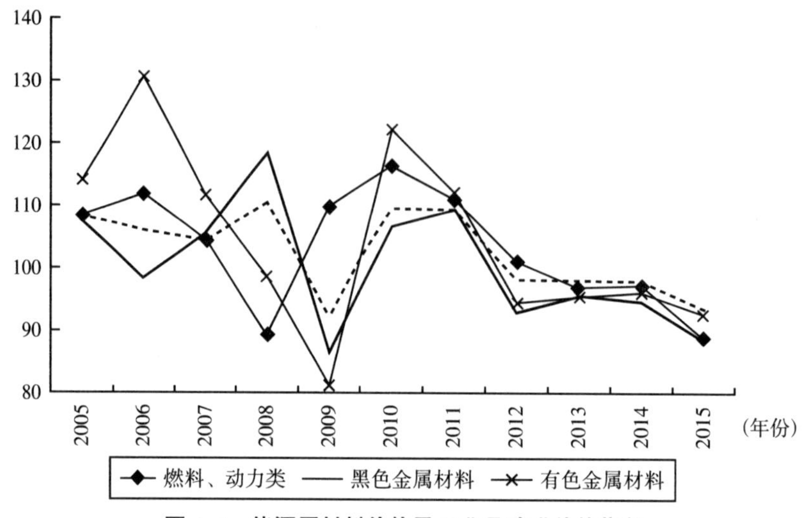

图 4-2 能源原材料价格及工业品购进价格指数

资料来源：根据国家统计局公布的年度数据绘制。

从工业用天然气的价格来看，2015 年 4 月 1 日起，我国天然气价格正式并轨。各省增量气最高门站价格每立方米下降 0.44 元，存量气最高门站价格每立方米上调 0.04 元。但是由于管道、地理位置等因素，各地区的天然气价格存在一定的差异。2016 年 8 月，国家发展和改革委员会发布了《关于加强地方天然气输配价格监管降低企业用气成本的通知》，要求各地方政府要全面梳理天然气各环节价格，“摸清家底”，重点降低过高的省份管道运输价格和配气价格，减少供气中间环节，取消不合理收费，同时建立健全监管长效机制。在该政策指引下，各地纷纷出台配套政策，主动降低终端用气价格，如江西省降低了省内天然气管输价格，将居民用气和非居民用气管输价格并轨，统一为 0.35 元/立方米；陕西省将省燃气公司供各城市燃气企业及直供用户的非居民用气管输价格在现行政府定价基础上下调了 0.121 元/立方米。但在 2017 年，天然气的价格又出现了暴涨。

（五）物流成本

物流成本是指物流活动中所消耗的物化劳动和活劳动的货币表现。对于制造企业来说，企业物流包括采购物流、生产物流、销售物流、回收物流等部分。贯穿于企业生产经营活动的始终。

我国的公路、水路等交通基础设施不断完善，物流迅速，物流体系不断完善。如 2014 年 10 月，财政部办公厅、商务部办公厅、国家标准化管理委员会办公厅联合下发《关于开展物流标准化试点有关问题的通知》（财办建〔2014〕64 号），认定北京、上海、广州三个城市为国家物流标准化试点城市。中央财政安排试点城市各 1 亿元扶持资金。以广州为例，广州着力建设国际物流中心，对全市物流进行诸如标准化托盘升级改造。2015 年，广州市社会物流总费用占地区生产总值的比重同比下降 0.05 个百分点。2016 年，广州市社会物流总费用占 GDP 比重为 14.71%，同比下降 0.05 个百分点，在全国处于领先水平。

为促进实体经济发展，降低企业负担的物流成本，我国采取了多种措施，如 2017 年 8 月，国务院办公厅发布了《关于进一步推进物流降本增效促进实体经济发展的意见》（国办发〔2017〕73 号）。

近年来，我国物流成本整体上呈下降趋势，但我国物流费用水平仍然较高，尤其是煤炭、非金属矿物制品业等行业的物流费用水平仍然偏高。2013~2015 年，全社会物流总费用占 GDP 的比重分别为 18%、16.6%、16%，2016 年，这一比重进一步下降至 14.9%。

目前，我国企业物流成本占销售额的比重为 20%~40%。近年来，我国工业品物流费用增速有所放缓，费用仍较高（见表 4-2）。各交通部门之间存在分割现象，铁路、水路等基础设施之间尚未完全实现无缝对接。如湖北沿长江有 17 个主要港口，仅有 6 个港口与铁路接轨。物流成本中相当一部分是路上各种收费，我国收费公路运输量在总公路运量中占 70%~80%。

表 4-2 2010 年以来我国工业品物流费用

年份	2010	2011	2012	2013	2014	2015	2016
工业品物流总额（万亿元）	113.1	158.4	162.0	181.5	196.9	204.0	214.0
增速（%）	14.6	12.3	10	9.7	8.3	6.1	4.9
与工业增加值比率（%）	6.8	8.1	7.8	8.2	8.6	8.9	8.6

资料来源：根据 Wind 数据库数据计算而得。

（六）土地成本

一般而言，土地成本主要包括土地取得费、土地开发费、相关税费等，具体来看主要包括土地出让金、土地占用和使用相关税金、行政事业性收费和自行开发的投入等。行政管理类的费用主要包括征地管理费、土地出让业务费、地籍测绘、注册登记等。

总体来看，当前我国土地资源稀缺，工业用地价格不断攀升。改革开放以来，我国工业化进程不断加快，制造业发展迅速，对建设用地的需求增加。2000~2011 年，工业用地价格定基指数涨幅为 157，工业地价同比指数在 2007 年达到峰值。不同区域土地价格差异显著，东、中、西部存在明显梯度递减。

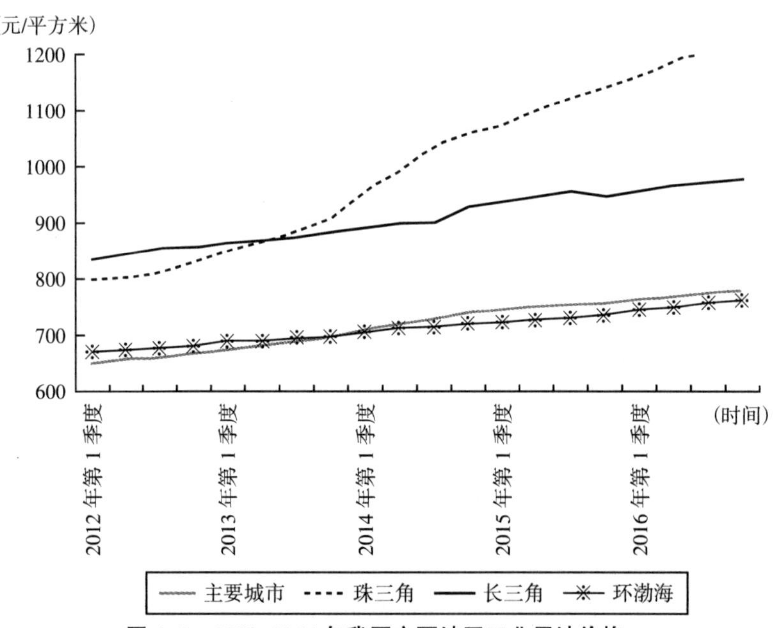

图 4-3　2012~2016 年我国主要地区工业用地价格

资料来源：根据国土资源部官网公布的历年全国主要城市地价监测报告中数据绘制。

2016 年，以 2000 年为基期的重点城市的工业用地价格指数达 205，2017 年达到 213。2016 年第 4 季度，全国 105 个主要监测城市的工业平均地价为 782 元/平方米，长三角、珠三角、环渤海地区的工业平均地价分别为 979 元/平方米、1234 元/平方米、764 元/平方米。其中，珠三角地区的工业用地价格增长速度最快，长三角、环渤海地区、全国主要城市平均工业地价虽呈上升趋势，但增速较缓（如图 4-3 所示）。

从工业用地供应情况来看，随着我国工业化进程的不断推进，工业发展对土地的需求呈现出逐步上升的趋势，新兴产业、新业态不断涌现，对土地的需求进一步增加，工业用地规模仍将不断扩张。东部沿海地区的工业用地矛盾突出，工业用地指标趋紧。中西部地区承接产业转移使工业用地规模保持较高增速。

工业用地管理仍需进一步改善。土地在出让之后，使用权发生了转移，政府对出让期内的工业用地难以进行有效处置，而且工业用地监管需要多部门协调合作，对土地监管造成困难，结果导致大量土地使用效率低下，投资强度、容积率、建筑密度等指标不达标，甚至有些土地闲置。

总之，我国经济增长所依赖的低成本优势已经发生了根本性的改变。我国企业负担繁重将影响企业竞争力的提升。“降低成本”是我国供给侧结构性改革的一项重大任务，我国采取了一系列的措施降低实体经济的成本。在政策的作用下，降成本的成效开始显现。2016 年，实体经济企业成本减少超过 1.1 万亿元，其中，减税降费超过 6200 亿元，清理规范工程建设领域保证金约 500 亿元，降低物流成本 370 亿元，降低用电用气成本超过 2000 亿元，降低人工成本约 1200 亿元，降低融资成本约 1400 亿元。规模以上工业企业每百元主营业务收入中的成本由 2015 年的 85.68 元降低到 2016 年的 85.52 元。2017 年，各地区各部门已出台的清费措施为企业减负 1750 亿元。

中国中小企业发展促进中心发布的《2017 年全国企业负担调查评价报告》指出，有 52%的企业认为当前总体负担较重。另外，随着中央及各地降成本、减负担工作的不断推进，企业对政策的获得感有所增强，反映总体负担较重的企业比例相比 2016 年调查下降了 4 个百分点，认为总体负担比上年加重的企业比例也下降了 3 个百分点。企业认为当前成本负担重的领域依次为人工成本、融资成本和水电气土地等资源要素成本，同时企业认为行政审批及监督检查等负担、缴费负担和税收负担较上年有所减轻。

二、制造业成本的国际比较

（一）劳动力成本

当前，中国的劳动力成本虽然不断上升，但中国的劳动力成本明显低于发达国家，高于东南亚等国家。2015 年，美国的制造业劳动力平均成本约为 38 美元/小时，中国为 3.3 美元/小时，德国为 35.4 美元/小时，日本为 24 美元/小时，英国为 31.2 美元/小时，韩国为 20.7 美元/小时，印度为 1.8 美元/小时，墨西哥为 6.2 美元/小时（见图 4-4）。印度尼西亚的制造业劳动力成本比中国低约 1/5。

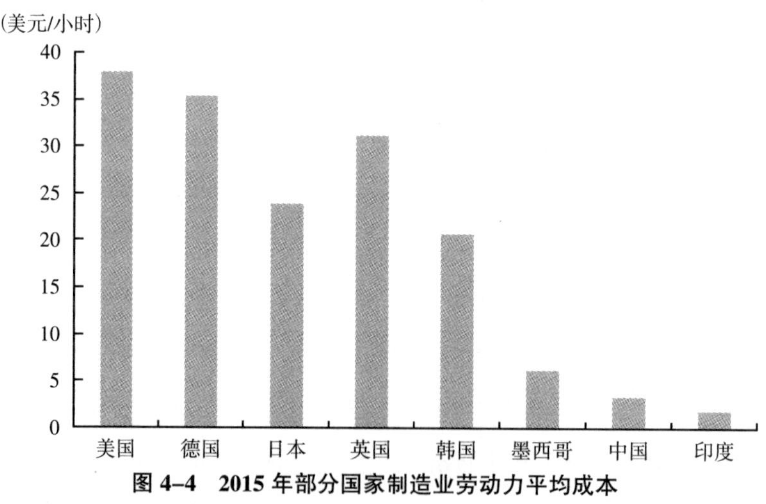

图 4-4　2015 年部分国家制造业劳动力平均成本

从劳动力成本的增长速度来看，2005~2015 年，中国的工资成本年均增长率达 16%，而同期印度的增速为 7%，[①] 中国的工资增速远高于印度。2008~2014

①《德勤报告：2016 全球制造业竞争力指数》。

年，中国单位就业人员平均工资实际年均增长速度为 9.0%。同期美国工资实际增长率仅为 1.9%、欧元区为 0.5%、日本为–0.8%，南非和巴西的实际工资增长率分别为 3.2%和 5.7%。国际比较表明，中国的工资上涨速度不仅显著快于美日欧等发达经济体，而且比南非、巴西等发展中国家也要快。[①]

可见，中国的劳动力成本明显高于越南、印度尼西亚等人力资源丰富的国家，但仍低于发达国家。

（二）税费成本

从企业所得税看，中国的企业所得税处于中等水平（见图 4–5）。

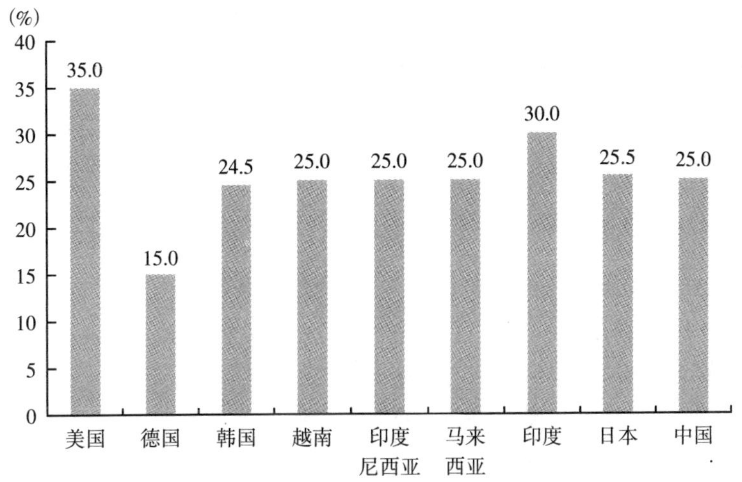

图 4–5　2016 年部分国家企业所得税税率

美国曾是全球所得税税率最高的国家之一。在美国特朗普政府将企业所得税税率降至 20%左右之前，其企业所得税税率为 35%。日本的税率原则上为 25.5%，但是对于注册资本金不足 1 亿日元的法人的 800 万日元以下的所得部分适用 15%的税率。德国企业所得税法将纳税人分为无限纳税义务人和有限纳税义务人。无限纳税义务适用于德国居民，他们来自全球的收入都要纳税，不管收入是来自国内还是国外；有限纳税义务适用于非居民和某些德国公共实体，有限纳

① 牛犁，陈彬. 中国制造业成本国际比较及降成本六大建议［N］. 中国证券报，2016–02–29.

税义务是指纳税人只对来自德国的收入负有纳税义务。德国按照15%的税率征收企业所得税，同时对企业所得税税额征收5.5%的团结附加税，因此有效税率为15.825%。印度尼西亚适用于居民企业和常设机构的所得税税率为25%。印度尼西亚对中、小、微型企业还有税收鼓励，减免50%的所得税优惠，2013年印度尼西亚税务总署向现有的大约100万家印度尼西亚中小企业推行1%税率，即按照销售额的1%进行征税。经合组织国家的所得税税率平均为20%，马来西亚为25%，印度为30%。①

一般来说，许多国家对企业税收优惠有相关规定，以越南为例，越南企业所得税的基本税率为20%，但也存在一些相关的优惠政策。如在特定领域的投资项目收入，可以在产生收入的当年起连续15年享受10%的企业所得税税率，并享受"四免九减半"的税收优惠，这些领域包括高科技技术研发和技术更新，软件产品的生产，符合一定条件的纺织、服装、鞋具、电子信息、汽车零配件的生产，治理、监测、分析环境污染设备的生产等；涉及教育、职业培训、医疗、环境等民生类新投资项目的收入，可以在产生收入的当年起直到项目结束享受10%的企业所得税税率，并享受"四免五减半"的税收优惠，② 缅甸对于一般商品出口不计税，边境出口税为0~15%。日本对中小法人、公益法人（年所得税税额800万日元以下的部分）实施15%的优惠税率。

从增值税税率来看，我国增值税标准税率分为17%、11%、6%三档，美国不征收增值税，日本为8%，欧盟国家增值税标准税率平均为21.6%，德国增值税的基本税率为19%，低税率为7%；泰国为7%，缅甸、老挝为10%。越南的增值税税率分为零税率、5%、10%（基本税率）和20%，基本税率为10%，增值税的征税范围覆盖了生产、销售、服务全过程，对货物或服务从生产、流通到消费过程中所产生的增值额征收增值税。

① 国家税务总局：《国别（地区）投资税收指南》。
② 国家税务总局：《中国居民赴越南投资税收指南》。

（三）融资成本

美国的金融体系较为发达，在融资方面，本土企业和外国企业的待遇相同。一般而言，大企业的条件较好，获得贷款的能力较强，而中小企业相对较弱。美国对中小企业的政策性贷款数量较少，主要引导民间资本投资中小企业。美国的基准利率一直较低，目前联邦基准利率基本维持在 0.25%~0.5%的水平。

德国货币市场利率处于较低水平，说明德国的货币供给量充足，有利于企业融资，可为企业提供充足的资本保障。此外，在融资方面，外资企业与国内企业享受同等待遇，德国法兰克福证券交易所是当前全球最大的金融交易平台之一，拥有电子交易系统，为来自世界各地的投资者募集企业发展所需资金和业务拓展创造有利平台。德国有自由的资本流动政策。普通商业交易不受外汇管制，企业也可自由在境外借贷。欧元的自由兑换便利了境外融资，且外汇市场无进出限制。但为了统计数据，企业需要向德国中央银行的地区分行通报境内外交易。

东南亚部分国家的金融体系相对落后，企业融资相对来说便利性稍差。如缅甸，在该国投资的外国企业需要向缅甸央行备案。缅甸的银行体系以中央银行为中心，主体为国营专业银行，多种金融组织并存。2016 年，缅甸中央银行存款利率为 10%，其他银行存款利率为 8%~13%，贷款利率高于 13%。缅甸于 2016 年开设了第一家证券交易所，但只允许本地公司上市交易。

（四）能源成本

2008 年国际金融危机之后，尤其是 2014 年以来，全球主要能源的大宗初级产品价格总体呈下降趋势。但总体上看，中国由于受原料来源、定价机制、交易税费、流通费用等因素影响，能源原材料成本仍高于美国、俄罗斯、巴西等能源大国。

从工业用电价格来看，中国的工业用电价格低于大多数的发达国家。中国工商业平均电价约为每千瓦时 10.2 美分，约为美国（6.42 美分）的 2 倍，但是低于 OECD 成员国的工业平均电价（12.4 美分），低于日本（16 美分）、德国（18.83 美分）、英国（13.66 美分）等国的平均电价。

从东南亚国家来看，各国情况存在一定差异。例如，缅甸全国缺电，2014年4月起，工业用电实施新的阶梯电价。越南的工商业用电为0.053~0.179美元/度。印度工业用电在10千瓦以内的每度7.6卢比，每月收取每千瓦80卢比的固定费用；10~100千瓦每度7卢比，90卢比的固定费用；100千瓦以上每度8.5卢比，150卢比的固定费用。2013年，柬埔寨的平均电价为0.2美元/度，工业用电量不同则价格不同，如每月用电在45000~130000千瓦时，价格为0.15美元/度。

（五）物流成本

近年来，中国物流成本出现不断降低的态势，但是仍高于发达国家，但总体上要好于发展中国家。

发达国家基础设施发达，运输体系完善，运输成本更低。2009年，中国物流成本占GDP的比重为17.6%，到2015年这一比重下降为16.0%。2015年，中国物流总额与GDP的比率为16.0%，全球的平均水平为11.7%，美国为8.3%，日本为8.5%，越南为25%，印度尼西亚为24.5%，泰国为14%。而且许多发达国家公路不收费，如美国所有州际公路都不收费，一些私营道路收费，收费较为便宜。新兴经济体的基础设施不断完善，物流体系日益壮大。部分新兴国家的这一比重不到8%。许多发展中国家基础设施相对落后，物流成本较高，如老挝交通封闭、基建落后，被称为“陆锁国”；印度的物流和交通成本占GDP的比重高达14.4%；越南从事物流业务的企业有1500多家，而全国有70万家企业，本地企业多为中小企业，难以提供附加值高的现代物流服务，使越南制造业受制于低水平的物流和较高的物流成本。

（六）土地成本

目前，中国工业用地价格在全球处于中等水平。美国工业用地是永久性产权，中国工业用地是50年产权。我国工业用地平均价格为每平方米100美元左右，而美国旧金山的工业用地平均价格为50美元左右，西部地区的工业用地平均价格为每平方米20美元左右，美国许多地区为企业提供免费用地，如南卡罗来纳州为大型项目提供免费的工业用地。

从东南亚国家来看，越南工业用地资源丰富，上万顷工业用地由于各种原因闲置；印度不同地区的工业用地价格存在显著差异，价格有可能相差十几倍，其中产权基本是 99 年的期限；印度尼西亚的工业用地价格在东南亚国家中居首，2012 年，雅加达工业用地平均价格为每平方米约 320 万印尼盾（约合 333 美元），勿加西、茂物和加拉横等地区工业用地平均价格为每平方米 180 万印尼盾（约合 187 美元）。

（七）其他制度性交易成本

中国的部分制度性交易成本高于发达国家，但低于东南亚国家。世界银行发布的《2016 年营商环境报告》显示，在全球 189 个经济体中，中国排在第 84 位。中国的排名落后于美国、日本、韩国、英国、德国、法国等主要发达国家。中国排名要高于多数东南亚国家，如印度（130）、印度尼西亚（109）、越南（90）、菲律宾（103）等。中国除了办理施工许可和纳税两项指标外，所有营商环境指标排名都出现了下降，尤其是开办企业和获得信贷这两个指标下降较快，2016 年的排名分别比 2015 年下降 9 位和 8 位。可见，对中国企业来说，在各种不合理审批、许可和中介服务收费等方面所承担的负担仍然较重。

在政策制定和实施方面，世界银行调查的结果显示，百分制下，中国得分为 42.6，韩国 79.9、日本 83.5、美国 86.6，可见中国的得分较低。

稳定而透明的法律监管体系有利于保障投资安全、降低风险，从而为制造业发展创造良好环境。《2016 全球制造业竞争力指数》指出，在德国、美国、日本、韩国、中国、印度六个国家中，发达国家在法律和监管体系方面处于领先地位，德国和美国排在前两位，日本排在第三位。严格的法律和监管程序以及对外商的限制使制造商在新兴经济体投资建厂较为困难。中国和印度的外资审批程序比发达国家要复杂，整个过程耗时也较长。企业如果设立子公司，在美国仅需要 11 天，而在中国则需要两个月。

综上所述，中国制造业在人工成本上与发达国家相比还具有一定优势，但在物流成本、能源成本等方面的优势并不明显。中国在成本优势逐步丧失的同时，尚未形成新的国际竞争优势，竞争优势出现断档，具体表现为出口下降、经济增长速度下滑、产品的国际市场份额下降等。所以，我们应进一步优化制造业成本，努力提升“中国制造”的竞争力。

三、要素成本上涨对我国制造业国际竞争力的影响

随着我国经济的发展，我国劳动力、土地等要素成本的上升是必然的趋势，虽然对于企业来说，可以实现优胜劣汰，许多企业难以为继而被淘汰，会对我国产业转型升级形成倒逼，但是对我国制造业也会产生许多不利影响。

（一）制造业产品的国际价格优势被削弱

从国际竞争力的角度看，一国制造业的竞争力取决于产品质量（品牌）和价格两个方面，而要素成本上涨对制造业竞争力的直接影响主要表现为价格的变化。制造业成本的上涨，将显著提高工业品的综合成本。2001~2011 年的 11 年间，我国工业品的综合成本累计上涨了 111%。[①] 除个别行业外，劳动力成本对工业品价格影响显著，尤其是劳动密集程度较高的行业。劳动生产率的提高可以化解部分成本压力，但我国制造业劳动生产率的提高幅度滞后于工资的增长幅度。

制造业成本加速上升后必然导致最终产品价格的上涨，我国制造业的低成本竞争优势将逐渐丧失，相应产品在国际市场上的低价优势弱化。如近年来，国内纺织、服装、玩具等传统劳动密集型出口行业部分市场份额下降的事实已经验证了这一趋势。2015 年，纺织品服装出口额下降 4.9%之后，2016 年下降 5.9%。这是中国纺织品服装出口近 20 年来，首次出现连续两年下降，且降幅逐年放大的局面，表明中国纺织品服装出口已正式步入拐点，进入调整周期。

① 冯飞等. 要素成本上涨对中国制造业的影响及相关政策研究［M］. 北京：中国发展出版社，2013.

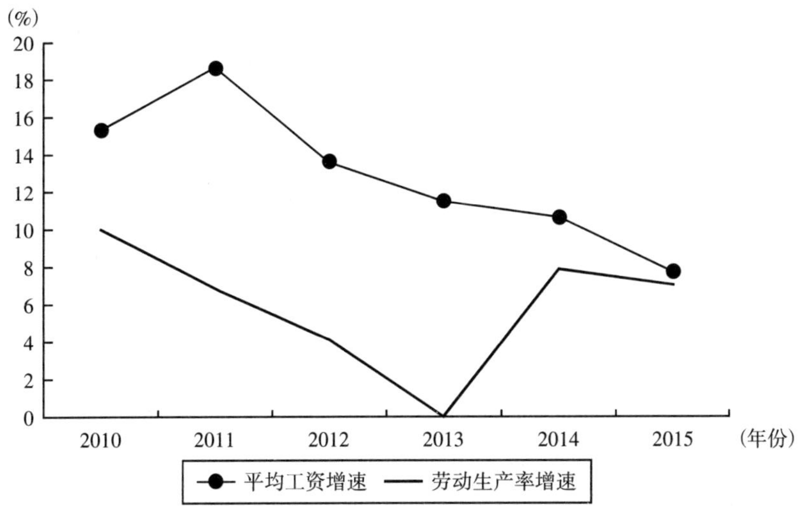

图 4-6　2010~2015 年制造业劳动生产率增速与平均工资增速

资料来源：根据国家统计局网站公布历年年度数据绘制。

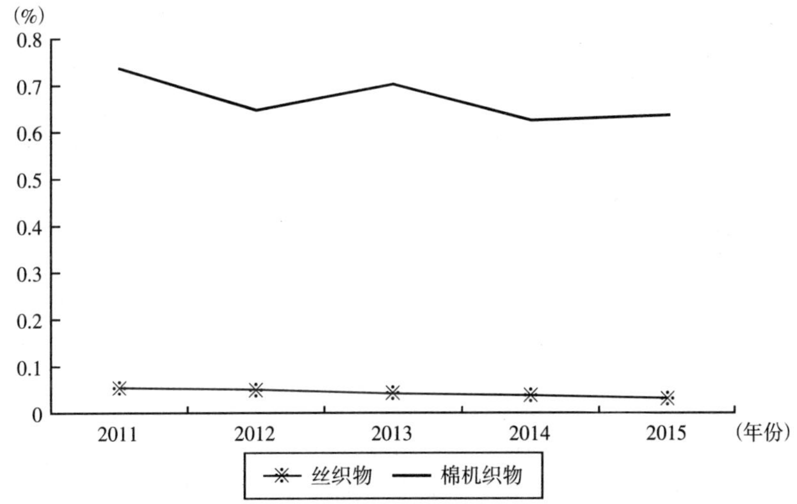

图 4-7　丝织物和棉机织物出口额所占比重

资料来源：根据国家统计局网站公布历年年度数据绘制。

（二）我国制造业面临“双向挤压”

发达国家高端制造回流与中低端制造向中低收入国家转移，我国制造业面临“双向挤压”的挑战。

一方面，国际金融危机后，发达国家纷纷确立“再工业化”战略，以期重塑制造业竞争优势。如美国发布《先进制造业伙伴计划》《先进制造业国家战略计划》等措施，德国提出“工业 4.0”战略，英国发布《英国制造 2050》等。而且发达国家出台优惠措施吸引本国中高端制造业回流，同时也吸引包括中国在内其他国家的海外投资。而我国制造业成本不断上升，使得在我国境内的部分国外中高端制造业搬回本土，如苹果、松下 TDK 等企业将部分生产线从中国转移至本国。

另一方面，东南亚部分国家依靠低成本比较优势，积极承接劳动密集型制造业转移，中低端制造业迅速崛起。如微软关闭位于北京及东莞的诺基亚手机工厂，将部分设备转移到越南河内工厂；阿迪达斯、耐克将部分生产线转移到越南、柬埔寨等东南亚国家；三星花费 20 亿美元在越南建立新的产品生产线。越南、老挝、柬埔寨等国家，劳动力成本较低，逐步成为服装业、鞋袜业等劳动密集型产业的新增长点。

所以，当前我国制造业转型升级处于关键时期，正面临着发达国家“高端回流”和发展中国家“中低端分流”的双向挤压，面临更加残酷的竞争，对国内传统制造业造成较大的影响。

（三）国内制造业可能面临空心化危机

当前，由于我国人口结构出现变化，劳动力人口减少，我国东南沿海地区经常出现“用工荒”，用工不足，导致部分企业不能进行正常的生产活动。当前，全球经济仍充满不确定性，我国经济发展进入新常态，国内外市场有效需求不足，许多传统产业步入衰退期，许多劳动密集型企业经营困难，成本上涨导致本就经营困难的企业倒闭，尤其是中小企业。如东莞许多玩具厂、服装厂、印刷厂倒闭。而与此同时，我国产业未完成转型升级，新的功能未培育形成，新旧产业接续断档。此外，许多外资企业由于成本问题将生产环节的高端部分迁回本国，将低端部分转移至低成本国家，而且国内许多企业纷纷到国外建厂，如苹果公司将部分制造基地从我国迁回美国。所以，我国制造业极易出现“空心化”，导致国内经济迅速下滑。

四、发达国家的经验做法与启示

美国、日本、德国等发达国家在工业化进程中都曾经历过制造业成本上升的困扰，为此，这些国家采取过多种措施应对要素成本上涨。总结这些国家的做法和经验，为我国提供参考，以优化资源要素配置，有效降低制造业综合成本，提高我国制造业的国际竞争力。

（一）美国

降低企业税负，减轻企业负担。美国是企业所得税最高的国家之一，通过减少企业税负，以减轻企业负担。2010 年，美国政府出台《美国制造业促进法案》，这一法案实质是一部减税的法案，规定了新增暂缓纳税及税收减免项目，现行的减免或延缓征收税项。美国提出制定针对小企业实行的永久性低税收政策。为提高竞争力，对企业的研发税收实施抵免支持政策。

加速制造业企业设备折旧，鼓励企业更新改造。美国通过加速设备的更新，提高劳动生产率。20 世纪 80 年代，美国政府对固定资产折旧制度进行了改革，具体包括，固定资产按补偿期长短划分，补偿期 10 年以内的固定资产可享受加速折旧，且折旧年限平均可减少 50%以上；企业可以采用持续加速折旧方法；计算补偿率时不再考虑固定资产残值。如 1984 年，美国 1 吨钢主要投入成本为 403 元，高于日本、欧盟、韩国等，为此，美国将钢铁企业的折旧年限从 12 年缩短为 5 年，并鼓励钢铁企业进行更新改造。

积极建设“产业公地”，加强资源共享。美国通过“产业公地”建设加强资源的共享，降低成本。多家企业可共享知识和有形设施。国际金融危机后，其发布的《先进制造业国家战略计划》提出加强“产业公地”建设。鼓励中小企业参与合作伙伴，构建包括学术机构、制造商、行业协会及支持组织在内的合作伙伴关系，支持企业的商业化和规模化活动。如制造业示范工程，通过协作、共享基础设施来促进新技术的扩散，为中小企业提供创新工具和资源。

降低能源成本，促进新能源发展。积极发展页岩气技术，低成本的页岩气提升了美国制造业的全球市场竞争力。促进新能源的发展，美国对新建新能源电厂进行补助，当前，大型太阳能发电项目的长期合同电价，比 2008 年下降了 70%以上。实施《清洁能源计划》，促进可再生能源的发展，促进电网现代化。

（二）日本

日本经济在不同发展阶段，也曾遭遇要素成本上涨的情况。如在日本经济高速增长期中，劳动力资源丰富，成为经济增长最重要的引擎之一。20 世纪 60 年代末，日本出现刘易斯拐点，劳动力从过剩转向短缺，劳动力成本即工人工资开始快速上升。1961~1970 年，日本工人的工资指数增长了近 1.7 倍，制造业人均工资年均增长达到 6.75%，在当时属于增长幅度最高的发达国家。各主要行业工资增长率和国内生产总值增长率之间的差距不断缩小，甚至出现反超。劳动收入在国民收入中的比重由 1961 年的 49.3%上升到 1973 年的 60.2%。

鼓励传统制造业向海外转移，大力发展新兴产业。《广场协议》签订之后，日元大幅升值，日本国内劳动力成本不断上涨，同时，东亚国家经济迅速崛起，日本将国内的传统制造业加速向这些发展中国家和地区转移，希望通过扩大对外投资来缓解投资和生产成本提高等问题。日本的《面向 21 世纪的日本经济结构改革思路》指出，以制造业为中心展开国际分工，特别是与东亚国家和地区的国际分工，日本应大力发展新产业，向高附加值产业转移。日本制造业的海外生产比率在 20 世纪 80 年代前期约为 3%，90 年代初提高到 8%左右，2002 年上升为 17.1%，其中，运输机械业达到了 47.6%。

鼓励科技创新，促进新技术的应用。20 世纪 60 年代，日本政府鼓励传统产业应用自动化技术，如棉纺织业在引进新技术后实现了生产的连续化和自动化，大大降低了劳动力成本。石油危机之后，日本鼓励企业进行内部技术改造和生产设备更新，鼓励高能耗行业采取节能技术，如钢铁行业采用高炉炉压发电设备，石油化工业采用加热炉的废气、余热回收技术，水泥业引进悬浮预热器技术等。日本政府推出支持中小企业技术研发的补贴项目，有望推动科技成果产业化。

提供高效的公共服务，强化市场机制。在公共服务领域，日本积极推行公共服务业的市场化，通过强化市场机制提高服务效率，降低企业运营成本。日本政府明确划分基本公共服务领域和非基本公共服务领域的界限。政府制定相关政策，改革有关的企业制度，对公共事业投资管理体制进行改革。2004 年起，在政府规制管理改革中引入市场化机制，在公共服务领域引入竞争机制，降低公共服务供给成本，明确政府的职责是为企业生产活动营造良好的环境，产业发展的方向应由市场来决定。此外，日本政府放松行政管制，积极推行竞争政策，以竞争机制促进生产要素成本的降低。

实施“减量经营”。1973 年，第一次石油危机爆发，石油价格飙升，日本经济陷入了“滞胀”。为应对危机，一些日本企业自发进行调整，主要包括节约能源消耗、减少利息负担、降低劳动力成本等措施，这种调整被称为“减量经营”。日本政府因势利导，在全国范围内积极推动和引导“减量经营”。当时，这一方法颇具成效，成为“二战”后日本制造业从传统的粗放型增长方式向高附加值型增长方式转变的转折点。

（三）德国

德国制造业的竞争力一直在全球位居前列。其制造业也曾遇到过成本问题。如 1990 年两德统一后，为维持社会稳定，德国政府通过巨额转移支付来提高东部地区工人工资水平，使得东部地区平均工资达到了西部平均工资的 80%，而同期人均国民生产总值仅为西部的 55%左右，致使产品成本大幅上升。1993 年，德国工资成本远高于日本、美国等国家。德国政府为降低成本曾采取了多项措施。

减轻中小企业税费负担，激发中小企业活力。2004 年，德国实施“2010 年议程”改革计划，大幅度降低企业税收，尤其是手工业和中等企业。相关数据表明，德国企业和人民每年可减轻 560 亿欧元的税收负担。对周转资金不超过 2.5 万马克的小企业免征周转税；对大部分中小手工业企业免征营业税；实施中小企业特别折旧法，通过特别折旧法增加中小企业的计提额，将中小企业固定资产折旧率由 10%提高到 20%。

促进能源转型升级，降低能源成本。德国工业发达，对电力供应的依赖程度较高。电力供应不足会影响工业生产设备的正常运行。如 2000~2010 年，德国工业能源成本上升了 223 欧元，能源成本比重提高了 0.5 个百分点，用电价格较欧盟其他国家要高 15%。为此，德国出台相关规定，中小企业也可以享受特殊补偿规定。对于员工不足 500 名、年营业额在 1 亿欧元以下的企业，购买新的电机、泵或压缩空气系统等可得到补贴。净投资额在 3 万欧元以上的共性技术，如果用新的设备代替至少两台旧设备或机器时，可以得到资助。

注重科技创新，抢占技术制高点。德国制造业企业的营业收入中约 27%来源于创新产品。德国制造业企业较为注重研发方面的投入，以“公私合营模式”成立高科技创业基金，为科技企业提供创业融资，支持新企业技术创新和产研结合；确定重点科研领域和重点科研项目；促进中小企业科技创新。

促进信息技术与制造业深度融合，提高生产效率。信息技术是德国降低制造业成本和提高效率的重要手段。德国采取的措施主要有：对 IT 的环境进行统一化和标准化；对已有外包合同进行重新评估，以提高软件和 IT 服务的外包数量；利用信息技术提高产品在开发、生产和销售整个过程的效率；促进先进技术在汽车电子、自动化控制、数控机床等装备制造业领域的广泛应用，如德国制造业中 50%的增加值来源于信息通信技术创新。

（四）法国

法国是公认的制造业成本较高的发达国家之一。自推行 35 小时工作制以来，劳动力成本迅速上升至欧盟范围内最高水平，给法国制造业竞争力带来不利影响。2012 年，法国劳动力每小时的成本为 34.2 欧元，比 10 年前增长 39.2%。

2012 年，法国政府制定出台《促进增长、竞争力和就业的国家公约》。公约制定了 38 项具体措施，主要包括：实行竞争力与就业税收信贷政策，2014 年实现企业抵扣税额 200 亿欧元；法国政府为中小企业提供新担保额度 5 亿欧元，企业提供新担保额度 5 亿欧元；往来支付期限缩至 2 个月，法国政府率先缩短为 20 天；组建中小企业公共投资银行；改革储蓄税率并引导投资企业；出台法规监管银行投资实体经济；为中小企业和中间型企业融资提供方便；优化企业创新支持政策；推广新技术和数字化；扶持 1000 家有发展潜力的中小企业和中间型企业走向国际化；协助中小企业和中间型企业量身定制出口计划，建立公共直接投资机制；简化企业创办手续和降低创办成本；将中小企业在政府公共采购中的份额提升 2%；培育法国品牌以保护法国制造和法国优势。①

2013 年 1 月起，法国实施“竞争力与就业税抵免”政策，目标是在不影响社会保障资金供应的前提下促进就业。该法案将对不盈利的企业进行税收抵免，抵免额计算的基础是企业总领薪人数，员工越多的企业享受优惠的额度越大，税收减免可以将企业劳动力成本降低 6%。该法案涉及资金 200 亿欧元。在实施过程中，详细规定哪些员工的薪酬开支可享受抵扣税优惠，薪酬开支可用于税收减免的员工之前应已定期缴纳社会分摊金，免缴税收不得用于企业分红或增加企业管理人员的薪酬，企业应在账目中人员开支项详细记录被减免税收的用途等。

2014 年初，法国总统推出“责任和团结公约”。在该公约框架下，法国陆续实施了一系列减轻企业综合税负的措施，争取在 2017~2020 年将企业标准税率从 33.3%降至 28%。

法国所实施的相关措施已初见成效。2012~2016 年，德国每小时用工成本上涨了 2.5 欧元，而法国仅为 1.3 欧元。截至 2016 年第 3 季度，法国制造业劳动力成本已低于德国。当季度，欧元区制造业每小时劳动力成本为 33.0 欧元，比 2015 年同期增长 1.8%；德国为 40.4 欧元，同比增长 2.9%；而法国则为 38.0 欧元，同比仅增长 1.3%。②

五、进一步降低我国制造业成本的建议

当前，我国经济步入新常态，经济下行压力依然较大，结构性矛盾依然突出，我国制造业综合成本不断上涨，大大挤压了企业的利润空间，而制造业长期

① 吴海军. 法国新工业化着力培育战略性新兴产业增长点 [J]. 全球科技经济瞭望，2015 (4).

② 法国调整制造业劳动力成本初见成效 [N]. 经济参考报，2017-03-03.

依赖的低成本竞争优势正在发生根本性转变，而基于创新驱动的新竞争优势尚未形成。习近平总书记强调“要树立放水养鱼意识，尽一切努力把企业负担降下来”。所以，我国应积极探索进一步降低制造业成本，帮助企业减轻负担，提升企业国际竞争力。

应增强企业创新能力，强化企业内部管理。从各国经验看，技术创新是提高劳动生产率的重要途径。我国应构建完善的以企业为主导的产学研创新体系，强化企业在技术创新决策、研发投入、科研组织和成果转化中的主体作用，充分发挥大型企业带动作用，激活中小企业活力；支持企业建立研发机构，建立研发投入增长机制，着力突破共性核心技术。降成本需要企业实现自身的转型升级。创新企业管理方式，鼓励企业改变粗放式经营，应用先进管理方法，优化生产流程，强化过程控制；增强现代成本管理意识，采用先进的成本管理方法，如战略成本管理、目标成本管理、作业成本法等；鼓励企业建立能源管理体系，完善定额管理，推进资源能源高效循环利用，提高能源使用效率。

促进“人口红利”转变为“人才红利”。我国人口的刘易斯拐点已现，老龄化进程不断加快。我国应培养新型的劳动人口，以劳动力质量代替数量，提升价值创造能力。通过提高人们获取知识、信息的能力以及运用的能力，提高人们的创造力，培养新型的劳动人口，提升价值创造能力，实现我国人口优势的转变。一是营造良好环境。完善人才评价激励机制和服务保障体系，营造有利于人才成长的社会环境，健全有利于人才流动的政策体系，提高科研人员对科研成果收益的分享比例。二是强化人才培训。鼓励企业积极参与人力资源的开发，引导高校、职业技术学校与企业建立人才联合培养机制，加强领军人才培养，积极培养面向生产一线的技术技能人才。培养一批掌握先进制造技术的国际型、复合型、高素质专业技术人才，能够在制造业发展过程中起积极带动作用。三是鼓励创新创业。发挥政府引导基金的作用，支持人才创新创业。

优化产业结构，积极培育新动能。积极推进“中国制造 2025”、“互联网+”行动、大数据等重大战略，推动制造业迈向中高端水平。一是推动传统产业转型升级。加强行业规范和准入管理，更加注重运用市场机制、经济手段、法治办法化解产能过剩，加大政策引导力度，完善企业退出机制。适时制（修）订并提高产品技术、环保、能耗、质量、安全的标准，推动企业产品升级。推进新一代信息技术和工业技术的深度融合，推进智能制造的发展，构建新型制造体系，鼓励传统劳动密集型企业加快采用智能装备。二是推动新兴产业的发展。促进新一代信息技术、生物技术、高端装备、工业设计、新能源新材料等领域的产业发展。实施“互联网+”行动计划，强化互联网的广泛应用，带动生产模式和组织方式变革，形成网络化、智能化、服务化、协同化的产业发展新形态。

完善交通运输网络，建立现代物流服务体系。完善国内的公路、航空等基础设施，建设覆盖广泛、功能完善的综合交通运输体系，完善交通枢纽综合服务功能，实现运输的无缝对接，促进不同运输方式的协调，打造一体化交通枢纽。积极推进“互联网＋物流”，鼓励大数据、物联网等先进信息技术应用，促进智能交通发展，促进公共信息系统、智能管理系统建设，提高交通运输服务质量和效益。促进现代物流园区和智慧物流建设，促进商贸物流标准化，施行物流标准化试点。改革公路收费制度，降低部分路段高速公路收费标准，实施分时段差异化收费。

进一步减轻制造业企业税费负担。营造公平的税负环境，积极推进结构性减税，完善和落实鼓励企业技术创新的各项政策，落实小微企业增值税、企业所得税税收、固定资产加速折旧、高新企业所得税等优惠政策。降低制造业增值税税率，建议将17%的税率至少降低1个百分点。进一步清理各种不合理的收费项目，减少行政性收费项目。进一步规范政府性基金，减少涉企行政事业性收费，清理不合理的或违规的行政审批中介费用，强化对市场性服务型收费的监管。健全完善收费目录清单制度，使得涉及企业的收费项目一目了然。

加快转变政府职能，健全行业管理体系。日本政府为企业提供高效的公共服务，为企业节省了成本。所以，我国政府应积极推进“放管服”改革。进一步取消和下放一批企业投资项目审批事项，推进商事制度改革和证照分离，将法定前置审批事项和中介服务事项纳入清单管理。全面落实“先照后证”改革措施。推进“互联网+政务”，创新行业管理方式，探索建立健全行业规范条件、负面清单、行业自律、责任清单等管理方式，推进制造业管理体系和管理能力现代化。探索审慎监管机制，支持新业态、新模式等新生事物创新发展，并且对其进行合理有效监管，防范发生风险。

第五章　我国企业的兼并重组

企业兼并重组是优化产业组织结构的重要手段。随着工业现代化进程的不断推进，世界各国都在不断地进行企业兼并重组。近年来，我国工业企业的兼并重组持续推进，不仅在国内优化产业组织结构，而且通过企业“走出去”、升级产业结构、增强企业竞争力，让我国企业不断做大做强。

一、企业兼并重组相关概念

英国经济学家马歇尔（Alfred Marshall）第一次将产业内部的结构定义为产业组织，他在其名著《经济学原理》（1890）一书中将组织视为一种能够强化知识作用的要素，他所说的组织既有企业内部组织，也包括同一产业中各种企业之间的组织，还包括不同产业间的组织形态等。到 20 世纪 70 年代之后，对产业组织理论的研究不断深入，兼并重组问题成为理论的重要生长点。如美国经济学家乔治·J. 斯蒂格勒（George J. Stigler）对垄断、寡占与兼并、规模经济等进行了很多研究，斯蒂格勒甚至认为，一个企业通过兼并其竞争对手而发展成巨型企业，是现代经济史上最为突出的一种现象。

关于兼并重组的概念内涵，目前已经达成基本共识。《大不列颠百科全书》将兼并（Merger）解释为“两家或更多的独立企业或公司合并组成一家企业，通常由一家占优势的公司吸收一家或更多的公司”。《国际社会科学百科全书》认为“兼并是两家或更多的不同企业合并为一家”。从我国来看，从政策角度而言，企业重组是指企业在日常经营活动以外发生的法律结构或经济结构重大改变的交易，包括企业法律形式改变、债务重组、股权收购、资产收购、合并、分立等。其中，企业法律形式改变是指企业注册名称、住所以及企业组织形式等的简单改变；债务重组是指在债务人发生财务困难的情况下，债权人按照其与债务人达成的书面协议或者法院裁定书，就债务人的债务作出让步的事项；股权收购是指一家企业（收购企业）购买另一家企业（被收购企业）的股权，以实现对被收购企业控制的交易；收购企业支付对价的形式包括股权支付、非股权支付或两者的组合；资产收购是指一家企业（受让企业）购买另一家企业（转让企业）实质经营性资产的交易，受让企业支付对价的形式包括股权支付、非股权支付或两者的组合；合并是指一家或多家企业（被合并企业）将其全部资产和负债转让给另一家现存或新设企业，被合并企业股东换取合并企业的股权或非股权支付，实现两个或两个以上企业的依法合并；分立是指一家企业将部分或全部资产分离转让给现存或新设的企业，被分立企业股东换取分立企业的股权或非股权支付，实现企业的依法分立。①

对于兼并重组动因的理论分析，主要有效率理论、代理理论、多元化经营理论、市场势力理论等。

效率理论的基本立场是，兼并重组不仅可以增加社会总福祉，还可以提高交易各方的总效率。并购重组是一种资源优化配置过程，通过资源优化配置实现价值增长，出现管理协同、经营协同、财务协同等，这种管理协同效应导致出现“1+1>2”的结果。从经营的效果来看，由于规模经济，并购可以提高企业生产经营的效率和效益。一般而言，这种规模经济主要来自企业的横向并购；而纵向并购可以减少商品流转的中间环节，降低交易成本等，从而产生范围经济。

代理理论的基本观点是认为企业会产生代理成本。20 世纪七十八年代以后，詹森（Jensen）和迈克林（Meckling）、卢埃林（Lewellenand）、亨特曼（Hunts-

① 财政部、国家税务总局. 关于企业重组业务企业所得税处理若干问题的通知（财税〔2009〕59 号）［EB/OL］. 国家税务总局网站，http：//www.chinatax.gov.cn/n810341/n810765/n812166/n812637/c1188923/content.html.

man)、法马、詹森（Fama、Jensen）等先后发展了这一理论，认为并购后获得控制权，控制权转移将会降低代理成本。

多元化经营理论认为，企业多元化经营战略成功的动力主要来源于规模经济和协同效应。多元化经营理论传统上又区分为产业组织学派和战略学派，但核心观点都是要以塑造核心竞争力为企业持续发展的根本和多元化经营的基石。

市场势力理论认为，并购的动因源于对企业经营环境的控制，提高市场占有率，增加长期获利机会。该理论是当前流行的产业组织理论的核心内容。目前对市场势力的度量指标有：市场集中度、贝恩指数、利润率和勒纳指数等。其中，市场集中度是对整个行业市场的集中程度的测量指标，它反映出市场中企业的数量以及规模差异水平，是市场势力的重要衡量指标。

二、国内企业兼并重组问题分析

（一）企业兼并重组政策

兼并重组是企业加强资源整合、实现快速发展、提高竞争力的有效措施，是调整优化产业结构、提高发展质量效益的重要途径。2010 年，国务院发布《关于促进企业兼并重组的意见》（国发〔2010〕27 号）。2014 年，国务院出台《关于进一步优化企业兼并重组市场环境的意见》（国发〔2014〕14 号）。之后，我国政府相继发布了企业兼并重组相关的税收政策、行政审批政策、职工安置政策、促进资本市场发挥作用的政策等（见表 5-1），可以说对于企业兼并重组，我国已经形成了一个较为完善的政策体系。各省（自治区、直辖市）也纷纷发布相关政策引导企业兼并重组（见表 5-2）。

从已经发布的政策来看，国内出台的企业兼并重组政策主要表现为以下几个特点：

第一，以产业结构调整为主线。当前，我国处于产业结构调整的关键时期。

表 5-1　2010 年以来中央出台的部分兼并重组政策

序号	发布时间	发布单位	政策名称
1	2010.8	国务院	《关于促进企业兼并重组的意见》（国发〔2010〕27 号）
2	2014.3	国务院	《国务院关于进一步优化企业兼并重组市场环境的意见》（国发〔2014〕14 号）
3	2016.2	国务院	《国务院关于钢铁行业化解过剩产能实现脱困发展的意见》（国发〔2016〕6 号）
4	2016.2	国务院	《国务院关于煤炭行业化解过剩产能实现脱困发展的意见》（国发〔2016〕7 号）
5	2016 年	国务院	《推动钢铁行业重组处置“僵尸企业”工作方案》（国发〔2016〕46 号）
6	2014.5	国务院	《国务院关于进一步促进资本市场健康发展的若干意见》（国发〔2014〕17 号）
7	2016.7	国务院办公厅	《关于推动中央企业结构调整与重组的指导意见》（国办发〔2016〕56 号）
8	2015.8	中共中央、国务院	《中共中央、国务院关于深化国有企业改革的指导意见》（中发〔2015〕22 号）
9	2016.2	中国人民银行、发改委、工信部、财政部、商务部、银监会、证监会、保监会	《关于金融支持工业稳增长调结构增效益的若干意见》（银发〔2016〕42 号）
10	2016.7	国资委、财政部	《企业国有资产交易监督管理办法》（国资委　财政部令第 32 号）
11	2013.1	工业和信息化部、国家发展改革委等 12 部委	《关于加快推进重点行业企业兼并重组的指导意见》（工信部联产业〔2013〕16 号）
12	2016.2	中国人民银行、发改委、工信部、财政部、商务部、银监会、证监会、保监会	《关于金融支持工业稳增长调结构增效益的若干意见》（银发〔2016〕42 号）
13	2015.8	证监会、财政部、国资委、银监会	《关于鼓励上市公司兼并重组、现金分红及回购股份的通知》（证监发〔2015〕61 号）
14	2014.10	工信部、证监会、发改委、商务部	《上市公司并购重组行政许可并联审批工作方案》
15	2014.11	人社部、财政部、国家发改委、工信部	《关于失业保险支持企业稳定岗位有关问题的通知》（人社部发〔2014〕76 号）
16	2015.2	财政部、国家税务总局	《关于企业改制重组有关土地增值税政策的通知》（财税〔2015〕5 号）
17	2015.5	国家税务总局	《国家税务总局关于资产（股权）划转企业所得税征管问题的公告》（税务总局公告 2015 年第 40 号）
18	2015.3	财政部、国家税务总局	《关于个人非货币性资产投资有关个人所得税政策的通知》（财税〔2015〕41 号）

续表

序号	发布时间	发布单位	政策名称
19	2015.2	国家外汇管理局	《国家外汇管理局关于进一步简化和改进直接投资外汇管理政策的通知》（汇发〔2015〕13 号）
20	2016.9	证监会	《关于修改〈上市公司重大资产重组管理办法〉的决定》（中国证券监督管理委员会令第 127 号）
21	2016.9	证监会	《关于加强上市公司重大资产重组相关股票异常交易监管的暂行规定》（证监会公告〔2016〕16 号）
22	2015.3	银监会	《商业银行并购贷款风险管理指引》（银监发〔2015〕5 号）
23	2016.3	国土资源部	《国土资源部关于支持钢铁煤炭行业化解过剩产能实现脱困发展的意见》（国土资规〔2016〕3 号）
24	2014.5	工信部	《工业和信息化部关于做好优化企业兼并重组市场环境工作的通知》（工信部产业〔2014〕174 号）
25	2014.12	工信部	《关于进一步优化光伏企业兼并重组市场环境的意见》（工信部电子〔2014〕591 号）
26	2014.6	最高人民法院	《关于人民法院为企业兼并重组提供司法保障的指导意见》（法发〔2014〕7 号）
27	2016.3	证监会	《上市公司并购重组审核工作规程》
28	2014.6	证监会	《非上市公众公司收购管理办法》（证监会 2014 年第 102 号令）
29	2014.6	证监会	《非上市公众公司重大资产重组管理办法》（2014 年第 103 号令）
30	2014.10	证监会	《上市公司重大资产重组管理办法》（证监会 2014 年第 109 号令）
31	2014.3	证监会	《优先股试点管理办法》（证监会 2014 年第 97 号令）
32	2012.11	证监会	《关于加强与上市公司重大资产重组相关股票异常交易监管的暂行规定》（证监会〔2012〕33 号）
33	2012.4	工业和信息化部	《关于进一步加强企业兼并重组工作的通知》（工信部产业〔2012〕174 号）
34	2012.5	国资委	《关于国有企业改制重组中积极引入民间投资的指导意见》（国资发产权〔2012〕80 号）
35	2011.11	国家工商总局	《关于做好公司合并分立登记支持企业兼并重组的意见》（工商企字〔2011〕226 号）
36	2011.6	人社部	《关于做好淘汰落后产能和兼并重组企业职工安置工作的意见》（人社部发〔2011〕50 号）

表 5-2 2014 年以来地方层面出台的部分企业兼并重组政策

序号	发布时间	政策名称
1	2016.12	《河北省人民政府关于处置“僵尸企业”的指导意见》（冀政字〔2016〕66 号）
2	2016.9	《甘肃省人民政府关于国有企业发展混合所有制经济的实施意见》（甘政发〔2016〕78 号）
3	2016.4	《省属国企出清重组“僵尸企业”促进国资结构优化的实施方案》（粤府办〔2016〕25 号）
4	2015.12	《福建省人民政府关于进一步推动企业兼并重组若干措施的通知》（闽政〔2015〕60 号）
5	2015.11	《关于做好失业保险支持企业稳定岗位工作的通知》（冀人社发〔2015〕57 号）
6	2015.4	《安徽省经济和信息化委员会关于做好优化企业兼并重组市场环境工作的通知》（皖经信产业函〔2015〕434 号）
7	2015.4	《广东省人民政府办公厅关于进一步优化企业兼并重组市场环境的实施意见》（粤府办〔2015〕30 号）
8	2015.4	《江苏省关于失业保险支持企业稳定岗位有关问题的实施意见》（苏人社发〔2015〕15 号）
9	2015.3	《北京市人民政府关于进一步优化企业兼并重组市场环境的实施意见》（京政发〔2015〕10 号）
10	2015.2	《安徽省人民政府办公厅关于进一步优化企业兼并重组市场环境的实施意见》（皖政办〔2015〕6 号）
11	2014.12	《河南省人民政府关于进一步优化企业兼并重组市场环境的实施意见》（豫政〔2014〕97 号）
12	2014.11	《青海省人民政府办公厅关于进一步优化企业兼并重组市场环境的实施意见》（青政办〔2014〕167 号）
13	2014.11	《重庆市经济和信息化委员会关于进一步推进企业兼并重组的通知》（渝经信企业〔2014〕15 号）
14	2014.8	《河北省人民政府关于进一步优化企业兼并重组市场环境的实施意见》（冀政〔2014〕84 号）
15	2014.8	《湖南省人民政府办公厅转发省经信委〈关于加快推进食品医药企业兼并重组的意见〉的通知》（湘政办发〔2014〕69 号）
16	2014.8	《广西壮族自治区人民政府办公厅关于印发进一步优化企业兼并重组市场环境实施方案的通知》（桂政办发〔2014〕81 号）
17	2014.7	《甘肃省人民政府关于进一步优化企业兼并重组市场环境的实施意见》（甘政发〔2014〕71 号）

兼并重组可以促进资源向具有优势的企业集中，优化资源配置，改善企业组织结构，从而优化产业结构。

从国家层面来看，许多文件中都提出要推进钢铁、汽车、水泥等重点行业企业兼并重组，如《关于加快推进重点行业企业兼并重组的指导意见》（工信部联产业〔2013〕16号）提出要推进汽车、钢铁、水泥、船舶、电解铝、稀土、电子信息、医药等行业的兼并重组。当前，我国这些传统行业的组织结构存在的主要问题有，产业集中度较低、企业较小且较分散，缺乏龙头企业，并且这些行业存在较为严重的产能过剩、重复建设等问题。对于这些行业，通过兼并重组，不但可以提高产业集中度，还可以促进企业的规模化经营，提高企业竞争力，培育具有竞争力的大企业、大集团，从而达到促进产业结构调整的目的。国发〔2014〕14号文件提出让一批企业通过兼并重组焕发活力，有的成长为具有国际竞争力的大企业、大集团，产业竞争力进一步增强，资源配置效率显著提高，过剩产能得到化解，产业结构持续优化。

从地方层面来看，安徽省提出的重点行业为汽车、钢铁、水泥、装备制造、石化、有色金属等，促进这些行业企业强强联合、跨地区兼并重组、境外并购和投资合作，提高产业集中度。福建省鼓励龙头企业参与兼并重组。青海省提出以电解铝、水泥、光伏、生产性服务业为重点领域，以产业发展的重点关键领域为切入点，鼓励企业通过兼并重组优化资金、技术、人才等生产要素配置，加强管理创新，实现做优做强。上海提出支持新一代信息技术、高端装备制造、生物、新能源、新材料、新能源汽车、节能环保等战略性新兴产业企业实施兼并重组，引入关键技术、核心专利、领军人才及团队，在重要领域取得突破，以示范应用带动产业发展；聚焦装备、汽车、电子信息、钢铁、石化、轻纺等先进制造业企业实施改制重组、主辅分离和国内外收购兼并，实现制造业改造转型提速。

第二，加强对企业兼并重组的财税支持。税收成本是企业并购成本的重要组成部分，降低企业兼并重组的税收成本，可以减轻企业负担。近年来，我国先后出台多项财税政策支持企业做大做强。

从国家层面看，企业兼并重组的财政政策主要有设立专项基金、财政贴息或财政补贴等。如我国每年在国有资本经营预算资金中安排一定的资金支持国有企业兼并重组。针对企业兼并重组的税收，我国采取的措施主要包括扩大企业所得税特殊性税务处理政策的适用范围，完善非货币性资产投资交易的企业所得税，完善企业改制重组涉及的土地增值税的相关规定等。如对于企业所得税，规定

“股权收购，收购企业购买的股权不低于被收购企业全部股权的50%”。对于非货币性投资，以非货币性资产对外投资确认的非货币性资产转让所得，可在不超过5年期限内，分期均匀计入相应年度的应纳税所得额。对于土地增值税，企业在进行改制重组，在整体改建、变更、合并、分立时，只要符合规定，可暂不征收土地增值税。

从地方层面看，各地方政府在加强财政资金支持的同时积极落实国家税收优惠政策。如安徽省设立产业并购基金，并交由专门的投资机构管理。广东省提出，按国家相关规定，对企业兼并重组涉及的资产评估增值、债务重组收益、土地房屋权属转移等给予税收优惠；落实国家关于企业重组业务企业所得税处理、增值税、营业税等的减免政策。河北省鼓励各级财税部门加大支持力度，并积极落实国家税收政策，按国家规定落实企业兼并重组涉及的非货币性资产投资交易的企业所得税、增值税、土地增值税、特殊性税务处理等税收政策。四川省提出对被兼并重组企业的煤矿安全改造、技术改造等项目优先安排财政投资补贴或贴息资金。落实国家对企业兼并重组涉及的资产评估增值、债务重组收益、土地房屋权属转移等给予的税收优惠政策。为保障兼并重组后各地区的利益，共享兼并重组成果，各地可支持兼并重组企业在被兼并企业原注册地设立子公司；在不违背国家有关法律和政策规定的前提下，地区间可根据企业资产规模和盈利能力等因素，签订企业兼并重组后的财税利益分成协议。

第三，不断拓宽企业兼并重组融资渠道。融资难、融资手段单一是我国企业兼并重组过程中面临的主要问题之一。我国通过不断完善多层次资本市场、拓宽信贷融资渠道等方式解决企业资金难题。

从国家层面看，采取的主要措施有完善多层次的资本市场，强化并购贷款，设立专项资金支持企业兼并重组，完善兼并重组贷款的风险防控体系等政策，提高对企业兼并重组的金融服务水平等。如《关于金融支持工业稳增长调结构增效益的若干意见》提出，从加强货币信贷政策支持、营造良好的货币金融环境，提高资本市场、保险市场对工业企业的支持力度，推动工业企业融资机制创新，促进工业企业兼并重组，支持工业企业加快“走出去”。《上市公司收购管理办法》明确规定，上市公司可用定向发行可转换债券作为兼并重组支付方式。银监会发布修订后的《商业银行并购贷款风险管理指引》（银监发〔2015〕5号），提出并购交易价款中并购贷款所占比例不应高于60%，并购贷款期限一般不超过7年，比例和期限较以前有所提高。

从地方来看，广西壮族自治区鼓励金融机构加强服务，支持设立并购基金，充分发挥资本市场的作用。河北省提出改善金融服务，优化信贷服务，拓宽市场融资。青海省鼓励商业银行对兼并重组企业实行综合授信，引导商业银行探索开展商标权、专利权、股权质押以及产业链融资等金融创新，鼓励采取银团贷款方式，合理分散信贷风险；运用信托计划、委托贷款等方式扩大兼并重组的资金来源。北京市落实国家关于兼并重组企业所得税特殊性税务处理、非货币性资产投资交易的企业所得税、企业改制重组涉及的土地增值税等支持企业兼并重组的财税政策；降低收购股权（资产）占被收购企业全部股权（资产）的比例限制；对通过合并、分立、出售、置换等方式，转让全部或者部分实物资产以及与其相关联的债权、债务和劳动力的企业，不征收增值税和营业税。山东省支持符合条件的兼并重组主体企业上市融资，支持兼并重组主体企业通过发行债券、股权转让等融资方式筹集发展资金。山东省对符合国家产业政策和相关条件的煤矿企业兼并重组项目，各类金融机构要按照安全、合规、自主的原则，积极提供相应的授信支持和配套金融服务。鼓励省内商业银行设立煤矿企业兼并重组专项贷款资金，加大信贷支持力度。

第四，针对不同行业进行分类指导。不同行业具有不同的发展特点，产业集中度、龙头企业规模等都存在显著差异，我国对不同行业的兼并重组实施不同的引导措施。

从国家层面看，我国政府发布文件将汽车、钢铁、水泥、船舶、电解铝、稀土、电子信息、医药等行业列为重点行业，进行分类指导，并针对各行业自身特点和发展趋势，以及企业实际情况，分别提出各行业的产业集中度与龙头企业规模指标。如汽车整车企业重点推动横向兼并重组，实现规模化发展；汽车零部件企业重点推进其与下游整车企业的战略合作，实现专业化分工和协作化生产；大型汽车企业与相关服务企业兼并重组，实现制造业和服务业融合发展。我国专门制定了《国务院关于钢铁行业化解过剩产能实现脱困发展的意见》，鼓励有条件的钢铁企业实施跨行业、跨地区、跨所有制减量化兼并重组，重点推进产钢大省的企业实施兼并重组，退出部分过剩产能。

从地方层面看，山东省积极推进钢铁企业兼并重组，培育以大型钢铁企业集团为主体、中小型钢铁企业集团相配套的现代钢铁行业体系，目标是组建淄博、潍坊、莱芜、临沂、滨州五个区域性钢铁集团。安徽省针对汽车行业提出支持引进先进技术和战略投资者，做强做精产品，支持骨干零部件企业参与核心基础零部件、关键基础材料研发生产；支持骨干企业开展跨国并购，布局并完善全球生产和服务网络，提升国际化经营能力；逐步建成国内规模最大的自主品牌汽车及核心零部件创新发展基地。河北省针对钢铁行业，支持河北钢铁集团开展跨地区、跨所有制兼并重组，打造成为具有较强国际竞争力的特大型钢铁企业集团，培育 3~5 家具有较强实力和明显竞争优势的大型钢铁企业集团；针对石化行业，支持石家庄炼化、华北石化、峰峰煤化工、开滦煤化工、旭阳煤化工、唐山三友等大型企业，围绕延伸产业链条，推进石油化工、煤化工、盐化工企业兼并重组，建设大型循环化工基地，促进石化产业调结构、上水平；针对装备制造行业，围绕交通装备、能源装备、工程装备、专用设备和基础产品等重点领域，以长城汽车、保定天威、中航惠腾、山船重工、唐山轨道客车、河北宣工等大型企业为龙头，支持企业兼并重组，形成一批大型装备企业集团和特色产业集群。

第五，破除企业兼并重组体制机制障碍。企业在兼并重组过程中会遇到一些体制机制上的障碍，如跨区域企业兼并重组难度较大等。为此，我国不断完善企业兼并重组服务管理体系，消除制约企业兼并重组的体制机制障碍。

从国家层面看，采取的主要措施有完善市场体系，坚持市场化运作，深化要素的市场化改革，依据企业的意愿，引导企业自主开展兼并重组；清理和修改各种不利于企业兼并重组的政策、规定和做法；探索跨地区企业兼并重组的利益共享机制，清除跨区域兼并重组的制度障碍，清理市场分割、地区封锁等限制，加强专项监督检查，落实责任追究制度。加大一般性转移支付力度，平衡地区间利益关系。落实跨地区机构企业所得税分配政策，协调解决企业兼并重组跨地区利益分享问题，解决跨地区被兼并企业的统计归属问题。放宽民营资本的市场准入，加快垄断行业改革，逐步向民营资本开放非明确禁止进入的行业和领域，发展混合所有制经济，支持国有企业母公司通过出让股份、增资扩股、合资合作等方式引入民营资本。

从地方层面看，北京主要的做法有推进本市价格等要素配置市场化改革，进一步加强反垄断和反不正当竞争执法，规范市场竞争秩序，加强市场监管，促进公平竞争和优胜劣汰；建立本市消除市场封锁、打破行业垄断的工作机制，集中清理在市场经济活动中实行地区封锁的政策和规定，消除跨地区兼并重组障碍，重点支持企业在京津冀区域实施兼并重组；向民营资本开放垄断行业的竞争性业务领域。安徽省的做法主要是不断放宽民营资本市场准入，探索建立企业投资准入负面清单制度，支持民营资本参与交通、水利、电力、石油、天然气、电信等行业和领域兼并重组，争取做到平等准入、放手发展。广东的做法主要是加强服务和管理，完善社会化服务体系，优化政务服务、规范企业兼并重组行为；完善企业兼并重组的体制机制，完善市场监管机制、消除跨地区兼并重组障碍、放宽民营资本准入、深化国有企业改革。江苏支持民间资本以股权认购、参与改制重组、开展合资合作等方式参与国有企业股权多元化改革；鼓励民营资本通过兼并重组等方式加快进入垄断行业的竞争性业务领域；在不违背国家法规政策的前提下，地区间可根据企业资产规模和盈利能力，签订企业兼并重组后的财税利益分成协议；跨地区兼并重组相关企业所在地人民政府可在充分协商的基础上，妥善处理经济总量、利税、利润等统计数据的归属问题，实现企业兼并重组成果共享，同一区域企业间的兼并重组，可以合并各类统计报表；破除市场分割和地区封锁。

（二）国内企业兼并重组现状

1. 总体情况

总体来看，近年来，我国企业兼并重组整体上呈活跃态势（见图 5-1）。2016 年虽然较 2015 年有所回落，企业兼并重组的数量和金额总体呈上升趋势。2016 年，我国境内企业兼并重组数量为 2087 起，并购金额达 12017 亿元。

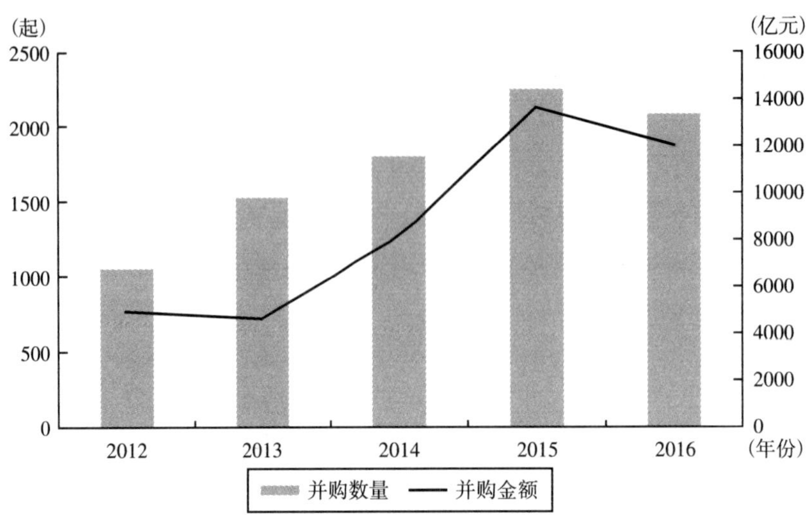

图 5-1 2012~2016 年我国企业兼并重组概况

资料来源：根据 Wind 数据库相关数据绘制。

从地域分布来看，企业兼并重组情况存在显著地域差异（见表 5-3）。对于我国来说，地域辽阔，地区之间的资源禀赋差异显著，由于我国改革开放后实施的是非均衡发展战略，所以各地区之间的经济发展极不均衡，各地区的投资环境也存在显著差异。一般来说，广东、北京、上海等经济较为发达地区的投资环境不断优化，对投资的吸引力也较大。并购交易的活跃程度与区域的经济发展程度密切相关。2016 年，在全国六个区域中，华东地区和中南地区并购数量和金额

表 5-3 我国企业兼并重组区域分布

区域	2013 年		2014 年		2015 年		2016 年	
	数量（起）	金额（亿元）	数量（起）	金额（亿元）	数量（起）	金额（亿元）	数量（起）	金额（亿元）
华东	727	2183.56	1284	5358.16	1837	8350.88	1487	7855.42
西北	75	337.82	149	908.77	183	900.47	128	1107.47
中南	517	2191.58	863	2371.87	1299	5884.62	942	4739.01
西南	207	590.79	247	917.19	323	1512.61	225	1335.36
东北	81	425.26	151	849.33	189	1340.86	110	707.11
华北	345	2256.47	653	4118.84	878	5294.24	625	4081.20

资料来源：Wind 数据库。

分别居第一、第二位，这两个区域的并购数量分别为1487起和942起，并购金额分别为7855.42亿元和4739.01亿元。

企业兼并重组涉及的行业日趋广泛。目前已经包括机械设备仪表、农林牧渔、批发和零售业、电子、信息技术、金属非金属、采掘业、房地产业、金融保险业、建筑业等诸多行业，但无论是从交易数额还是从交易金额来看，不同行业并购的交易数量和交易金额都存在明显差异，且并购仍然集中于几个行业之中。其中，2016年，工业领域的兼并重组数量为698起，并购金额为4912.3亿元。在工业行业中，机械领域的并购位居第一，并购数量和金额分别为175起和1781.5亿元；居第二位的是电气设备领域，并购数量和金额分别为152起和755.9亿元。

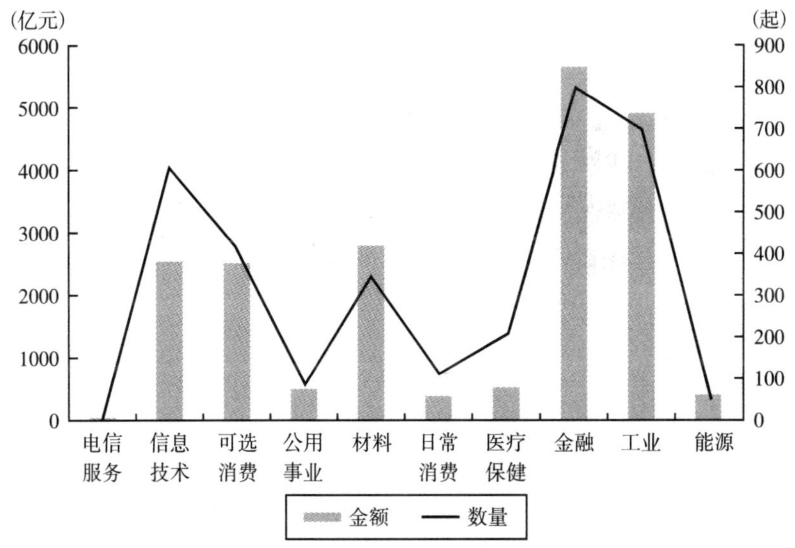

图5-2 2016年兼并重组的行业分布情况

资料来源：根据Wind数据库相关数据绘制。

从并购重组形式的角度来看，我国当前并购重组的形式主要有二级市场收购、发行股份购买资产、取得公众公司发行的新股、股权划拨、吸收合并、协议收购、要约收购、增资和资产置换9种形式。2016年通过以上9种形式进行资产交易的上市公司分别有8家、409家、1家、0家、7家、128家、1家、18家和8家。其中，使用最多的方式是通过发行股份购买资产，所占比重达到了70.5%。

2. 主要特征

第一，互联网企业不断引领跨界融合。当前，我国经济结构进入深度调整期，随着技术的迅猛发展，尤其是信息技术的广泛应用，产业间的界限日渐模糊。许多企业为了扩大生存空间，将发展领域延伸到其他行业，因此跨界融合成为企业并购的重要趋势，新兴产业之间、传统产业之间、新兴产业与传统产业之间的并购不断增加，其中最为显著的是以互联网为纽带向其他领域的渗透，促进了“互联网+传统行业”的融合。2015 年，我国明确提出实施“互联网+”行动计划，移动互联网、云计算、大数据、物联网等加快与制造业的融合。

一方面，互联网企业积极寻求与传统企业合作；另一方面，传统企业积极拥抱“互联网+”。随着大数据、云计算、移动互联网的发展，传统企业积极运用互联网思维，利用互联网工具。如阿里巴巴、百度、腾讯、乐视等互联网企业已开始筹划与大型汽车制造企业合作，开发互联网智能汽车。上汽与阿里巴巴共同宣布，将合资设立 10 亿元的“互联网汽车基金”，并组建合资公司，专注互联网汽车的技术研发；腾讯与富士康、和谐汽车签订战略合作框架协议，联手打造互联网智能电动车；百度联合广汽开发互联网汽车。

第二，并购热点逐步由传统行业转向新兴行业。目前，我国要推进产业结构调整，不仅要大力发展新兴产业，还要注重对传统产业的改造，加快传统产业的升级换代。而我国许多行业的产能过剩问题较为严重，产业转型压力很大。新兴产业对经济的带动作用逐渐增强。许多企业在进行并购时倾向于选择新兴产业企业，如生物医药、清洁技术、TMT 等领域的企业作为并购目标。对于传统行业企业来说，面对产能过剩和资源环境约束的趋紧，希望并购新兴行业来实现优质资产的整合、实现转型。2016 年，信息技术领域的并购数量在各行业中位居前列。

第三，国有企业重组积极推进，民营企业发挥的作用越来越重要。深化国有企业改革是经济体制改革的重点任务。我国提出要大力推进国企改革，积极推动中央企业结构调整和重组。央企在兼并重组中，不断探索企业重组整合的有效模式和有效做法，积极探索专业化重组，积极探索企业内部资源整合。

2015 年，出现了较为典型的几起重组。如南车、北车完成合并，更名为中国中车；经国务院批准，中国电力投资集团公司与国家核电技术公司联合重组，成立国家电力投资公司。从地方来看，如江西省全面完成了凤凰光学、昌河汽车、直升机公司、中江地产和江钨5大集团的战略重组。2016年，国企改革不断深入落实，国资委积极推动了中储粮总公司与中储棉总公司、中粮集团与中纺集团、宝钢与武钢、中国建材与中材集团、港中旅集团与国旅集团5对10家中央企业的重组整合，至此，国资委监管的企业数量已减少至102家。

我国央企重组的思路可以归纳为以下几点：一是以一流的企业为标杆。适应新常态，加快培育一批具有国际竞争力的大企业。如中国远洋海运重组前，中国远洋和中国海运在行业中分别排名世界第六和第八，重组后的中国远洋海运在综合运力、干散货、油轮和杂货特种船队运力规模方面均排名世界第一。二是推动产业转型。中央企业间产业重组整合可促进结构调整转型升级，有利于促进优势互补、突破瓶颈制约，扩大有效供给，推动行业转型升级。三是注重协同效应的发挥，提升效率。产品结构较为相似的中央企业之间进行整合，可以减少重复投入，降低成本。如中国建材与中材集团在水泥、玻璃纤维等领域的业务是重合的，这两家企业的强强联合可以减少恶性竞争，还可以实现建材产业链的优势互补。宝武集团成立后，可以减少投资约400亿元，减少新建钢铁产能约1000万吨。

民营经济和中小企业是我国经济发展的重要支撑力量。我国中小企业是我国就业的重要渠道，是创新发展的主力军。国家着力解决融资贵、负担重等问题，促进中小企业和民营经济的发展，民营经济在并购市场中发挥越来越重要的作用，所占的比例迅速上升。

第四，产能过剩行业重组初见成效。当前，我国钢铁、煤炭等传统行业产能过剩情况严重，企业经营困难。兼并重组不仅是化解过剩产能的有效手段，还可以创新企业运营模式，提升企业竞争力。产能过剩行业的企业兼并重组主要是以结构调整为主线，紧紧围绕去产能，推进供给侧结构性改革。

以钢铁行业为例，一直以来，我国钢铁企业“散小乱弱”等问题日益凸显，产能过剩严重，为此，我国提出2016~2020年要化解粗钢产能1亿~1.4亿吨。所以，目前及未来的一段时期内，钢铁行业发展的主导方向由盲目扩张转变为兼并重组，通过重组化解部分过剩产能。我国已经出台大量文件促进钢铁行业的兼并重组，促进“僵尸企业”的出清。如当前较为典型的重组是宝钢和武钢的重组，成立了中国宝武钢铁集团有限公司，武钢作为全资子公司整体无偿划入，这两家企业联合之后，将成为全球第二、我国第一的钢铁企业，大大减少了产能。2017 年，我国要处置“僵尸企业”约 300 家。所以，兼并重组仍将是这些行业发展的重要主题。

（三）并购基金问题

并购基金是企业并购重组重要的资金来源。一般而言，并购基金专注于从事企业并购投资，以控股的方式投资处于稳定增长期的企业，通过对其进行整合、重组，改善企业的经营状况，通过上市、专售等退出机制出售所持股份。其运作模式是以参股或控股的方式收购标的项目的股权，控制目标公司，然后对其进行一系列的业务整合、资源重组，提升公司价值，最终将所持目标公司股权在适当的时机出售退出，从而获得丰厚的增值收益。目前，我国并购基金发展仍较为滞后，在一定程度上影响了企业兼并重组的活跃度。

1. 我国并购基金运行的特点

近年来，我国并购基金出现爆发式增长。但总体来看，相对于西方发达国家，我国并购基金市场发展仍不成熟，处于萌芽阶段，但是未来发展潜力无限。当前，我国加大了化解过剩产能的力度，许多资本已逐步从产能过剩产业中撤出，就有可能更加关注各行业企业之间的并购重组。而且从上述内容可知，我国企业兼并重组的市场环境不断优化，国家鼓励企业的并购重组，为我国资本市场上的并购基金带来巨大的投资机遇。

2016 年，我国 PE/VE 并购基金的规模超过 1 万亿元。数十家上市公司成立并购基金，总金额达到数百亿元，其种类多为特定产业的并购基金。2017 年 2 月，证监会发布了《发行监管问答——关于引导规范上市公司融资行为的监管要求》，对《上市公司非公开发行股票实施细则》部分条文进行了修订，此次再融资新规将对定增或并购投资产生一定影响。

并购基金的特征主要表现为以下几个方面：一是高收益伴随着高风险。并购基金通过对目标企业进行资产整合重组，发现和创造其价值，等到其盈利提升时选择时机转让股权，从而实现一定的投资收益。同时，因为并购基金对目标企业进行改造是需要一定时间的，在这个过程中通常存在一定的不确定性和较高的投资风险。二是并购基金的资金来源方面，主要是私募资金、债券融资、银行贷款和个人投资者，一小部分来源于自有资金。三是并购基金对目标企业进行投资时多选择权益型投资方式，在目标企业的经营管理上可以拥有一定程度的决策权，很少涉及债券投资。四是并购基金的投资对象一般会选择符合国家产业政策、现金流较为稳定和价值被严重低估的公司。五是并购基金的机构设置方面，通常采用具有较高的投资管理效率及可以规避双重征税的有限合伙制公司组织形式。六是并购基金投资退出的方式一般选择对目标企业 IPO、股权转让、兼并收购和管理层回购等方式。

从并购基金协议内容来看，根据上市公司和 PE 机构的出资比例、权利条款、退出渠道和收益分配方式等，“上市公司+PE”型并购基金可以划分为五种主流的运作模式。

第一种，PE 机构作为基金管理人和有限合伙人，出资比例为 1%~2%，剩余资金由上市公司筹集。上市公司在收购中需要投入大量资金，在并购项目中具有较大的决策权利，在投资退出时有获得收益的可能。并购基金规模较小，发挥的杠杆作用较小。

第二种，PE 机构作为基金管理人和有限合伙人，出资比例为 1%~10%，上市公司作为管理合伙人出资比例为 10%~30%，剩余资金由 PE 机构从他处募集。这种基金机构可以利用其资金募集与基金管理方面的优势全面负责并购基金运作，上市公司出资资金比例较高，负责对剩余募集资金提供背书，不需要对资金进行管理。但是，上市公司需投入大量资金，可能对其资金流产生影响。

第三种，上市公司与基金机构合伙建立投资基金管理公司，再由投资基金管理公司成立并购基金，上市公司出资比例为 20%~30%，其余资金二者共同负责募集。上市公司和基金机构可以获得管理费和部分收益。但是，上市公司需要募集资金，可能面临双重课税的问题。

第四种，PE 机构的出资比例为 30%，上市公司出资比例在 10%以下，其余的资金由 PE 机构从其他有限合伙人那里募集。上市公司可以投入较少的资金，但是应具有非常优质的资产。PE 机构需要有较高的资金募集能力。

第五种，PE 机构出资比例为 10%以下，上市公司作为有限合伙人出资比例为 10%~20%，结构化投资者出资比例在 30%以上，其余资金从其他有限合伙人处募集。并购基金的结构化资金比例较高，资金成本较低以及杠杆效应明显。上市公司需要对结构化资金提供抵押或者担保，优先级投资者的内部审核程序期限较长，会影响并购基金的运作效率。

2. 美国并购基金发展对我国的借鉴意义

在美国，企业并购基金非常发达，对于推动美国企业兼并重组、提升竞争能力、促进产业优化升级起到了重要作用。其主要特征表现在以下几个方面：

融资渠道多元化。从美国的经验来看，杠杆收购的融资来源主要有优先债务、夹层债务和权益融资。优先债务一般来自商业银行、财务公司和保险公司；夹层债务来自夹层债务基金、机构投资者、保险公司和投资银行；权益融资的来源为杠杆收购公司、目标公司的管理层和夹层债务的股权酬金。其中，养老基金、保险基金、商业银行资金等机构投资者是私募股权并购基金最重要的长期资金提供者。如 21 世纪初，凯雷集团的资金结构中，约 85%来自公共养老基金、金融机构和高资产人士，约 15%来自企业养老基金、捐赠和慈善基金。

以有限合伙制为主要组织形式。美国并购基金的组织形式多为有限合伙制，目前 80%的并购基金都采取这种形式。这一组织形式要签订一个长达 2 万多册的有限合伙协议，这一协议明确地规定了所有的权利和义务，如合伙人的进入、退出、信息披露、投资额的限制、基金经理的责任等。该组织形式的激励和约束机制较其他方式而言更为有效，将公司制的优点和合伙制的优点有机结合，可提高资金的运行效率。如科尔伯格—克拉维斯、黑石、红杉资本均采用这一组织形式。

不断健全监管机制。美国对并购基金的监管的法律体系完备，主要由《证券市场促进法》《证券法》《证券交易法》《投资顾问法》《多德—弗兰克华尔街改革与消费者保护法案》等组成。这些法律中的相关规定构成了一个监管网络，并建立了全方位的监管体系，该体系将行业监管与专业机关（证券交易委员会）监管结合在一起。在美国政府的主导下，成立注册会计师协会、全美创业投资协会等民间专业监管组织，对基金的发起、场外交易、信息披露等情况进行全面的监督。

退出机制多样化。公共政策对退出进行引导，如美国下调了长期资本利得税税率，对“谨慎人”条款进行修订。资本市场发达。美国形成了多层次的资本市场，如纽约和纳斯达克交易所等全国性的市场，太平洋交易所等地方性的柜台交易市场和场外交易市场。而且上市标准多元化，使各类企业均有机会上市融资。这保障了退出渠道的畅通。法律法规的保障。如对协议范本公开，降低系统性风险，便于监管。20 世纪七八十年代，美国私募股权并购基金主要以 IPO 和企业间的兼并收购等方式退出，之后转变为以 IPO 为主。20 世纪 90 年代，有 55%以上的项目通过 IPO 实现了资产变现从而成功退出。第五次并购浪潮期间，又转变为主要以兼并收购退出方式为主。

我国并购基金的发展仍处于初级阶段，可以在以下一些方面借鉴美国等国家的经验，以实现更好的发展。

拓宽融资渠道。从美国的并购基金发展历程可以看到，养老基金、保险公司等机构投资者是并购基金的主要来源。目前，我国机构投资者发展较为缓慢，不能有效促进我国并购基金发展。所以，首先，要引导保险资金、信托基金等资金的介入。应适当放松对其的管制，放宽投资方向。其次，允许商业银行全面参与。为并购基金提供多元化债务融资，创新与并购基金的合作模式。最后，引导社会闲置资金进入，提高资金利用效率。

完善对并购基金的监管。美国对并购基金监管历史长、经验丰富，是监管较为成功的国家。我们可参照美国的监管理念、思路和手段，加强对我国并购基金的监管。首先，完善相关法律法规。不断完善《投资基金法》《破产法》等针对并购基金的相关规定。其次，完善监管体系。不但要加强政府监管，也要发挥行业自律监管的作用，建立起多部门参与的统一监管体系，形成有效的监管框架。再次，明确监管范围。政府主要加强对基金管理人的资质、基金募集过程是否规范、信息的披露、投资者权益的保护、违规者的处罚与公示等方面的监管。最后，坚持市场化的发展方向。要以市场为导向，遵循基金业市场化发展的客观规律，政府不应过多干预。

建立多层次退出机制。建立多层次的资本市场。美国资本市场规模庞大，分层体系完备，既有全国性的市场，又有区域性的、小型的地方交易市场，可以满足不同规模企业的需求。我国也应该逐步建立层次结构合理的多层次资本市场体系。完善主板、中小板等市场，完善产权交易市场。健全中介服务体系。完善律师事务所、资产评估机构、会计事务所等中介机构的发展环境，健全监督机制，提高从业人员的素质，不断提高服务水平和服务质量。

（四）我国企业兼并重组存在的主要问题

我国企业兼并重组虽然取得了一定的成效，许多行业的产业集中度有了一定的提升，促进了产业结构的转型升级。但企业兼并重组仍面临着诸多的挑战。

第一，企业兼并重组融资存在一定困难。在企业兼并重组过程中，资金短缺问题成为重要“瓶颈”之一，一些规模较小的企业尤其是民营企业融资更为困难。主要表现为以下几个方面：

从并购贷款来看，企业若要得到贷款，就需要满足一定的条件，企业信用状况、财务状况需要进行严格审查，有时会约定限制性条款，往往是规模大、效益好的企业可以跨过这些门槛。美国银行业在企业并购业务中占有较大的比重，从融资占比上看，商业银行的信贷占比达到 20%，而我国并购贷款占比较低。

我国资本市场尚不健全，企业融资工具单一。如增发新股融资只适用于实力雄厚、业绩良好的已经上市或具备上市条件的股份公司。证监会一直在积极地拓宽融资渠道，支持引入定向可转债、优先股作为支付工具，支持财务顾问提供并购重组过桥融资，支持并购基金等创新工具发展。但是这些工具的作用未得到充分发挥。

第二，跨地区、跨所有制企业兼并重组仍存在一定障碍。跨地区兼并重组的障碍并未完全消除。跨地区企业兼并重组由于涉及地方的利益、就业等问题从而协调难度较大。利益分配矛盾成为影响并干扰企业并购的主要障碍，如果被重组企业是地方政府财政收入的主要依靠，或者是就业的主要来源，当地政府往往对并购行为不支持。不同所有制企业之间的兼并重组仍困难重重。尤其是民营企业兼并重组国有企业。虽然我国放宽了一些民营资本进入的领域，如铁路、电信、能源等领域，但是在特定领域，国有企业已形成垄断，而民营资本的进入会打破原有的利益格局，而且在许多领域，民营资本介入存在着政策、法律等限制，所以民营资本的进入面临着“玻璃门”“弹簧门”等障碍。

第三，企业兼并重组部分政策有待进一步落实。到目前为止，我国发布了一系列促进企业兼并重组的政策，既有国家部门发布的，也有地方政府出台的，企业兼并重组政策的出台和完善可以缓解企业兼并重组面临的问题，但是由于部分政策未得到真正的落实，政策的效应尚未能充分显现。一是虽然当前的企业兼并重组政策体系较为完善，但许多企业对于政策并不了解，在兼并重组中并未享受到政策所带来的便利。二是企业对相关政策的理解不够、运用不足。很多企业对政策缺乏敏感性，认识不透彻，未能恰当运用，不会通过相应部门解决兼并重组过程中遇到的问题。或者有些企业在兼并重组中对一些政策运用不当。

第四，中介机构的专业服务能力有待进一步提高。中介机构如投资银行、会计师事务所、律师事务所等通过提供专业化的服务，在降低交易成本、对目标企业进行评估、提供风险管理、提供必要的法律支持等方面对企业兼并重组起着基础性的作用。但是，我国中介机构在企业兼并重组中并未充分发挥作用。我国中介机构发展时间较短，本身不完善，缺乏必要的专业人才，所以，我国中介机构虽然参与企业的兼并重组，但是能为企业提供专业服务的机构有限。

（五）对策建议

第一，进一步拓宽企业融资渠道。鼓励商业银行扩大并购贷款规模，适当延长贷款期限；充分发挥多层次资本市场作用，充分发挥证券市场、产权市场等的作用，完善各交易中心的融资和价值发现功能；支持证券公司、股权投资基金等向企业提供直接投资、过桥贷款、委托贷款等融资支持；支持符合条件的企业通过发行股票、债券、可转换债等方式，为兼并重组融资；积极拓展并购基金和多元化债券产品（如高收益债券、定向可转债等），发挥并购基金在拓宽兼并重组融资渠道、提供咨询、组织社会资金进行并购投资等方面的作用。

第二，进一步消除跨地区，跨所有制企业兼并重组的制度障碍。一是建立科学的考核制度。对于地方政府而言，地区生产总值是考核地方政府官员政绩的主要指标，为了追求本地区产值的增长，政府官员难免会干预本地区企业兼并重组或限制跨区域的兼并重组。所以应在考虑产业结构调整、经济发展方式转变等因素的基础上建立科学的政绩考核体系。二是理顺利益分配关系。对于并购后企业的税收及统计数据归属等问题，地区间可根据企业资产规模和盈利能力等因素，签订企业兼并重组后企业的财税利益分成协议。三是降低民营资本的准入门槛，鼓励和引导民间资本重组联合和参与国有企业改革。

第三，积极落实各项相关政策。我国先后出台了一系列支持企业兼并重组的政策措施，包括财税、金融、土地等政策，各地方政府应认真落实这些政策，并结合本地实际，出台相应的具体措施，并将兼并重组与企业的技术改造、管理创新、淘汰落后产能结合在一起。要加强兼并重组相关职能部门工作的协调配合，加大对地方落实政策的督查力度，保证各项政策措施落实到位。充分发挥企业兼并重组部际协调小组作用，有关部门加强工作沟通，共同推进。加强将相关政策对企业进行宣传和解读。

第四，积极培育相关中介结构。应培育一批兼并重组专业化中介、咨询机构。引导中介机构的发展，使其在并购发起、融资安排到价格确定等方面发挥作用。引导中介机构向规模化、网络化、品牌化、规范化方向发展，建成一批门类齐全、结构合理、市场活跃程度高、具有知名品牌效应的中介机构。加强政府的规范和引导，进一步完善与中介机构相关的法律法规及其管理机制，规范中介机构的行为，加强市场监管，为中介机构的发展创造良好的法制环境；严格执行行业转入、资格认证等制度，加强对中介机构的监管；充分发挥中介行业协会在监管、审核、培训、信誉评价、法规宣传等方面的作用，确保中介机构间形成良好的竞争环境。落实财税等支持政策，支持中介组织提升业务水平，加强人才团队与行业组织建设。

第五，政府做好服务和指导工作。政府应做好对企业兼并重组的指导和服务，落实完善政策措施，指导企业制订方案、防范风险和重组整合。探索重大企业兼并重组政府购买专业服务的方式，加强对企业兼并重组的服务支持，帮助减轻企业负担。可以考虑采用政府购买服务等方式对重大兼并重组项目产生的中介服务费用进行补助。应完善对重大兼并重组项目的管理，健全协调机制。进一步健全行政审批制度，缩短审批时间，优化审批流程，同时加强对企业并购不合规行为的监管。

三、我国企业“走出去”问题分析

自实施“走出去”战略以来，我国企业“走出去”步伐明显加快，海外并购的规模不断扩大，领域不断拓宽，逐步形成了全方位、多领域、多层次的海外并购格局，促进了产业布局优化、企业竞争力的提升。但目前我国企业在“走出去”过程中仍面临着许多困难和挑战，仍存在着非理性投资。所以，应进一步完善相关政策环境，提高我国企业的国际竞争力。

（一）我国企业“走出去”战略的形成与发展

从宏观层面来看，“走出去”主要指通过进一步扩大对外开放，利用国内国外两个市场和两种资源，更大程度地参与国际分工和国际市场竞争，实现国民经济可持续发展。我国鼓励和支持企业扩大对外投资，开展国际化经营，提高企业国际竞争力。

“走出去”战略的形成和发展是一个逐步发展的过程，具体来看，这一战略的发展可以分为以下几个阶段：

第一阶段来自于邓小平的对外开放的思想。邓小平同志在深刻总结我国经济社会发展的历史经验教训的基础上，提出对外开放应是我国的基本国策，并首次阐述了对外开放的科学内涵。邓小平同志曾指出，“不坚持社会主义，不坚持改革开放，只能是死路一条”，“经验证明，关起门来搞建设是不能成功的，中国的发展离不开世界”。党的十一届三中全会明确提出，“在自力更生基础上，积极发展同世界各国平等互利的经济合作”。所以，我国“走出去”战略提出的理论基础是邓小平同志对外开放的思想。

第二阶段是“走出去”战略的正式提出。江泽民同志在总结我国对外开放的历史经验的基础上，将“走出去”确定为我国发展的重要战略。1992 年，他在党的十四大报告中提出，“积极扩大我国企业的对外投资和跨国经营”。在党的十五大上提出，“更好地利用国内国外两个市场、两种资源，积极参与区域经济合作和全球多边贸易体系，鼓励能够发挥我国比较优势的对外投资”。1997 年，首次明确了将“引进来”和“走出去”作为我国对外开放的基本方针。2000 年，“走出去”战略上升为国家战略层面，我国要努力在利用国内外两种资源、两个市场方面有新突破，鼓励发挥我国比较优势的对外投资，扩大经济技术合作的领域、途径和方式，支持有竞争力的企业跨国经营，到境外开展加工贸易或开发资源，并在信贷、保险等方面给予帮助。2001 年的《国民经济和社会发展第十个五年计划纲要》把“走出去”战略与西部大开发战略、城镇化战略、人才战略并称为“四大新战略”，提出“鼓励能够发挥我国比较优势的对外投资，扩大国际经济技术合作的领域、途径和方式。继续发展对外承包工程和劳务合作，鼓励有竞争优势的企业开发境外加工贸易，带动产品、服务和技术出口。支持到境外合作开发国内短缺资源，促进国内产业结构调整和资源置换。鼓励企业利用国外智力资源，在境外设立研究开发机构和设计中心。支持有实力的企业跨国经营，实现国际化发展。健全对境外投资的服务体系，在金融、保险、外汇、财税、人才、法律、信息服务、出入境管理等方面，为实施‘走出去’战略创造条件。完善境外投资企业的法人治理结构和内部约束机制，规范对外投资的监管”。2002 年，在党的十六大报告中，江泽民同志提出，“坚持‘走出去’与‘引进来’相结合的方针，全面提高对外开放水平”。

第三阶段是“走出去”战略不断深化实施。2003 年 10 月，党的第十六届三中全会通过的《关于完善社会主义市场经济体制的若干重大问题的决定》指出，“继续实施‘走出去’战略……‘走出去’战略是建成完善的社会主义市场经济体制和更具活力、更加开放的经济体系的战略部署，是适应统筹国内发展和对外开放的要求的，有助于进一步解放和发展生产力，为经济发展和社会全面进步注入强大动力”。之后，胡锦涛同志又陆续做出一系列重要指示，推进“走出去”战略的实施，强调对该战略的实施要务求实效，既要促进该战略的深化实施和快速实施，又要保证该战略在实施过程中的稳妥性和质量标准。

第四阶段是当前发展时期。2010 年，时任国家副主席习近平在谈及对非投资时提出，中资企业要逐步完善“走出去”的产业布局。党的十八大明确提出，加快“走出去”步伐，增强企业国际化经营能力，培育一批世界水平的跨国公司。2012 年党的十八大报告提出，要全面提高开放型经济水平。适应经济全球化新形势，必须实行更加积极主动的开放战略，完善互利共赢、多元平衡、安全高效的开放型经济体系。加快“走出去”步伐，增强企业国际化经营能力，培育一批世界水平的跨国公司。2013 年 7 月，国务院办公厅发布了《关于金融支持经济结构调整和转型升级的指导意见》，大力支持企业“走出去”。2013 年，习近平总书记提出了“丝绸之路经济带”和“21 世纪海上丝绸之路”倡议。党的十八届三中全会提出，加快同周边国家和区域基础设施互联互通建设，推进“丝绸之路经济带”“海上丝绸之路”建设，形成全方位开放新格局。习近平总书记提出“构建‘一带一路’互利合作网络，共创‘一带一路’新型合作模式，打造‘一带一路’多元合作平台，推进‘一带一路’重点领域项目，推动‘一带一路’建设向更高水平、更广空间迈进”。

党的十八届三中全会提出要构建开放型经济新体制，提出适应经济全球化新形势，必须推动对内对外开放相互促进、“引进来”和“走出去”更好地结合，促进国际国内要素有序自由流动、资源高效配置、市场深度融合，加快培育参与和引领国际经济合作竞争新优势，以开放促改革。2015 年以来的这几年间，我国相继发布《国务院关于推进国际产能和装备制造合作的指导意见》《推动共建丝绸之路经济带和 21 世纪海上丝绸之路的愿景与行动》《中共中央　国务院关于构建开放型经济新体制的若干意见》等。

（二）我国企业“走出去”环境分析

1. 国际环境

国际金融危机以来，全球经济缓慢复苏。发达国家的经济形势不断好转，有力地支撑了全球经济的复苏。如美国就业和失业率表现较好，2017 年 4 月，失业率为 4.5%，居民收入稳步增加，特朗普政府执政后金融市场信心一度高涨，有利于促进企业投资。欧盟经济内生动力有所增强。日本经济进一步回暖。但由于存在收入分配失衡、部分国家人口老龄化趋势加剧等问题，短期内经济将难以恢复快速增长。新兴国家尤其是“金砖国家”发展势头强劲，国际力量对比加快朝着相对均衡的方向发展。

新一轮的产业竞争将更加激烈。第四次工业革命蓄势待发，新一代信息技术、新能源、新材料、生物等领域的群体性和系统性突破，正在催生一批新技术、新产品、新业态、新产业，引发主导技术和产业的更迭，深刻影响着各国的产业结构；特别是信息技术与制造技术的深度渗透融合，正带来生产方式、产业组织形态等前所未有的新变化。各国都希望抢占这一轮工业革命的制高点。

国际贸易投资面临新的变局。一是区域经济合作面临新形势。如特朗普政府宣布退出 TPP、英国脱欧，这将为区域经济合作带来很大的不确定性。二是“逆全球化”思潮涌动，投资保护主义有所升温，一些国家试图采取贸易限制措施解决国内经济面临的问题，使全球范围内贸易摩擦上升。如美国总统特朗普奉行“美国优先”政策，鼓励美国人用本国制造的产品。

据世界贸易组织统计，中国是贸易保护主义最大受害国，已连续 21 年成为遭遇反倾销调查最多的国家，连续 10 年成为遭遇反补贴调查最多的国家，全球约有 1/3 的调查针对中国。2016 年，中国产品遭遇了来自 27 个国家和地区的贸易救济调查共 119 起，涉及金额 143.4 亿美元，案件数量和金额分别增长 36.8% 和 76%，而且主要集中在钢铁领域。一些国家频繁对中国钢铁、纺织服装等重点产品发起贸易救济调查，涉及面广、涉案金额大，对一些产品的出口造成严重负面影响。

2. 国内环境

我国已经成为世界第二大经济体、最大货物贸易国、第三大对外直接投资国，国家经济实力不断增强。当前我国经济发展进入新常态，经济增长速度转为中高速增长，供给侧结构性改革不断推进，对外开放中“引进来”和“走出去”并重发展，都要求我们更好地统筹国际国内两个大局，在继续鼓励支持企业“走出去”的同时，更加注重提高对外投资的质量和效益，使对外投资更好地服务于国家发展战略和对外开放的需要。

我国推动企业“走出去”的政策环境不断优化。我国已经建立起涵盖境外投资政策、外汇管理政策、税收政策以及信贷政策等方面的配套政策措施，企业“走出去”政策体系不断完善（见表 5–4）。“一带一路”、制造强国、“十三五”规划等国家重大战略和文件中提出与制造业“走出去”相关的表述和要求，不断强化规划与国家战略的对接。

表 5–4　2010 年以来中央出台的部分企业“走出去”政策

序号	发布时间	发布部门	政策名称
1	2017.3	税务总局	《关于落实“一带一路”倡议要求做好税收服务与管理工作的通知》
2	2017.4	环保部、外交部、国家发改委、商务部	《关于推进绿色“一带一路”建设的指导意见》（环国际〔2017〕58 号）
3	2015.3	国家发改委、外交部、商务部	《推动共建丝绸之路经济带和 21 世纪海上丝绸之路的愿景与行动》
4	2015.5	国务院	《关于推进国际产能和装备制造合作的指导意见》（国发〔2015〕30 号）
5	2015.5	中共中央、国务院	《中共中央　国务院关于构建开放型经济新体制的若干意见》
6	2014.10	证监会	《上市公司重大资产重组管理办法》（证监会 2014 年第 109 号令）
7	2014.10	证监会	《上市公司收购管理办法》（证监会 2014 年第 108 号令）
8	2014.6	国家发改委	《境外投资项目核准和备案管理办法》（国家发展和改革委员会令 2014 年第 9 号）
9	2014.10	证监会	《关于改革完善并严格实施上市公司退市制度的若干意见》（证监会 2014 年第 107 号令）
10	2014.9	商务部	《境外投资管理办法》（商务部令 2014 年第 3 号）
11	2014.6	证监会	《非上市公众公司收购管理办法》（证监会 2014 年第 102 号令）
12	2014.5	国务院	《国务院关于进一步促进资本市场健康发展的若干意见》（国发〔2014〕17 号）
13	2014.1	国家外汇管理局	《国家外汇管理局关于进一步改进和调整资本项目外汇管理政策的通知》（汇发〔2014〕2 号）
14	2012.6	国家发改委	《关于印发鼓励和引导民营企业积极开展境外投资的实施意见的通知》（发改外资〔2012〕1905 号）
15	2012.3	国资委	《中央企业境外投资监督管理暂行办法》（国务院国有资产监督管理委员会令第 28 号）
16	2011.2	国务院办公厅	《国务院办公厅关于建立外国投资者并购境内企业安全审查制度的通知》（国办发〔2011〕6 号）
17	2011.5	国家税务局	《关于高新技术企业境外所得适用税率及税收抵免问题的通知》（财税〔2011〕47 号）

续表

序号	发布时间	发布部门	政策名称
18	2011 年	国家税务局	《关于非居民企业所得税管理若干问题的公告》
19	2010 年	国家税务局	《企业境外所得税收抵免操作指南》
20	2010 年	国家税务局	《关于进一步做好“走出去”企业税收服务与管理工作的意见》（国税发〔2010〕59 号）

在税收方面，我国企业对境外投资相关税收政策主要包括境外所得税收抵免、出口退税、我国对外签署的避免双重征税协定（含内地与香港、澳门特别行政区签署的税收安排），税收协定相互协商程序等。企业在境外投资所得税可以参考国家税务总局于 2010 年发布的《企业境外所得税收抵免操作指南》，对企业境外所得和境外所得税税额的确定、境外所得税的直接抵免和间接抵免的条件、计算，以及简易办法等有关问题做出了较为详细的规定。2011 年，国家税务总局还进一步明确了“走出去”企业依法申请享受居民企业待遇的具体程序和规定。高技术企业来源于境外的所得可以按照 15%的优惠税率缴纳企业所得税，在计算境外抵免限额时，可按照 15%的优惠税率计算境内外应纳税总额。

为了避免企业重复纳税，截至 2016 年 11 月，我国已对外正式签署 102 个避免双重征税协定，其中 98 个协定已生效，和香港、澳门两个特别行政区签署了税收安排，与台湾签署了税收协议，基本覆盖了我国对外投资的各个地区。

在对外投资审批方面，一直以来，我国对外投资审批手续较为烦琐，一项对外投资项目需要多个政府部门的审批，涉及资金额度不同审批的方式也不相同。2014 年，我国发布《境外投资项目核准和备案管理办法》（国家发展和改革委员会令 2014 年第 9 号），确定了中国企业对外直接投资将以备案为主的管理模式，除中方出资金额达 10 亿美元以上和敏感行业的对外直接投资项目需要核准外，其余均以备案作为管理方式。同年，商务部发布《境外投资管理办法》，确立了“备案为主、核准为辅”的管理模式，除对在敏感国家和地区、敏感行业的投资实行核准管理外，其余均实行备案，3 个工作日即可完成备案手续。2016 年 5 月，商务部又印发了《关于境外投资备案实行无纸化管理和简化境外投资注销手续的通知》，进一步便利企业办理境外投资备案和注销手续。

在资金支持方面，政府出台了一系列资金支持政策，如“中小企业市场开拓专项资金”“对外经济技术专项合作资金”“矿产资源风险勘查专项资金”“纺织业‘走出去’专项资金”等。银行也适当放宽贷款条件，亚洲基础设施投资银行，其初衷是对中国企业进行亚洲对外直接投资尤其是基础建设的海外工程承包时给予相应的金融支持。

虽然政府出台了一系列资金支持政策，但银行等金融机构对于海外投资项目的风险控制要求很高，可见企业信贷难题依然存在。

在推进国际产能合作方面，2015 年，国家发改委与不同省（自治区、直辖市）政府建立推进国际产能合作协同机制，进一步落实《国务院关于推进国际产能和装备制造合作的指导意见》，根据不同地区的制造业优势，制定相应的扶持激励政策，积极推动国内企业开展国际产能和装备制造合作。2016 年，国家发改委与中国进出口银行签订《推进“一带一路”建设和国际产能合作框架协议》，充分利用“两优”贷款等政策性金融产品、投资基金等，为“走出去”企业提供资金便利，更进一步推动我国装备制造企业向全球化发展。

此外，我国定期更新发布《对外投资合作国别（地区）指南》《中国对外投资合作发展报告》《对外投资国别产业指引》等公共服务产品，为企业“走出去”提供信息服务。

（三）对外直接投资中的制造业状况

1. 我国对外直接投资总体状况

企业“走出去”包括对外直接投资、对外承包工程与劳务合作、境外经济合作。这里我们只分析我国对外直接投资的情况。

自 2002 年对外直接投资统计制度建立以来，截至 2016 年，中国对外直接投资实现连续 14 年的增长（见图 5-3）。2015 年，中国对外直接投资流量排名世界第二，首次超过同期吸引外资水平，中国首次成为资本净输出国。其间，我国对外直接投资出现几个历史性的转折点，2012 年，我国首次成为世界三大对外投资国之一。2015 年，我国非金融类对外直接投资流量达到 1456.7 亿美元，超过日本成为全球第二大对外投资国，同时，我国成为资本净输出国。2016 年，我国对外直接投资流出流量 1.45 万亿美元，其中，我国非金融类投资流量达到 1812.3 亿美元。

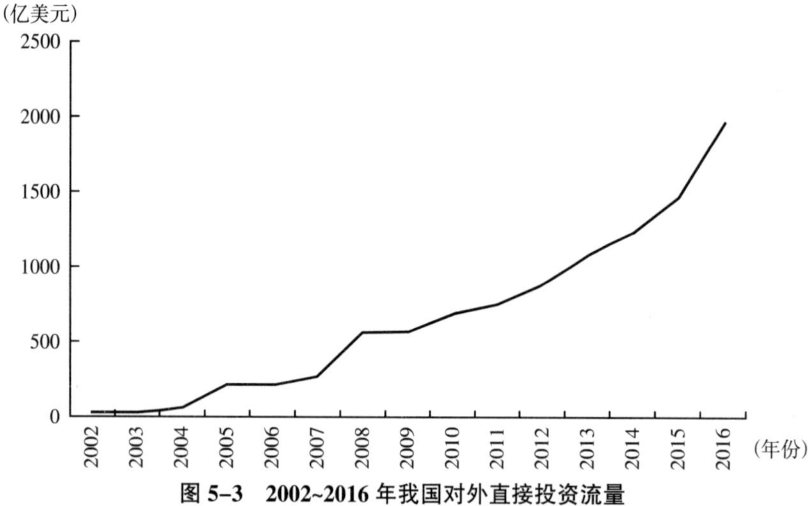

图 5-3　2002~2016 年我国对外直接投资流量

资料来源：根据商务部公布的历年《中国对外直接投资统计公报》数据绘制。

中国对外直接投资在存量上也有着明显进步（见图 5-4）。截至 2016 年底，我国对外直接投资累计净额（存量）达 13573.9 亿美元，在全球占比提升至 5.2%，位居第六。

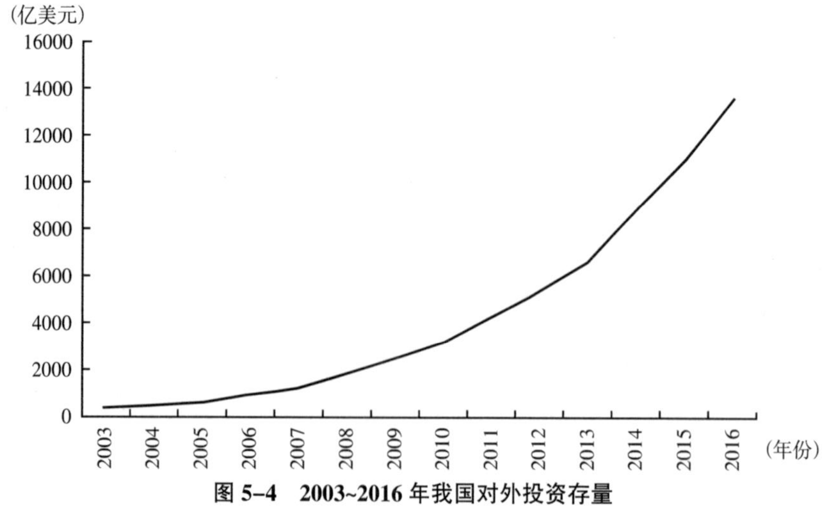

图 5-4　2003~2016 年我国对外投资存量

资料来源：根据商务部公布的历年《中国对外直接投资统计公报》数据绘制。

从对外投资区域分布来看，我国对外直接投资区域分布广泛。2016 年，流向亚洲地区的直接投资流量 1302.7 亿美元，占当年对外直接投资流量的 66.4%；流向拉丁美洲地区的投资 272.3 亿美元，占当年对外直接投资流量的 13.9%；流向北美洲地区的投资 203.5 亿美元，占当年对外直接投资流量的 10.4%；流向欧洲的投资 106.9 亿美元，占当年对外直接投资流量的 5.4%；流向大洋洲 52.1 亿美元，占当年对外直接投资流量的 2.7%；流向非洲 24 亿美元，占当年对外直接投资流量的 1.2%。至此，我国对外投资存量分布在 190 个国家和地区，其中 84.2%分布在发展中经济体中，14.1%分布在发达经济体中，1.7%分布在转型经济体中。

“一带一路”沿线国家逐步成为我国对外投资的重点区域。我国与“一带一路”国家在设施联通、贸易畅通、资金融通、产业合作等方面的环境不断优化。2013 年提出共建“丝绸之路经济带”和“21 世纪海上丝绸之路”的重要合作倡议以来，“一带一路”建设进展顺利，成果丰硕。2016 年，我国企业共对“一带一路”沿线的 53 个国家进行了非金融类直接投资 145.3 亿美元，占同期总额的 8.5%，主要流向新加坡、印度尼西亚、印度、泰国、马来西亚等国家和地区，与“一带一路”沿线国家进出口总额达到 6.3 万亿元人民币。到 2016 年底，我国企业在“一带一路”沿线国家建立初具规模的合作区 56 家，累计投资 185.5 亿美元，入区企业 1082 家，总产值 506.9 亿美元。

随着我国产业结构不断调整优化和供给侧结构性改革的推进，我国不断拓展对外直接投资的行业领域，行业布局也日渐合理化。我国对外投资逐渐从过去主要注重资源和能源方面、以初级产品等制造业为主逐渐向高新技术产业、新兴产业方向转变，可以说我国的对外直接投资正在从大规模向高质量方向转变。

2. 制造业投资状况

近年来，流向制造业的投资不断增长（见图 5-5）。2016 年，在我国对外直接投资流量中，流向制造业的投资在全行业中位居第二，达到 290.5 亿美元，占比达到 14.8%，其中，主要流向汽车制造业、计算机/通信及其他电子设备制造业、专用设备制造业等。而且，流向装备制造业的投资几乎占到了一半，达到 142.5 亿美元，所占比重为 49.1%（见图 5-6）。

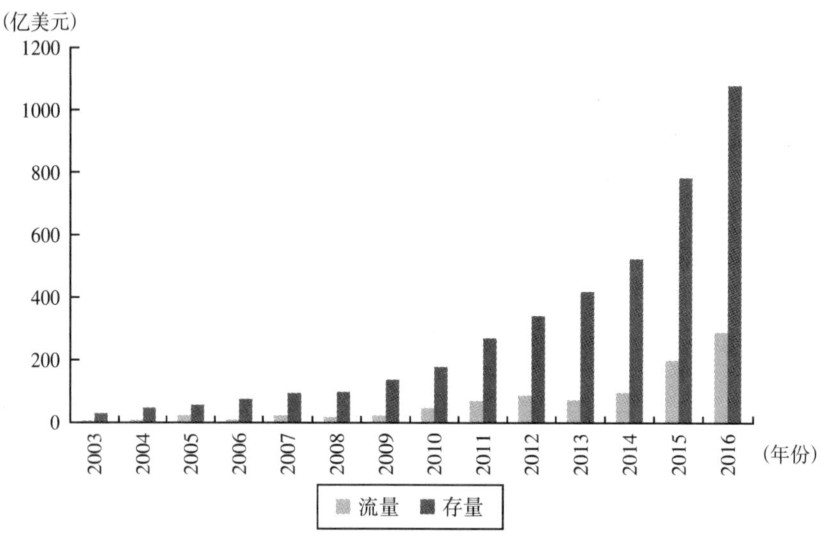

图 5-5 2003~2016 年我国制造业投资流量和存量

资料来源：根据商务部公布的历年《中国对外直接投资统计公报》数据绘制。

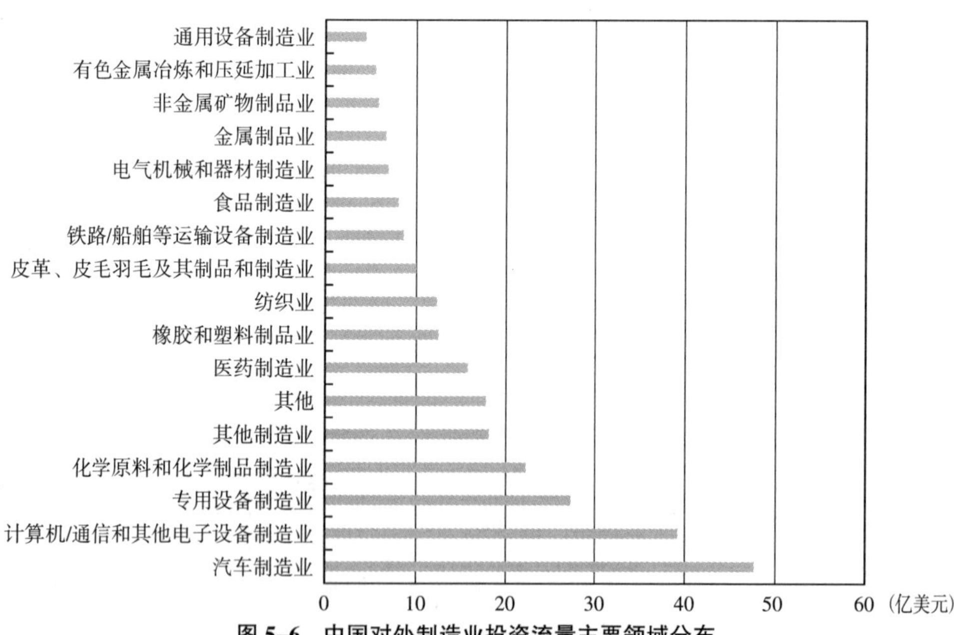

图 5-6 中国对外制造业投资流量主要领域分布

资料来源：根据商务部公布的 2016 年《中国对外直接投资统计公报》数据绘制。

从对外投资存量来看，2016 年，制造业为 1081.6 亿美元，所占比重为 8%，其中装备制造业的存量为 470.4 亿美元，在制造业投资存量中占 43.5%。投资超过 100 亿美元的领域有汽车制造、计算机/通信及其他电子设备制造、专用设备制造。

到 2016 年末，我国投资者在境外设立的企业达到 3.72 万家。对外直接投资的制造业企业 7721 家，所占比重为 20.8%，在行业中位居第二。

从投资流量和存量的行业分布来看，在对主要经济体的制造业投资中（见表 5–5），制造业占有举足轻重的地位，其中对东盟、欧盟、美国的投资中，流向制造业的投资流量和存量所占比重均居于第一位。从对美国的投资来看，制造业的投资存量达到了 151.82 亿美元，其中，汽车制造、医药制造、专用设备制造、计算机/通信及其他电子设备制造等为主要领域。

表 5–5　2016 年我国对主要经济体的直接投资

国家（地区）	流量（万美元）	比重（%）	存量（万美元）	比重（%）
中国香港	1069730	9.4	3909454	5
欧盟	365467	36.6	1606859	23
东盟	354370	34.5	1314969	18.4
美国	599498	35.3	1518212	25.1
澳大利亚	22407	5.4	126205	3.8
俄罗斯	22257	17.2	115659	8.9

资料来源：2016 年中国对外直接投资统计公报。

从我国境内投资者的行业分布来看，制造业企业居于首位，有 7616 万家，所占比重为 31.2%，其中主要有计算机/通信和其他电子设备制造业、专用设备制造业、纺织业、通用设备制造业、医药制造业、电气机械和器材制造业等。

3. 我国企业海外并购现状

2004 年以来，我国企业海外并购规模呈不断上升趋势（见图 5–7），2016 年，并购金额呈现出爆发式的增长。

2016 年，中国企业海外并购数量为 765 起，涉及 74 个国家（地区），实际交易金额 1353.3 亿美元，其中直接投资 865 亿美元，占 63.9%；境外融资 488.3 亿美元，占 36.1%。并购领域涉及制造业、信息传输/软件和信息技术服务业等 18 个行业大类。

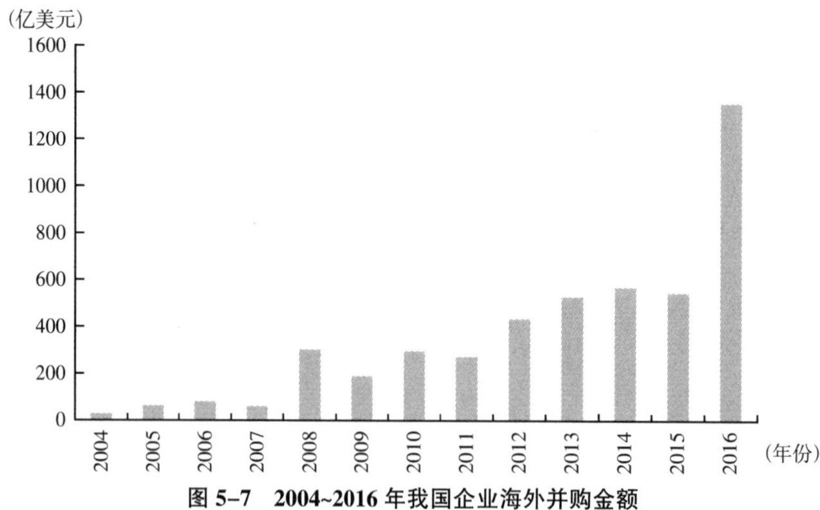

图 5-7　2004~2016 年我国企业海外并购金额

资料来源：根据商务部公布的历年《中国对外直接投资统计公报》数据绘制。

我国海外并购行业趋于多元化，分布较为广泛，但聚集度较高。我国企业海外并购领域涉及采矿、制造、电力生产和供应、专业技术服务等行业。当前制造业已成为海外并购的主要领域，2015 年，我国对制造业的海外并购数量为 131 起，金额达到 137.2 亿美元，占比达到 25.2%。2016 年，对制造业的并购项目达到 300 个，金额为 301.1 亿美元，居于第一位，信息传输/软件和信息技术服务业为 264.1 亿美元。

表 5-6　2013 年以来我国对制造业的海外并购情况

年份	数量（起）	金额（亿美元）	占比（%）
2013	129	73.2	13.8
2014	167	111.8	20.9
2015	131	137.2	25.2
2016	300	301.1	22.3

资料来源：根据商务部公布的历年《中国对外直接投资统计公报》数据绘制。

我国企业海外并购的区域分布越来越广泛。20 世纪 90 年代初，我国企业跨国并购仅限于亚洲等地区。目前，我国跨国并购的区域已经覆盖了全球 180 多个国家和地区。投资的目的地逐步从发展中国家转向发达国家。从实际并购金额看，位于前十位的是美国、中国香港、开曼群岛、巴西、德国、芬兰、英属维尔京群岛、澳大利亚、法国和英国。

近年来，较大的并购案有：联想集团以 29.1 亿美元收购美国摩托罗拉公司的移动手机业务；东风汽车有限公司以 10.9 亿美元收购法国标致雪铁龙集团 14.1%的股权；海尔集团以逾 55 亿美元收购美国通用电气的家电业务，且双方将在工业互联网、医疗等方面建立长期合作伙伴关系；我国民营企业艾派克科技股份有限公司，联合太盟投资以及君联资本收购国际著名品牌打印机及软件商利盟国际有限公司100%的股权，利盟是全球最早从事打印领域研发的企业之一，拥有大量核心专利；青岛海尔股份有限公司以 55.8 亿美元收购美国通用电气公司家电业务项目；腾讯控股有限公司以 41 亿美元收购芬兰 Supercell 公司 84.3%的股权。

4. 进一步的分析

近年来，我国经济实力不断增强。2010 年，我国制造业产值占全球制造业产值的 19.8%，超过美国成为世界第一制造业大国。2013 年，我国继成为世界第一大出口国后成为全球第一货物贸易大国。2014 年，我国（含台湾地区）有 100 家企业上榜财富世界 500 强，上榜企业数量仅次于美国。2014 年，我国又成为资本净输出国。目前，全球各地有近 3 万家中国企业，境外资产规模超过 3 万亿美元，在海外工作的中国公司员工已经超过 100 万人。大规模的资本输出以强大的经济实力为基础。我国成为资本净输出国是我国综合国力增强的集中体现，表明我国国民经济实力和企业的对外竞争力显著增强。

近年来，我国利用外资的拐点已经显现（见图 5-8）。改革开放以来，我国高度重视“引进来”。截至 2014 年，我国吸引外资规模已经连续 23 年在发展中国家居于首位。但 2014 年，我国双向投资首次平衡，标志着我国利用外商投资出现了阶段性变化，巨大的资本存量驱使我国正转向资本互动型国家。目前，我国经济增长的内生动力明显增强，导致对外资的选择性增强，引进外资的拐点开始显现。一是利用外资增长将长期趋缓。2014 年，我国实际使用外资金额 1195.6 亿美元，同比增长仅为 1.7%，外商投资新设立企业 23778 家，同比增长 4.4%。二是利用外资的结构将不断优化。以我国产业结构优化方向为引导，利用外资以制造业为主转变为以服务业为主。2014 年，我国服务业吸收外资占比达 55.4%，高出制造业 22 个百分点。

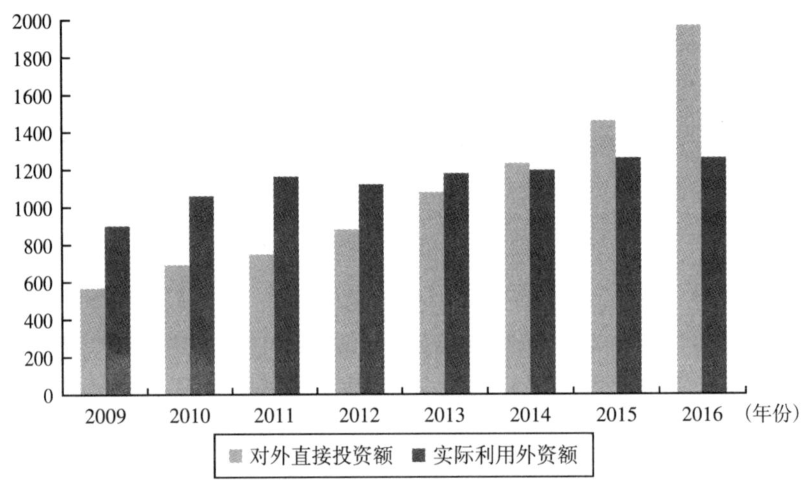

图 5-8　2009~2016 年我国双向直接投资

资料来源：Wind 数据库。

同时，我国对外直接投资快速增长也说明我国企业存在非理性对外投资，2016 年，对外投资增速达到了 44%。许多民营企业到境外投资房地产、酒店、娱乐业、体育俱乐部等领域，对这些领域的投资既不能促进国内产业升级，也不利于企业稳步发展，还可能会导致国家外汇损失。许多企业对外投资可能属于资产转移，对我国的资产造成一定风险。

针对这类现象，国务院发布《关于进一步引导和规范境外投资方向的指导意见》，明确提出，要限制房地产、酒店、影城、娱乐业、体育俱乐部等领域的境外投资。相关部委将推进对外投资便利化和防范对外投资风险结合起来，进一步引导和规范企业境外投资方向，促进企业合理有序地开展境外投资，防范和应对境外投资风险。

（四）我国企业“走出去”面临的主要问题

近年来，我国企业在对外直接投资方面取得了一定的成绩，对外投资额不断上升，但仍面临着诸多的困难和挑战，主要表现为以下几个方面：

第一，国际化经验不足，战略目标不明确。我国许多企业的国际化经验不足，对国际规则了解不够详细，不能充分认识国际市场的复杂程度和风险因素。部分企业在进行投资或进行海外并购时并未制定完备的海外发展战略，或者即使制定了发展战略，也并未能正确地选择并购目标。我国一些企业在进行海外并购时存在一定的盲目性，往往仅仅追求扩大企业规模，加之缺乏国际化的人才，信息不对称，对目标企业的行业地位、发展前景、组织结构、资产权益等情况不甚了解。

第二，融资存在一定困难。在海外并购过程中，资金短缺问题成为许多企业面临的“瓶颈”之一，一些规模较小的企业尤其是民营企业资金更为困难。企业并购融资按其来源可分为内源融资和外源融资，企业内部资金虽然可以减少融资成本和风险，但当前企业普遍存在资本金不足、负债率过高的问题，企业海外并购所需资金量巨大，自有资金基本上难以满足需要，因此需要通过外源融资来解决。而我国资本市场不完善，对企业融资形成了一定的制约，主要表现为：权益性融资只适用于信用良好、实力雄厚的上市公司；并购基金退出机制不健全；债券融资在我国尚未推出；并购贷款门槛较高，并购贷款对并购主体和被并购企业都有较高要求，如银监会《商业银行并购贷款风险管理指引》中规定，“并购的资金来源中并购贷款所占比例不应高于 50%，并购贷款期限一般不超过 5 年”，虽然 2013 年这一期限调整为最多 7 年，但对企业来说，产生的作用仍较小；并购融资的相关法律、制度环境仍不健全等，许多操作的细则并未做明确的规定。

第三，缺乏专业的中介机构服务。中介机构如投资银行、律师事务所、会计师事务所、审计师事务所、产权交易所（中心）等在对外投资活动中的咨询、草拟协议、公证、释法、审查、调查、资产评估等方面起着举足轻重的作用。虽然人们已意识到中介服务组织不可或缺，但由于我国中介服务机构发育缓慢，缺乏专业人才，在对外投资中的作用并未充分体现，其服务远不能满足需要。

第四，难免会遇到政治和经济等风险。在企业“走出去”的过程中，面临着安全、政治、社会、经济、运营、环保等各种风险，而且许多风险是交织叠加在一起的，企业应对风险的能力有限。其中主要表现为：一是投资保护主义抬头。目前，许多国家已经由贸易保护转向了投资保护，以达到保护本国产业发展的目的。如华为、中兴曾在美国的投资屡屡受挫。二是存在政治风险、法律风险等不可预料的风险。许多国家政治环境不稳定，冲突一旦爆发，外资企业常常成为被攻击的目标。如缅甸密松水坝项目停工、中澳铁矿百亿减产、墨西哥高铁项目被无限期搁置等。世界各国会根据自身的国情制定相应的法律法规。企业在进行跨国并购时涉及的法律关系复杂，可能要面临公司法、证券法、银行法、会计法、反垄断法、劳动法等，不仅要受本国法律的规制，还要遵循外国的法律。如上汽收购韩国双龙，由于没有估计到并购后可能遭遇的工会问题，收购之后，韩国双龙工会屡次抵制中方，多次罢工示威阻止双龙在中国生产，并要求上汽提高工资及福利。再如，由于对当地文化等情况估计不足，中国铁建投资沙特轻轨项目亏损高达 41.48 亿元人民币。

第五，对外投资主体应进一步向多元化方向发展。从投资主体来看，我国对外投资主体结构多元化发展。截至 2015 年末，中国非金融类对外直接投资存量中，国有企业占 50.4%，非国有企业占 49.6%，国有企业和非国有企业的投资基本上相差不多。但是，从企业投资的排名来看，2014 年末，中国对外直接投资存量前 10 名的企业均为国有企业，年度境外销售收入排在前 10 名的也只有联想控股有限公司属于非国有企业，其余 9 家均为国有企业。2015 年，在对外直接投资存量中国企业前 20 名中，仅第 15 名的华为技术有限公司属于非国有企业，其余 19 家均为国有企业。

国有企业在资产管理与控制方面远远优于非国有企业，同时也对资产的国际性流动和海外并购项目有着更为严格的评估标准，国有企业对外直接投资提高了我国产业全球布局的水平，但是国有企业多投资于能源、机械、矿产、电力等领域，这些领域政治风险较高，而且其身份也较为敏感。民营企业等其他类型企业走出去步伐需进一步加快。

第六，国际争端的解决方式有待进一步完善。目前对外直接投资争端解决方式主要有三种：一是通过双边投资协定（BITs）中关于投资争端的相应条款规定解决，美国式的和德国式的较为常见。二是通过自由贸易协定（如 NAFTA、CAFTA 等）的相关争端解决机制进行，这种方式注重协商程序，对协商不成功的仲裁情况和条款做了规定，但是全球并不存在统一的规定。三是通过国际投资争端解决机制（ICSID）解决，这是当前较为常用的一种方式，使用这种方式解决争端可以保障投资者利益最大化。

我国在双边投资协定方面没有形成统一的范本，没有对有关限制性条款作出规定，规定可以由投资者自由选择解决争端的方式，这样可能会使我国陷入被动的局面，而且双边投资协定对投资者利益的保护较为有限。从多边投资条约解决方式来看，这种方式对外交手段依赖性较大，在《中国与东盟关于争端解决机制协议》中没有规定具体的规则。1993 年我国就已正式成为《华盛顿公约》成员国，该机制主要是保护发达国家的利益，而且目前为止对 ICSID 机制研究仍存在欠缺。

（五）对策建议

当前我国经济发展的总体形势良好，企业竞争力不断提升，对我国企业“走出去”进行海外投资还是较为有利的。所以，应从多个层面入手，完善我国企业对外投资的政策环境，为企业的海外并购保驾护航，减少非理性投资。

第一，应进一步落实和完善财政税收政策。要积极落实财政部、国家税务总局对企业境外所得税抵免的相关政策。要加大对重点领域海外并购的支持力度，支持国内生产能力过剩、技术较为先进或具有显著比较优势的行业和企业进行海外并购，如机械制造、能源及矿产、高技术等行业企业。进一步完善税收优惠政策，规范对企业税收的征管和服务。

第二，拓宽企业融资渠道。支持私募股权基金的创新发展，尤其是并购基金对海外并购的支持。完善多层次的资本市场体系。充分发挥证券市场、产权市场等的作用，完善各交易中心的融资和价值发现功能。加强金融产品的创新，支持杠杆收购、换股并购等，支持证券公司、股权投资基金等向企业提供直接投资、过桥贷款、委托贷款等融资支持。鼓励商业银行扩大并购贷款规模，降低企业的贷款门槛。

第三，建立健全风险防控机制。一是进一步完善海外投资保险制度，完善承保范围、保险条件等。当前政治风险千变万化，而保险的险种未能与时俱进、及时增加，如没有专门针对东道国取消投资项目、东道国无合理事由迟延支付以及征收新暴利税的险种等。所以，应提高双边投资条约的数量和质量。增加对外投资保险险种的品种和数量，满足不同的需求。充分了解 MIGA 制度，合理利用其减小风险的损失。二是建立和完善风险预警制度。充分发挥政府、行业协会的作用，对各个国家和地区政治经济形势等信息进行收集、评估和发布，建立国家风险预警、防范和应急处理机制。三是强化监管措施。对于到高风险国家进行海外并购的企业进行安全审核，对企业防范境外风险提供指导，加强人员的安全培训。

第四，进一步健全和完善争端解决机制。我国应结合已有的 BITs 范本，针对不同的争端采取不同的解决机制。在实践中，应区别对待发展中国家和发达国家，应尽量减少我国企业在海外投资时所面临的政策障碍。加强对 ICSID 仲裁机制和仲裁案例的研究，加大相关知识储备。对于已经签订的争端解决机制的程序和条款，应审时度势，适当加以调整。我国应积极参与国际投资领域规则制定方面的合作，提高我国的话语权。

第五，完善海外投资的服务体系。党的十八届三中全会提出，要提供权益保障、投资促进、风险预警等更多服务。一是加强协调引导机制建设。制定国家层面的“走出去”战略规划，以及主要行业的规划。对企业提供分类指导。健全海外投资协调机制，加强与其他国家和地区的双边或多边合作，积极签订投资保护协定。二是加强信息服务和政策咨询服务，健全信息网络服务系统。政府有关部门、行业组织及时提供海外投资环境等方面的公共信息，减少企业在海外盲目投资并购，并为我国企业在国外经营活动创造更好的国际环境。三是简化核准和审批程序，为企业创造宽松的对外投资环境，简化相关人员出境审批手续。四是积极推动中介机构专业化、规范化发展。进一步加强中介机构的准入管理，注重建立开放、公平的参与机制，完善促进中介机构健康发展的政策措施；加强对中介服务人员的培训，提高其专业服务水平。

四、我国企业海外并购典型案例

（一）三一重工收购普茨迈斯特

2012年1月31日，三一重工宣布三一德国和中信产业投资基金（香港）顾问有限公司（以下简称“中信基金”）以3.6亿欧元共同收购德国普茨迈斯特公司100%的股权，其中，三一德国出资3.24亿欧元收购90%的股权，中信基金收购10%的股权。该收购已于2012年4月18日正式完成交割。此次交易仅用了两个星期时间，堪称“奇迹”。合并之后，普茨迈斯特仍将保持独立运作，两个品牌将有相对独立的经营自主权。

三一重工股份有限公司由三一集团投资创建于1994年，是中国最大、全球第六大工程机械制造商，主要从事以工程为主的机械装备制造业务，是一家民营企业。2003年7月，三一重工在上海证券交易所成功上市，成为中国工程机械行业第一家民营上市企业。

普茨迈斯特成立于1958年，是全球第二大混凝土机械制造商，在世界上十多个国家设立了子公司。主要从事开发、生产和销售各类混凝土输送泵，工业泵及其辅助设备，主要产品以混凝土泵、搅拌机为主。其市场占有率、市场地理覆盖面、技术先进性、产品线的丰富程度都处于行业前列。由于其生产“大象”牌混凝土泵而有“大象”之称。

此次收购的主要背景为：一是近年来，普茨迈斯特的销售一直处于下跌的状况，现金流出现了问题。2007年，普茨迈斯特销售收入曾达10亿欧元，但自2008年以来，受金融危机影响和对欧美市场的过度依赖，其业绩开始下滑，2008年的年收入仅4.5亿欧元，出现了成立50年来的第一次亏损，成为“优质病象”。此后，业绩虽有回升但较为缓慢，2011年的销售收入为5.7亿欧元，净利润600万欧元。二是“大象”的创始人施莱希特年事已高，其子女都有自己的事业，不愿接手家族企业。

三一重工和普茨迈斯特双方在签订协议时已就整合问题达成一致。首先，普茨迈斯特将保持经营上的相对独立性，同时，其总部埃尔西塔被确定为三一除中国以外地区混凝土机械业务的全球总部；其次，大象 CEO 诺伯特·肖毅及其德国团队将负责完成对中国以外全球混凝土机械业务的整合，并与三一共同发展中国市场。

双方的全面了解和沟通拉开整合序幕。双方以各种方式进行沟通。如 2012 年 2 月，大象 CEO 诺伯特·肖毅及 11 位高管从世界各地来到中国，遍访三一在全国的各大产业园。4 月，三一高管团队来到了位于德国埃尔西塔的大象总部。如此由上而下，双方在研发、营销各个领域的员工交流也日趋频繁。

普茨迈斯特的泵产品仍然采用德国设计，零件从原来的供应商供货。德国公司作为母公司的一个全球分销中心。

目前，三一与大象在营销、研发、商务方面的资源整合已完成大部分，整合效应已逐渐显现。双方的整合效果已初步显现，"全球最大的混凝土机械制造商"与"全球混凝土机械第一品牌"的优势叠加效应初显，初步实现"1+1>2"的协同、快速、健康发展。据相关数据显示，2012 年上半年，大象的销售额比上年同期增长 10%~15%。但是，两家企业的文化完全融合仍需要一定的时间。当前，该公司的营收增加了将近 1/3，品牌仍然完好无损，且与供应商保持着稳定的关系。

此次收购对三一重工来说，意义重大，主要表现为以下几个方面：

一是扩大市场份额，实现市场份额互补。三一重工的主要市场在国内，出口所占比重较小，三一的国际化是从 2002 年开始的，到现在已经走过了 10 年的历程，而产品出口额还不到销售额的 5%。"大象"在全世界，如美国、巴西、法国、西班牙、中国等国家，都有自己的制造工厂，在全球各个国家都有自己的销售体系，其销售额在其本国占 10%，在国际市场占 90%。并购后的三一可以一次性地掌握普茨迈斯特在全球的供应链和销售链，可以在更大的范围内平衡各方面的资源。

二是通过收购可获得研发与技术上的新突破。三一可获得来自普茨迈斯特全球顶尖的质量控制、生产流程、制造技术和工艺以及100%德方技术专利，既能帮助三一重工提升自有品牌产品技术制造的稳定性和可靠性，又可带来研发与技术上的新突破，进一步完善三一重工的研发体系。

三是通过延伸产业链，可降低成本。三一的产业链将大幅降低普茨迈斯特的成本，我国国内低成本的优势可以提升“大象”的盈利能力，“大象”成功的国际化实践经验，能提升三一的整体效益、品牌、国际影响力、筹融资平台，加速三一的国际化进程。

三一重工作为一家民营企业，在海外并购市场取得的成功，对于我国企业尤其是民营企业“走出去”具有巨大的鼓舞作用。第一，企业通过海外并购可提升自身的国际竞争力。三一重工的这次并购符合自身转型升级战略方向的精细化并购。在4万亿的基础设施的刺激政策下，三一重工所在的工程机械行业增长迅速。但随着国内固定资产投资增速下降，三一重工要想继续保持快速发展难度较大，这就需要进一步提升自己的核心竞争力，也就是需要在品牌、管理、技术等方面利用好国际国内两个市场。并购德国普茨迈斯特，无疑可以整合技术、管理、国际市场、品牌等方面的优势，有助于提高竞争力。第二，企业在进行海外并购之前可做些铺垫。三一在此次并购之前就在德国成立了三一德国公司，通过三一德国作为主体去并购，这样在一定程度上减少了并购上的一些障碍。此外，三一在德国还成立了研究机构。这些前期工作有利于缓解当前我国企业海外并购因为文化融合不够，从而导致的种种水土不服。第三，企业进行海外投资时可考虑与私募股权投资合作。因为私募股权投资作为专业的机构投资者一般具备比较专业的跨国收购知识、丰富的国际并购经验以及雄厚的资金实力。它们不仅能为企业提供专业的咨询服务，还可与企业共担风险。三一重工的此次收购利用与中信基金合作来降低收购风险。今后我国企业在进行海外并购时可借鉴这一经验。

（二）中海油收购尼克森

2012年7月23日，中国海洋石油有限公司（以下简称中海油）宣布以151亿美元对加拿大尼克森公司（Nexen Inc）进行收购。当时，这家公司成为加拿大第二大被外国并购的油气公司，这桩收购也成为中海油的历史上最大一笔现金收购案，更是中国企业规模最大的海外收购案，正因为如此，该收购受到了国内外各方的高度关注。

中海油是中国最大的海上油气生产商。公司成立于 1982 年，注册资本 949 亿元人民币，总部位于北京，2013 年员工约为 9.88 万人。中海油自成立以来发展态势良好，由一家单纯从事油气开采的纯上游公司，发展成为主业突出、产业链完整的综合型企业集团，形成了油气勘探开发、专业技术服务、化工化肥炼化、天然气及发电、金融服务、综合服务与新能源六大良性互动的产业板块。

尼克森是加拿大第六大油气生产商，总部位于卡尔加里，是一家独立的全球性能源公司。其业务主要是加拿大西部的油砂、页岩气及主要位于北海、西非海上及墨西哥湾深水海域的常规油气勘探与开发。尼克森是布扎德（Buzzard）油田的运营者，该油田日产 21 万桶原油，是福蒂斯（Forties）最大的油田。尼克森的资产包括勘探、开发和在产项目，主要分布于加拿大西部、英国北海、尼日利亚海上、墨西哥湾、哥伦比亚、也门和波兰。其中，常规油气、油砂和页岩气为其三大核心业务。在其资产组合中，油砂资产占了该公司储量中的 60%。与页岩气、页岩油等其他非常规油气资源相比，油砂的开采难度和成本都更高。

此次收购经过了多个国家的审批。根据加拿大外国投资法，并购金额超过 3.3 亿加元的交易需要经过加拿大工业部和竞争局的审查，因此该交易需要获得加拿大的批准；同时，由于尼克森有 10%的资产位于墨西哥湾，因此该交易也需要获得美国的批准；此外，由于尼克森拥有北海的资产，中海油还需获得英国批准。

从 2012 年 7 月 23 日中海油宣布收购的消息，到 2013 年 2 月收购完成，历时 7 个多月，中间经历了多次审批的延期，过程也可以说是一波三折，最终收购成功。此次收购具有几个显著的特点：规模较大、价格不菲、附加条件比较苛刻。中海油以每股 27.50 美元的价格以现金收购尼克森所有流通中的普通股，总对价约为 151 亿美元。这一收购价格比尼克森在纽约证券交易所交易的股票 2012 年 7 月 20 日收盘价溢价 61%，比 2012 年 7 月 20 日止 20 个交易日期间的成交量加权平均价溢价 66%，远超出了国际石油业并购的溢价约 50%平均水平。可见，收购价格偏高。此外，中海油还承诺将保留所有尼克森员工，将加拿大当作其西半球业务的大本营，而且将继续履行尼克森公司从事的慈善工作和对当地社区的承诺，这些收购条件可以说是比较苛刻。此次收购属于资源驱动型现金收购。此次投资的主体属于中央直属的资源型大型国有企业，不会影响企业现有的股权结构。而中海油称此次并购所需的资金来自中海油的现有资金和外部融资。可见，这给中海油带来了融资的压力和财务压力，并存在一定的汇率风险。

按照中海油的预期，并购尼克森之后，以此为契机，中海油将进一步拓展其海外业务及资源储备，以实现长期、可持续的发展。中海油是世界主要石油企业中石油储备最低的企业之一，而尼克森的资源储量较丰富。依据美国证券交易委员会规则计算，截至 2011 年底，尼克森拥有 9 亿桶油当量的证实储量及 11.22 亿桶油当量的概算储量。此外，根据加拿大油气储量评估标准，截至 2011 年底，尼克森还拥有以加拿大油砂为主的 56 亿桶油当量的最佳估计潜在资源。中海油的预期是，收购之后，海外储量将由目前的 29%上升到 44%，产量可以增长 20%左右，探明储量可增长 30%左右。而且，中海油将在全球石油定价体系中发挥重要作用。

但是，此次并购却令中海油的经营面临不小的挑战。从收益层面看，中海油短期内无法实现盈利。尼克森在当时的经营状况并不理想，该公司的股价呈下滑状态，自身营业收入大幅下降。如 2013 年年报显示，尼克森当年为中海油贡献了 6080 万桶油当量的产品，占当年中海油总产量的 14.6%，但仅仅贡献了 2%的利润。再如，尼克森公司在阿尔伯塔省北部投资 60 亿美元建设的“长湖油砂项目”因地质条件不好而屡屡受挫，经过 8 年的经营都未能达到其设计生产能力的一半。2016 年上半年，中海油净利润同比下降 152.5%，亏损 77.4 亿元。这也是中海油自 2001 年上市以来首次出现中期业绩亏损。其中最为重要的一个原因就是其海外资产减值数额高达 104 亿元，是 2015 年同期的 7 倍多。而被减值的资产主要是加拿大的油砂项目，正是中海油所收购的尼克森公司的油砂项目。

从技术层面看，技术不成熟使开采成本和环境成本过高。油砂是一种沥青、沙石、水和黏土的混合物，必须从中萃取分离出沥青，才能生产出高质量的“合成原油”，大约每开采两吨油砂才能产出一桶合成原油。所以，导致油砂的产出和利润极不成比例。页岩气勘探开发难度大，技术要求高，而页岩气在国内的开采技术尚不成熟，处于起步阶段。

此外，尼克森经常出现生产事故。长湖项目发生了北美 30 年来最严重的陆上漏油事件，导致 500 万升原油泄漏。事发后，尼克森在当地的 95 条管道全部被关闭。加拿大当地时间 2016 年 1 月 15 日下午，位于阿尔伯特省东北部的长湖油砂矿由发生事故，导致两名维修工 1 人死亡、1 人重伤。事故的发生使尼克森关闭了日产 72000 桶的催化裂化装置，油砂生产井也停止生产。由于经营不善，尼克森不得不裁员。到 2015 年，尼克森在一年多的时间里裁员 870 人。

中海油并购尼克森可以说并不算完全意义上的成功兼并。随着中国经济的快速发展，中国企业“走出去”已经从传统的商品出口发展到海外上市和绿地投资，再到大规模的海外并购。对于中国企业而言，不仅要成功地“走出去”，而且能“站得住”，是一个令人深思的问题。

中海油在这次并购过程中事先做了大量调研和外围工作，值得学习借鉴。首先，与尼克森的高层多次会面，双方达成一定的信任。中海油董事长王宜林曾多次亲自与尼克森高层会谈，强调这并不是一项恶意收购，保证公司以及股东的利益不会因此而受损。其次，中海油多次对加拿大政府，以及亚伯达省和不列颠哥伦比亚省的政府以及各种相关团体进行游说；此外，中海油还成功促使尼克森公司的高层出面，对国内相关政府部门进行了游说。可以说，中海油的这次收购是在有准备的基础上进行的。但是，技术层面上的评估并不太充分。

所以，企业在“走出去”时，一是要制订明确的收购计划。在决定海外并购之前，中国企业首先要明确：并购并不是企业发展的唯一方式。因此，企业决策者必须根据企业自身定位在海外并购和其他外部发展方式之间进行抉择，以确保企业正确的发展方向。如果全球市场与境外资源对于企业的发展至关重要，则需要制订一个详细的海外收购计划，包括战略上的评估、支付手段、风险防范的设计，以及并购后的经营方针、整合策略等。二是熟悉法律环境。当前中国企业的低成本优势明显，有的企业也初步具备了海外并购的资金实力，但对于一起成功的并购来说，仅有资金和低成本是远远不够的。要特别关注被并购企业国家的反垄断法和政府对资本市场的管制，尤其是当地劳工法，这些均可能制约并购行为。三是切实做好并购后的整合工作。并购后的整合包括管理整合、文化整合、人力资源整合、技术整合、财务整合等。应当尊重当地的风俗、习惯，与员工进行有效的交流，加强沟通，在原有的经营模式上进行创新或者因地制宜，从而形成适宜的组织管理形式；应履行必要的社会责任，尽可能获得当地政府的支持。

从政府来看，政府应为海外并购营造良好的政策环境。

一是从政策层面加大支持力度，为中国企业的海外并购保驾护航。对于中国企业海外并购，国家已经出台了部分支持政策和优惠政策。如 2012 年，国家发改委、商务部等十部委联合下发《关于加快转变外贸发展方式的指导意见》，要求完善财税、金融服务等政策措施，支持国内企业“走出去”，建立稳定的境外能源资源供应渠道。但是，整个政策体系仍然不够完善。如我国还没有形成一个系统的海外并购投资法律体系，目前我国对外投资法律基本上是针对“新设投资”而设立的，与跨国并购相关的法律也仅限于外资对我国企业的并购，因此我国企业海外并购几乎处于无法可依的境地。再如，由于并购过程中涉及政治因素，所以，中央政府相关部门对于一些较好的海外并购项目应当重点关注，从外交层面积极与企业所在国家和当地政府协调，为并购尽可能地减少政治上的障碍。

二是形成长远规划，推动中国企业加快资源型海外并购的步伐。我国自然资源较为缺乏，我国人均资源量远低于世界平均水平，而我国单位 GDP 的能源消耗却比较高。据有关权威机构估计，我国石油、天然气和煤炭剩余储采比分别为 14 年、32 年和 70 年。从石油来看，目前中国是仅次于美国的全球石油第二大消耗国，中国石油对外依存度已经接近 60%，且本土油气资源储量、产量已处在维持稳定甚至下滑的状态。据有关专家分析，到 2020 年中国石油将有 80%来自进口，一旦发生了供给危机，中国经济安全将会受到极大威胁。跨国并购无疑是解决这一问题的有效途径之一。现在中国石油公司挺进国际市场收购石油公司可以提前为未来可能发生的突变做好准备。为了防止因为战略资产的缺乏而威胁到国家安全，中央政府应当根据国际形势变化，制定出短期规划和中长期规划，统筹协调，有计划、有步骤地实施各种形式的海外并购，从而为我国经济社会发展的能源需求提供坚实的保障。

三是对中国企业的海外并购进行系统指导。“走出去”有一个学习过程。中国企业目前跨国经营水平总体不高，国际化经验不足，风险防范意识不强，急需各种指导。政府的角色不是不让企业犯错误，而是降低犯错程度，减少付出的代价。如为了帮助企业了解和熟悉东道国国情，自 2009 年起，商务部相关部门和驻外经商机构每年编写并更新《对外投资合作国别（地区）指南》，客观介绍有关国家（地区）的投资合作环境，并对企业跨国经营应注意的问题给予提示。所以，在海外企业并购方面，中央政府的相关部门也可以建立统筹协调管理机构，一方面是为进行海外并购的企业提供全方位的指导，另一方面也可以统一协调行动，避免国内企业间的盲目竞争。

（三）中铁建麦加轻轨项目

2009 年 2 月 10 日，中铁建总公司旗下上市公司中国铁建与沙特阿拉伯王国城乡事务部签署了《沙特麦加萨法至穆戈达莎轻轨合同》，该项目轻轨全长 18.25 公里，工期约定为 21 个月，合同金额约 17.7 亿美元。合同约定采用 EPC+O&M 总承包模式（即设计、采购、施工加运营、维护总承包模式）施工完成沙特麦加轻轨铁路项目。中铁建要在 2010 年 11 月 13 日之前完成开通运营，运能要达到 35%，在 2011 年 5 月前，运能达到 100%。2010 年 10 月，中铁建正式发布公告称，项目有亏损。2015 年，中国铁建集团公司正式将沙特阿拉伯麦加轻轨移交给沙特政府。

与中铁建其他海外并购相比，这次早期并购并不太成功，其原因是多方面的。第一，对当地文化、技术等状况研究不充分。首先是当地的文化环境。当地劳工主要来自印度、巴基斯坦、孟加拉、尼泊尔等国，分包实行较为严格的 8 小时工作制，在工作过程中还有早茶、下午茶时间，工作时间较短。沙特轻轨工程所在地麦加是伊斯兰教第一圣城，是伊斯兰教发源地。城里的禁寺是伊斯兰教第一大圣寺，寺周围被划为禁地，禁止非穆斯林入内。在这里施工必须严格遵守伊斯兰教的规定和习俗，使得劳工无法进入相应的施工现场。在该项目施工期高峰时需要 2 万人，但是中铁建只能临时去找穆斯林劳工，并且还要办理签证。这就影响了工程的进度和成本。其次是当地的施工、技术标准。沙特方面负责的地下管网和征地拆迁部分工程，由于配合出现困难，影响了工程的进展。中铁建对于施工的一些标准不熟悉，就以空调的标准设定为例，最初设定是38摄氏度，沙特属于干旱和风沙区，室外温度高，常常在40摄氏度以上，设定为38摄氏度显然不合适，后来将温度设定提高到46摄氏度进行设计。沙特环境条件较为恶劣，增加了施工难度。第二，该项目采用“EPC+O&M”的总承包模式，项目签约时只有概念设计，对这种模式的不熟悉为之后施工量增加埋下了隐患。EPC是Engineering，Procurement & Construction的缩写，O&M是指Operation & Maintenance，是指承包商要对项目的设计、采购、施工以及运营维护负全部责任。业主为增加新的功能对工程作出大量指令性变更使部分已完工工程重新调整，大幅增加了工程量。

尽管这一项目不能算成功，但中铁建这次早期出海行动为此后我国企业“走出去”提供了不少启示。一是在企业“走出去”之前，要对工程做充分的评估。在投标时，实现做好调查研究，一定要熟悉工程的模式，对工作量和造价做充分的估计，要根据合同和规范进行有针对性的询价，不能仅仅参照过去我国国内的经验进行估价。二是企业应充分了解国际规则。根据EPC合同，承包商的任何索赔意向，必须在造成该项索赔事件开始发生后的28天内通知雇主，雇主收到承包商的索赔通知后，应在28天内提交详细报告，包括索赔金额及依据。如果雇主认为索赔成立，会在中期支付中把索赔款付给承包商。如果双方不能对索赔达成一致，由双方任命的争端裁决委员会决定，该决定在接到请求后的56天内发出。如果双方中的任何一方不接受争端裁决委员会的决定，则可启动双方都不愿走的耗资、耗时的国际仲裁程序。三是文化差异不容忽视。企业要“走出去”，必须熟悉当地文化。因为我国与其他国家存在巨大的文化差异。融入当地文化，是企业生存发展、管理最基本的要素。沙特轻轨项目的进度放缓在一定程度上是受到了穆斯林文化的影响，导致用工出现状况。

（四）上汽并购双龙

上海汽车工业（集团）总公司（以下简称“上汽”），是中国三大汽车集团之一，主要从事乘用车、商用车和汽车零部件的生产、销售、开发、投资及相关的汽车服务贸易和金融业务。2006年，整车销售超过134万辆，位居全国车企之首。

双龙汽车公司成立于 20 世纪 50 年代，是韩国第四大汽车制造商，主要生产大型 SUV 和高档豪华轿车，既有 20 万辆的产能，又有研发工程能力。由于经营状况不佳，到 1999 年自有资本滑到负 613 亿韩元，进入破产程序，所以，双龙汽车公司开始寻求向海外出售股权。2003 年下半年，双龙汽车公司债权团邀请美国通用汽车公司、法国雷诺汽车公司和雪铁龙汽车公司、中国上海汽车集团公司以及印度塔塔等海外企业来投标。2004 年 7 月，双龙的债券团选中了上汽，上汽集团以 5 亿美元收购双龙汽车 48.92%股权。2005 年 1 月 27 日，上汽集团增持双龙汽车股份达到 51.33%，成为其第一大股东。该并购成为中国汽车行业并购第一案。

上汽此次收购的目的是通过区域性兼并，逐步构建全球经营体系；发挥双龙的 SUV 以及柴油发动机对上汽的互补优势，促进双方在产品设计、开发、零部件采购和营销网络的协同效益，提升上汽产品竞争力。

并购后，上汽采取了一系列的措施，如精减开支、加强管理等，到 2006 年，双龙汽车主营业务实现盈利，到 2007 年实现扭亏为盈。但是，双龙汽车的产量并未实现快速增长，双龙汽车的工人有 7100 多人，汽车的年产量为 9 万~15 万辆，远低于其他韩国车企。而且双龙一辆车的人工成本较高，较其他韩国车企高出 10 个百分点左右。

2008 年，国际环境发生变化，各国汽车行业均面临销售下滑、资金链断裂等困境。2008 年前 9 个月，双龙出现了巨亏。为维持企业的经营，上汽与双龙管理层对企业进行调整，将旗下 9 个本部缩减到 4 个，并取消在韩国市场推出新款轿车的计划。并决定实施减员增效计划，裁员的计划却遭到了双龙工会的强烈反对。2008 年 12 月 17 日，双龙工会成员以外泄核心技术为由，扣留了平泽工厂的中方管理人员，之后又到我国驻韩国大使馆门举行示威活动。

2009 年 1 月 8 日，双龙决定申请企业回生流程，1 月 9 日申请破产保护，2 月 6 日，法院接替董事会，对双龙进行托管，指定两位韩国人为共同管理人。上汽放弃其股东管理权利。上汽对双龙汽车的资产损失约为 30.76 亿元人民币。上汽仍然将双龙的股票全部清空。

在这期间，双龙工会曾多次逼迫上汽提高员工工资与福利待遇，坚决抵制裁员，还多次进行了罢工，严重影响正常的生产活动。如 2006 年 5 月，当双龙提出以辞退部分员工、中断福利来摆脱困境的计划时，工人的不满情绪爆发，进行了持续 49 天的大罢工，导致双龙损失了 3 亿美元。

上汽整合双龙的失败折射出我国企业在收购海外企业完成之后，后续的整合问题难度更大。并购协议的签订并不代表并购的完成，而仅仅是开始，后续整合成功，协同效用发挥之后才算作企业并购成功。

这一案例使我们意识到，我国企业要“走出去”，必须要充分了解双方文化差异。对国家文化差异的评估，要找出双方国家文化的共同点和差异点，并且要追寻被并购国形成这些特殊文化的原因，从而才能进一步理解、认清双方国家文化差异。上汽对双龙的企业文化差异了解不够，导致初期的人力资源整合失败。

而且，在韩国，工会处于强势地位，每年都会在春季和夏季协商中要求增加工资和福利待遇，企业的经营活动需要工会的配合，甚至雇用和解雇工人也需要得到工会的认可。如果要求得不到满足，工会常常会采取罢工、抗议，甚至占领工厂等激烈手段，迫使资方就范。其次是上汽集团对双龙工会的作用不了解。韩国商业文化的一大特色就是其强大的工会。工会在韩国企业中占据重要的地位，员工是一个企业最基本的人力资本，上汽在进行人力资源整合时，有必要对双龙的工会加以考虑。工会的强大来源于韩国的民族主义精神，他们自立图强，不惜为民族利益而流血牺牲，同时警惕性很强。双龙屡次被拥有者出售或者被人接管的经历对其工会造成了巨大的心理创伤，导致双龙工会为维护自己的利益变得更加强势。

（五）中铝收购力拓

2008 年 1 月 31 日，中国铝业公司（以下简称中铝）通过新加坡全资子公司联合美国铝业以场外收购方式，出价 140.5 亿美元，收购力拓英国上市公司 12%的股份，约占力拓集团总股份的 9%。2009 年 2 月，中铝再次以 123 亿美元和 72 亿美元分别购买力拓九大核心矿产的少数股权，并认购力拓发行的可转换债券，中铝对力拓持股比例从 9%提升到 18%。中铝公司为了该交易，安排了 210 亿美元的融资。力拓成立于1873年，是全球第三大多元化矿产资源公司，在全球拥有60多家子公司。

2009年3月16日，澳大利亚外国投资审查委员会在澳洲证券交易所发布公告，称将延长对中铝与力拓195亿美元交易的审查时间，在原定的30天审查期基础上，再增加90天。2009年3月26日，澳大利亚竞争和消费者委员会明确表示将不反对中国铝业公司注资力拓的交易，原因是这一交易不会降低全球铁矿石的价格。2009年4月2日，德国政府批准了该交易。最终该交易获得了澳大利亚竞争与消费者保护委员会、德国联邦企业联合管理局、美国外国投资委员会等监管机构的批准。

但2009年6月5日，力拓集团撤销了双方的合作交易，依据协议向中铝支付了1.95亿美元的违约金，却与澳大利亚必和必拓达成协议合资经营铁矿石业务。最终，该收购案以对方违约宣告失败。

中铝收购力拓没有执行下去，其原因是多方面的。

由于中铝收购力拓程序的复杂性，澳大利亚政府将审批期限增加90天，在这段时间内，国际金融危机影响最严重的时期已经过去，力拓的股价有所上升，力拓度过了最为艰难的时期，它所面临的困难有所缓解。在力拓取消与中国铝业公司达成的注资协议的当日，必和必拓和力拓就宣布就合资经营双方在西澳大利亚的铁矿石业务达成协议。早在2007年11月8日，必和必拓就有意向收购力拓，但是受金融危机影响，计划被搁置了下来。

澳大利亚民众的担忧影响了收购的顺利进行。中铝是一个国有企业，在西方国家散布着一些关于中国存在威胁的言论，澳大利亚人的民族主义使他们认为中铝收购力拓可能会威胁到澳大利亚的国家安全。当地的舆论对收购造成极大的负面影响。

对于力拓来说，违约的代价较低。协议取消后，力拓向中铝支付了1.95亿美元，只是并购协议金额的1%。但是，中铝却需要支付数额庞大的投行费用、财务顾问费和律师费，向四大银行支付巨额的赔偿金等，中铝付出的代价较大。

所以，对于中国企业来说，“走出去”一定要抓好时机，有时机会稍纵即逝。在对外交易中，要学会交易技巧，充分利用专业化的咨询机构，防止掉入陷阱之中。

（六）五矿并购 OZ 矿业公司

2009 年 6 月 11 日，中国五矿集团公司（以下简称五矿）正式对外宣布，五矿有色金属以总对价 13.86 亿美元的价格收购澳大利亚 OZ Minerals 公司（以下简称 OZ）的主要资产，包括除 Prominent Hill 矿，菲律宾、印度尼西亚等部分资产的剩余全部资产。由五矿集团在澳大利亚的全资子公司 Minerals and Mining Group Limited（MMG）接管。此次收购为全现金收购。这是澳大利亚政府首次批准的中国国有投资者对本土矿业企业的收购，并被《亚洲金融》评为“2009 年全球最佳并购项目”。2010 年 12 月，MMG 所有资产以 18.46 亿美元卖给五矿集团旗下的上市公司五矿资源。

此次并购的限制条款包括：五矿承诺独立经营这些矿山，继续以澳大利亚为总部，由以澳大利亚人为主体的团队进行管理，遵信国家基准价格和市场准则，保持或增加位于澳大利亚的 Golden Grove、Century 和 Rosebery 锌矿的就业，并根据经济形势重开目前被关停的 Avebury 和 Dugald River 矿，尊重澳大利亚法律和员工权益，遵守与社区签订的协议。

中国五矿集团公司成立于 1950 年，是以金属、矿产品开发、生产贸易和综合服务为主要业务进行全球化经营的大型企业集团，2012 年在世界 500 强中排名第 169 位。五矿有色金属股份是五矿集团下属的有色资源型企业，由五矿集团控股 90.27%。

被收购方 OZ 矿业公司总部位于墨尔本，2008 年 7 月由 Oxiana 和 Zinifex 合并而成，在澳大利亚交易所公开上市交易，是澳大利亚第三大金属矿业公司，世界第二大锌生产商。公司生产锌、铜、铅、黄金、银还有少部分的镍，在澳大利亚、亚洲和北美都有矿产资源和勘探项目。由于无力偿还近 5.6 亿澳元的债务，OZ 矿业在 2008 年下半年陷入债务危机，并自 2008 年 11 月 28 日起停盘。

五矿的此次收购过程并不平坦，其间遇到了许多困难，但最终收购成功。其过程如表 5-7 所示。

表 5-7　2009 年五矿并购 OZ 矿业主要过程

时间（2009 年）	事件
2 月 16 日	五矿通过旗下五矿有色金属股份有限公司宣布以 26 亿澳元现金收购 OZ 公司 100%的股权
3 月	澳大利亚财政部以 OZ 公司的 Prominent Hill 矿位于军事禁区为由拒绝了全面收购申请
4 月	五矿放弃全资收购澳大利亚 OZ 矿业公司计划并修改收购协议，剔除涉及军事安全的 Prominent Hill 矿，收购金额也减少到 12 亿美元。澳大利亚政府批准了五矿的收购申请
6 月初	澳大利亚几家投行又提出了三份新的融资方案，企图阻挠收购
6 月 10 日	澳大利亚投行麦格理集团向 OZ 矿业提出一项 14 亿澳元（约 11.1 亿美元）的资本重组建议。五矿将收购报价上调，提至 13.86 亿美元
6 月 11 日	OZ 矿业公司股东投票通过
6 月 18 日	由中国五矿集团公司旗下的五矿有色金属股份有限公司全资拥有的 MMG 公司在澳大利亚墨尔本 OZ 矿业公司总部宣告成立，这标志着五矿集团收购澳大利亚 OZ 矿业公司部分资产的交割最终完成

整合是并购成功的关键所在。本次收购交割完成以后，五矿随即在墨尔本成立了 MMG 公司，实行战略化管控，董事会集团派驻董事，在经理层这块，CEO、CFO、COO 团队全部保留了下来，在运营过程当中，五矿集团下属五矿有色在融资、市场分析、产品销售、原材料采购等方面展开一系列融合与协作。整合效果良好。从 2010 年的数据来看，MMG 公司运营较平稳，累计实现利润 4 亿美元。

本次收购对于国家有色金属资源战略实施、五矿集团的发展、实现自身战略目标具有重要意义。一是可以满足国家的战略需要。“走出去”获取国外资源是国家矿产战略的重要手段，同时有色金属的开发已经向高技术、精管理方向发展。此次并购将有效增加我国锌、铜、铅等主要有色金属矿产资源的储备，提高了我国在有色金属方面的“话语权”。二是国际市场的上游优质矿产资源，配合国内低成本劳动力资源的下游冶炼厂，可以提升五矿的产业链的精细化运作，优化矿产资源的分布及结构格局，巩固市场地位，提供全球化的服务。

中国五矿集团并购澳大利亚 OZ 矿业公司的成功，其中有许多值得我国企业学习的地方。

一是企业应制定长远发展的战略目标，并据此确定并购方向。企业在进行海外并购时，要明确企业的财务战略、发展战略等，根据自身的发展战略确定并购目标。五矿的目标是向实业化和资源型企业转型，成为国际领先的金属矿产企业集团。要实现这一目标，就必须发展集团的全球资源供应系统。OZ 公司拥有丰富的铜、黄金、白银、铅、镍等金属储备，无疑成为五矿的重点收购对象，因此得到重点关注。早在 2006 年，五矿就开始关注奥克夏纳公司（OZ 公司的前身），经常利用全球矿业大会、地质技术交流会等机会与该公司高管接触，了解其经营理念、战略发展思路、资产分布及核心资产情况等。

二是加强沟通，获取多方支持。五矿的 OZ 收购团队一直和 OZ 公司的董事会、员工以及股东保持良好的沟通，消除对方顾虑。五矿制定了公关策略，获取了当地政府和舆论的支持，在项目最关键的时候五矿集团及时派出高级管理人员前往澳大利亚，进行各方舆论公关。当五矿在收购后期遭遇重大阻力时，获得了 OZ 公司的董事长丘萨克和首席执行官米歇尔莫尔的鼎力支持，这些对收购成功起到了良好的促进作用。

三是市场发生变化时，要审时度势、随机应变。在此次收购过程中，澳大利亚政府出于国家安全考虑，否决了五矿全面收购方案时，五矿随即对收购案进行了调整，改全面收购为部分收购，由原来的偿债变为收购主要资产。此外，由于受到一些来自外资银行提交的融资方案的威胁，就在股东投票前一晚，五矿又将收购报价提高到 13.86 亿美元。在关键时刻，五矿及时地不断调整方案，是交易得以成功的主要原因之一。

第六章 重点地区的产业转型升级

我国幅员辽阔，地区产业发展各具特色，不同地区所面临的产业转型升级局面迥然相异。为此，笔者选择广州、深圳和东北地区进行重点地区的产业转型升级分析。广州和深圳的经济发展在全国处于领先地位，其产业转型也走在全国前列，经验值得学习借鉴。而东北地区作为共和国的“长子”，是我国重要的重工业基地，近年来在产业转型过程中遇到巨大挑战，这些地区的工业转型升级具有较强的代表性。

一、广州市的产业转型升级

广州地理位置优越，位于我国大陆南方、广东省的中南部、珠江三角洲的北缘，接近珠江流域下游入海口。广州曾是千年商都，当前聚焦国际航运中心、物流中心、贸易中心和现代金融服务体系建设，不断提升商都功能和增创新的竞争优势，经济发展在全国名列前茅。到 2016 年，广州的地区生产总值已经连续 28 年在国内城市中排第 3 位，其产业转型升级方面取得了一定的进展。但其经济发展面临更加严峻的国内外形势，既有机遇也面临挑战，所以，仍需进一步加快推进产业转型升级步伐，抢占经济制高点。

（一）广州市产业转型升级成效

广州经济保持了快速的发展（见图 6-1）。2016 年，广州的地区生产总值达到 1.95 万亿元，连续 28 年居国内城市第 3 位。广州的人均地区生产总值达到 2.14 万美元，三次产业结构比例为 1∶31∶68。工业设计、文化创意、移动互联网等新业态发展迅速。

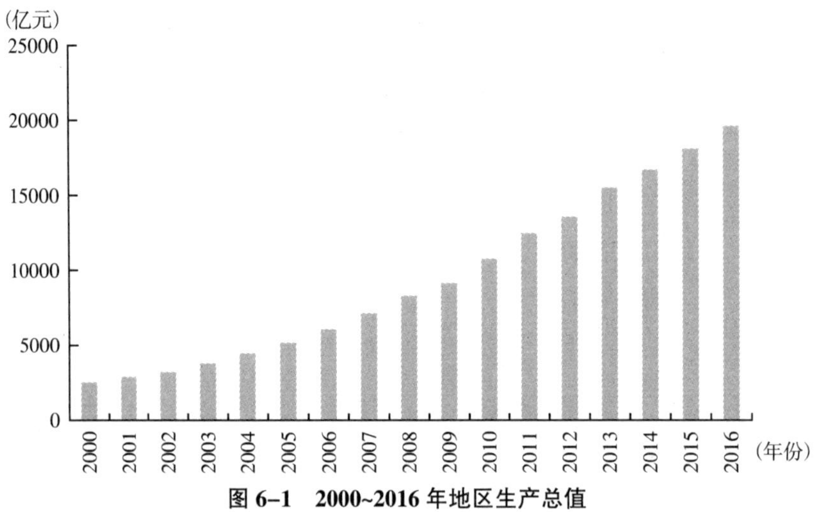

图 6-1　2000~2016 年地区生产总值

资料来源：根据广州市统计局提供的相关数据绘制。

广州工业保持了健康平稳发展。2016 年，广州规模以上工业分别完成工业增加值和总产值 4877.85 亿元和 19556.25 亿元。其中，工业增加值增速为 6.5%，高于全国 6.0%的平均水平（见图 6-2）；在京津沪渝穗深苏七个主要城市中居第 4 位，高于北京（5.1%）、苏州（4.8%）和上海（1.1%），低于重庆（10.3%）、天津（8.4%）和深圳（7.0%）。在工业保持平稳增长的同时，广州不断推进产业结构转型升级。

当前，广州已经构建起了高端高质高新的现代产业体系（见图 6-3）。广州的先进制造业、战略性新兴产业保持健康发展。2016 年，规模以上高技术制造业增加值 664.55 亿元，增速为 7.5%，快于工业平均水平（6.5%），高技术产品产值占规模以上工业的比重达到 46.0%。[①] 其中，医药制造业增长 17.8%，电子及通信设备制造业增长 7.2%，医疗设备及仪器仪表制造业增长 5.1%。先进制造业增

① 2016 年广州市国民经济和社会发展统计公报。

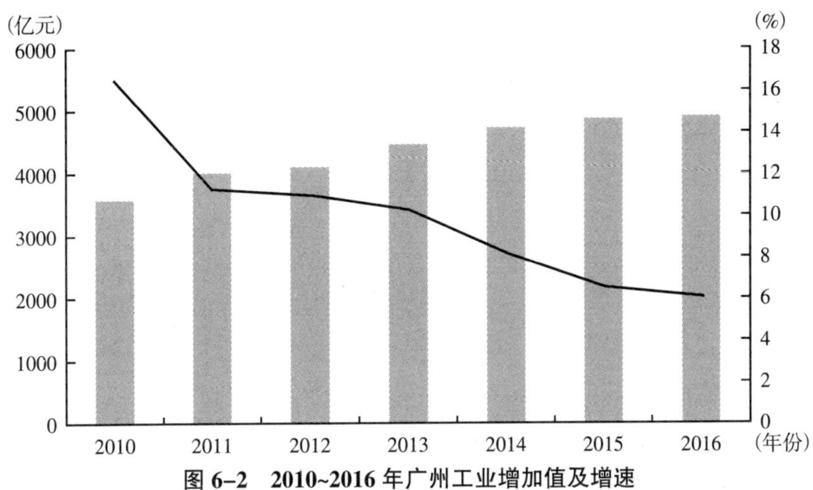

图 6-2　2010~2016 年广州工业增加值及增速

资料来源：根据广州市统计局提供的相关数据绘制。

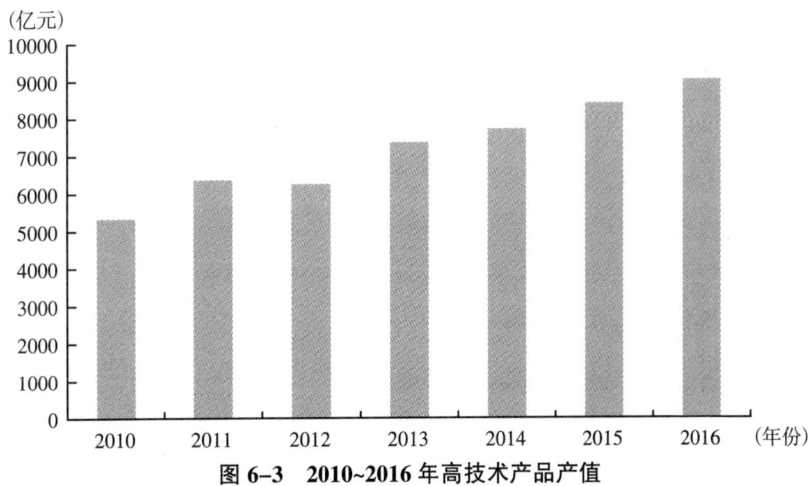

图 6-3　2010~2016 年高技术产品产值

资料来源：根据广州市统计局提供的相关数据绘制。

加值增长率达到 6.6%，战略性新兴产业持续保持两位数的增长。汽车、电子、石化、电力热力、电器机械、通用专用设备、铁路船舶航空航天设备、医药 8 个工业行业规模进一步扩大，工业总产值合计占全市工业总产值的比重达 70.9%，同比提高 0.4 个百分点。

为不断提升自主创新能力，广州坚持创新驱动发展，大力推进国家创新中心城市和国际科技创新枢纽建设。广州已经成为国家自主创新示范区和全面创新改革试验核心区。到 2016 年，高新技术企业已经达到 4700 多家，新型研发机构达到44家，日均注册商标数量在副省级城市中居首位，科技企业孵化器面积超过800万平方米，拥有的国家级优秀孵化器数量在全国位居前列。2016年，广州专利受理99070件，增速在19个副省级及以上城市中排第1位。

在产业集聚方面，广州积极构建智能装备和机器人、节能和新能源汽车、生物医药与健康等先进制造业产业集群。当前，已经形成汽车、石油化工、电子产品、重大装备、生物与健康、新材料与高端制造6大千亿级产业集群，初步形成以东翼、南翼、北翼3大先进制造业产业集聚带和95个产业区块（园区）为载体的现代工业发展格局。

（二）广州市产业转型升级经验

1. 优化创新生态，以创新驱动推动产业链向高端化延伸

广州积极贯彻国家和广东省关于实施创新驱动的战略部署，立足于技术创新来推动产业实现转型升级，提出要将广州打造成为创新驱动发展引领区、珠三角自主创新核心区、国际创新要素集聚区。利用和整合现有创新资源，建立政产学研用有机结合的产业创新体系，推动跨领域、跨行业协同创新，提高产业创新能力。

一是不断完善创新政策体系。推出“1+9”科技创新政策（见表6-1），其中主体文件为《中共广州市委　广州市人民政府关于加快实施创新驱动发展战略的决定》（穗字〔2015〕4号），配套文件包括《广州市人民政府关于加快科技创新的若干政策意见》（穗府〔2015〕10号）、《广州市人民政府办公厅关于促进新型研发机构建设发展的意见》（穗府办〔2015〕27号）、《广州市人民政府办公厅关于促进科技企业孵化器发展的实施意见》（穗府办〔2014〕61号）等，这些政策涵盖了企业创新主体、创新生态环境、科技成果转化、人才培养引进和激励、创新平台服务能力、科技金融产业融合等方面。

表6-1　广州市创新“1+9”政策体系

序号	文件名称
1	《中共广州市委、广州市人民政府关于加快实施创新驱动发展战略的决定》
2	《广州市企业研发经费投入后补助实施方案》

续表

序号	文件名称
3	《广州市人民政府办公厅关于促进科技企业孵化器发展的实施意见》
4	《广州市人民政府关于促进科技、金融与产业融合发展的实施意见》
5	《广州市人民政府关于加快科技创新的若干政策意见》
6	《关于对市属企业增加研发经费投入进行补助的实施办法》
7	《广州市人民政府关于促进新型研发机构建设发展的意见》
8	《广州市关于落实创新驱动重点工作责任的实施方案》
9	《广州市“羊城高层次创新创业人才支持计划”实施办法》
10	《广州市促进科技成果转化实施办法》

二是积极打造创新载体。积极推动国家创新中心城市建设，积极打造琶洲互联网创新集聚区，促进广州超级计算中心、中新广州知识城、广州国际生物岛及广州国际创新城等一批创新载体的建设，初步形成科技创新走廊。建立了广州中科院生命健康研究院、华南新药创制中心、广州中科院工业技术研究院和北航新兴产业技术研究院等一批重大创新平台；推动企业成为创新主体，全市 65%以上的大中型企业建有技术研发机构。截至 2016 年底，广州市拥有的省级新型研发机构达到 44 家，在广东省占比为 25.9%。

在孵化器和众创空间方面，广州已经初步形成了以国家级孵化器为龙头、省市级孵化器为主体、包括全市科技企业的孵化器网络，孵化面积达到 840 万平方米。广州积极促进不同形式众创空间的发展，如创新谷、创客街、YOU+社区、一起开工社区、羊城同城汇、瞪羚咖啡、伯乐咖啡等，到 2016 年，众创空间数量达到 115 家。

三是加大创新投入，促进科技成果转化。近年来，广州 R&D 的经费支出不断增加，2016 年，占 GDP 比重达到 2.7%。对企业进行后补助，按企业研发投入的支出分别给予不同比例的补助。不断加大对科技小巨人企业的扶持。2015 年，广州规模以上工业企业拥有发明专利数 4234 件，是 2010 年的 3.3 倍。为促进科技成果转化，广州积极构建多层次技术产权交易体系。2015 年 5 月，广州知识产权交易中心正式挂牌。重点支持成果转化示范机构的建设，推行科技成果交易补助制度。

2. 积极打造先进制造业，不断推动产业向中高端化发展

广州重点发展智能装备及机器人、新一代信息技术、新能源汽车、生物医药和健康、新材料与精细化工、轨道交通、能源及环保、高端船舶与海洋工程装备、航空与卫星应用等重点领域，积极推进先进制造业基地建设。大力发展物联网、云计算、大数据、人工智能等新技术，推动新一代信息技术与制造业融合创新发展。积极培育新业态、新模式。推进服务型制造的发展，推动全生命周期、个性化定制等服务型制造，引导家具企业向交钥匙工程转变，促进服务型制造的发展。如尚品宅配积极发展柔性制造，通过个性化营销、柔性化生产、大规模定制等模式，成为我国定制家具领域的标杆企业。

培育具有竞争力的企业，注重培育民营企业，加大对中小微企业的扶持力度。引导企业开展技术改造，提升产品结构和档次，已经推动600多家规模以上工业企业进行了新一轮技术改造，60%的工业产品基本按照国际标准或国外先进标准组织生产。

按照产业发展规划、城市空间规划和土地利用总体规划“三规”合一，产业转型升级与城市转型升级有机统一，产业空间布局与城市功能定位协调统一的原则，根据新、老城区不同资源优势和发展定位，优化产业布局。中心城区重点发展现代服务业，外围城区将重点放在发展先进制造业和战略性新兴产业，构建中部中央现代商务和文化产业带、东部高新技术产业带、南部高端装备制造业产业带、北部生态经济产业带的产业发展空间布局。中新广州知识城、广州科学城、天河智慧城、广州国际创新城等高新技术产业带大力发展战略性新兴产业。越秀、天河、荔湾、海珠等中心城区大力发展现代服务业和总部经济，着力打造广州现代服务业发展功能区。为给新兴产业发展创造更多的发展空间，通过“腾笼换鸟”“关停并转”7000多家传统企业，“退二进三”了7000多家企业。

3. 不断强化保障体系，推动产业外部环境更加优化

广州先后出台了《加快十大重点产业发展行动方案》《推进产业提升工程实施意见》《加快总部经济发展的实施意见》等一系列产业政策，形成了覆盖面广泛的产业政策体系。不断加大财政投入，改善融资环境，出台《广州市人民政府办公厅印发关于促进广州股权投资市场规范发展暂行办法（修订）的通知》（穗府办

〔2015〕5 号)、《广州市人民政府关于进一步发展和利用资本市场的若干意见》(穗府〔2015〕19 号)、《广州市战略性新兴产业创投引导资金参股创业投资基金管理暂行办法》(穗发改高技〔2014〕61 号)等文件,不断创新财政支持方式,全面落实国家各项税收优惠政策,清理不合理收费项目,切实减轻企业负担。加大对创新创业的扶持力度,逐步形成扶持中小企业成长的长效机制。全面推行"营改增",推进民间金融街建设。

政府为营造实体经济良好发展环境,不断深化"放管服"改革。强化对企业服务的能力,着力解决制约企业发展的人才、用地、融资等"瓶颈"问题。推行"互联网+政务服务"改革,取消、下放行政审批和备案事项。全面开展"一窗式"集成服务,放宽商事主体登记条件,实施工商登记全城通办。

(三)广州市产业转型升级存在的问题

当前,全球新一轮产业和科技革命对广州产业转型升级带来重大机遇。新一轮产业革命的制高点在于产业价值链高端,只有抢占制高点才能掌握发展的主动权。尽管广州工业经济发展取得较大成就,与其他城市相比还存在一些发展的"短板",而且广州经济面临着土地资源稀缺、区域竞争日益激烈等困难。所以,广州应不断加快转型升级步伐。

第一,自主创新能力有待进一步提升。如表 6-2 所示,在创新投入方面,2016 年广州在研发方面的投入占 GDP 比重仅为 2.7%,低于北京(5.94%)、上海(3.8%)、深圳(4.1%)等地区。从创新成果来看,与某些地区仍存在一定差距,2015 年,广州发明专利授权量仅相当于北京的 18.8%、上海的 37.6%。从高新技术企业数量来看,2016 年,广州有高新技术企业 4740 家,而深圳累计达到 8037 家,而且缺乏像华为、联想等创新能力突出的行业领军企业。《中国区域创新指数报告(2016)》显示,广州在年度区域创新综合指数中排名第三。当前,广州部分产业核心关键技术仍然缺失,对外技术依存度高,如核心芯片、高端元器件等仍主要依赖进口。

表 6-2　2012~2016 年我国主要城市研发投入强度

年份	北京	上海	深圳	广州	天津	杭州
2012	5.79	3.37	3.81	1.93	2.7	—
2013	6.16	3.60	4.0	1.89	2.8	2.6
2014	6.03	3.66	4.0	2.0	2.8	3.0
2015	5.95	3.73	4.05	2.1	3.0	3.0
2016	5.94	3.80	4.1	2.7	3.1	3.1

第二，新旧动能接续存在不足。传统动力对广州经济拉动作用逐步减弱，而新动力还尚未形成强有力的支撑。一方面，传统产业发展水平有待进一步提高，汽车、电子、石化三大产业仍是广州经济增长的主要动力，但这些产业面临新的拐点，其他许多传统行业增速放缓。另一方面，新兴产业体量仍然偏小，对工业支撑不足。高技术产业、新兴产业和先进制造业虽然增速较快，但体量偏小，尚未形成规模化、集群化发展，对经济增长未形成强有力的带动作用，如 2015 年高技术制造业增加值占规模以上工业增加值的比重为 43.1%，低于深圳 66.2%的水平；工业机器人及智能装备产业产值在全市工业总产值中所占比重不足 1%。

第三，资源环境压力加大。随着劳动力、能源、原材料等要素价格全面上升，土地资源日益紧缺，环境容量趋于饱和，生态环境承载力已经远远超载。随着经济的不断发展，资源能源消耗和污染物排放增长的压力长期存在，不利于广州的产业结构转型升级。从土地供给来看，过去 20 年广州年均投放新增用地约 40 平方公里，但最新一轮的土地利用规划显示，2011~2020 年，广州可新增建设用地规模只有 90 平方公里，年均用地指标不足过去的 1/4；而且土地价格不断上涨，土地出让价格比十年前平均上涨了 13 倍。

（四）进一步促进产业转型升级的路径

一是提高自主创新能力，实现科技领跑。进一步完善科技政策体系，引导企业开展有效的创新。积极培育高新技术企业。进一步健全科技成果市场定价机制、科技成果收益分配激励制度等，完善科技成果转化公共服务平台，促进科技成果转化。继续实施创新创业服务领军人才支持计划，积极引进高层次创新人才，加大相关人才的培养力度。加强与其他国家科研机构的科研合作，提高创新能力。

二是积极培育新动能，补齐产业短板。进一步促进信息化和工业化的深度融合。加快传统产业的改造升级，利用新一代信息技术改造和提升传统制造业，改变产品结构。积极培育生物医药与健康、能源及环保装备、轨道交通等先进制造业。积极培育新兴产业，促进新旧动能加快转换。目前，广州新兴产业发展速度加快，但体量仍较小，对经济的支撑作用较弱。所以，在现有工业体系的基础上，大力支持新产业、新业态的发展。全面实施“互联网+”计划，积极发展基于互联网的产业，明确物联网、云计算、大数据、人工智能等新一代信息技术产业发展方向和路线图。

三是进一步推进对外开放，提高对外合作水平。加强泛珠三角地区的区域合作交流，推进粤港澳深度合作区开发建设，全面推进交通设施、产业园区、环保、公共服务等项目的合作。鼓励有条件的企业“走出去”，支持企业到“一带一路”沿线国家和地区进行投资。

四是加强人才体系建设，提升人力资源支撑保障水平。健全多层次人才培养体系，加强与院校合作，建立企业与院校之间的对接机制，培育具有工匠精神的专业技能人才。积极培育和引进尖端技术的高端人才、急需紧缺专业技术人才、创新型人才等。提高企业经营管理人才的素质，推进企业管理人才职业化、专业化和国际化，提高企业现代化经营管理水平和企业核心竞争力。完善人才服务保障体系，优化配套生活环境，营造良好的氛围。

二、深圳市的产业转型升级

改革开放以来，深圳凭借特区政策优势，充分发挥毗邻香港的地理区位条件，在过去 30 多年的经济发展中，取得了令人瞩目的成就，从主要依靠“三来一补”加工贸易，到依靠高新技术产业带动，走出了一条“深圳加工—深圳制造—深圳创造”的产业转型发展之路，实现了向自主创新转变。在当前经济发展进入新常态的背景下，深圳积极构建梯次型产业发展新格局，努力推进现代产业发展体系的形成。所以，“深圳模式”值得借鉴。

（一）深圳市产业转型升级成效

近年来，深圳市工业平稳健康发展，工业增速遥遥领先。2016 年，深圳市规模以上工业增加值为 7199.47 亿元，增长 7.0%，分别高于全国和全省 1.0 个和 0.3 个百分点。深圳市加快发展高技术产业、战略性新兴产业，积极培育新动能，产业结构调整取得了显著的成效。

近年来，深圳已经形成以先进制造业为主要带动的发展局面，战略性新兴产业规模不断壮大，集聚性不断增强（见表 6–3）。2016 年，深圳先进制造业增加值 5428.39 亿元，占规模以上工业增加值比重 75.4%；高技术制造业增加值 4762.87 亿元，增速高于全市规模以上工业增加值 2.8 个百分点，占全市规模以上工业增加值比重达到 66.2%。而 2016 年，全国高技术制造业增加值占规模以上工业增加值的比重为 12.4%。新兴产业增加值合计 7847.72 亿元，占 GDP 比重 40.3%。可以说，深圳形成了以电子信息产业为主导的高新技术产业集群，成为全国高新技术成果产业化的重要基地。

表 6–3　深圳工业和新兴产业增加值及增速

年份	工业增加值（亿元）	工业增加值增速（%）	规模以上增速（%）	新兴产业增加值（亿元）	增速（%）
2012	5343.40	7.3	7.3	3878.22	19.0
2013	5852.31	10.0	9.6	5002.50	20.5
2014	6362.3886	8.1	8.4	5695.24	13.5
2015	6742.98	7.5	7.7	7003.48	16.1
2016	7268.93	7.9	7	7847.72	10.6

资料来源：根据历年《深圳统计年鉴》汇总而得。

各类型企业协同发展，形成大、中、小企业共同发展“雁阵式”布局。其中，深圳中小微企业数量超过 100 万家，国家级高新技术企业 5524 家；创业板、中小板上市深圳企业总数 128 家，连续 9 年居全国大中城市首位。2016 年，深圳新增国家级高新技术企业2513家，是2015年增量的3倍以上，国家级高新技术企业数量约占广东全省的一半。

创新真正成为深圳市经济发展的主要动力。深圳创建国家创新型城市和国家自主创新示范区，成为国家小微企业创业创新基地示范城市。当前，深圳的固定资产投资与GDP的比率仅为18.8%，低于全国水平。而全社会研发投入占GDP比重已经超过4%，已经超过发达国家平均水平。2016年的PCT国际专利申请量增长约50%，占全国一半。孕育出了全国领先的高新技术产业，培育出了华为、中兴、腾讯、大疆等明星企业。

深圳在新能源、新材料、无人机等先进制造业领域不断取得突破。国家基因库投入运营，成为全球最大的基因库之一。华为短码方案成为全球5G技术标准之一。无人机、柔性显示等技术处于全球领先水平。创新设备向社会开放共享，深圳湾创业广场成为全国创新创业的新名片。

（二）深圳市产业转型升级主要路径

当前深圳取得的成绩与其不断转型分不开。20世纪80年代，深圳大力发展“三来一补”加工业；90年代，着力打造以电子信息产业为龙头的高新技术产业；21世纪以来，初步构建起以高新技术产业、金融业、物流业、文化产业为支柱的现代产业体系。

1. 改革开放之初以加工贸易为支撑

20世纪80年代初，深圳几乎没有工业。1985年，深圳确定了“以外商投资为主、生产以加工装配为主、产品以出口为主”发展工业的方针，凭借廉价的土地和劳动力，深圳与香港形成了“前店后厂”的关系，吸引劳动密集型的产业，主要发展“三来一补”加工业和转口贸易。凭借着劳动力、土地、政策等资源，深圳的加工贸易迅速发展，主要以服装、纺织、电器制造等产品为主，成为这一时期深圳发展外向型经济的支柱。到1989年，深圳引进的6720个项目中，“三来一补”占比为56.8%。[①]

① 唐杰.“新常态”增长的路径和支撑——深圳转型升级经验［J］. 开放导报，2014（12）.

“三来一补”、加工装配产业的附加值低，不利于经济的长远发展，不是长久之计，而且深圳的土地、劳动力等要素成本优势逐渐减弱。在这种条件下，从20世纪80年代中期开始，政府积极吸引外资，引导“三来一补”企业向“三资”企业转型。这样，不仅可以引进先进的经营管理经验，提升自身的技术水平，还可以借助外商销售网络，扩大产品出口份额。到了80年代末，深圳在全国自行车生产与出口方面居于领先，建成了包括电风扇、电冰箱、电视机等的家电产业生产基地。到1990年底，深圳的“三资”企业达3269家，“三资”企业自产产品进出口占深圳市进出口的63.8%，深圳外向型经济的发展水平又上了一个新的台阶。

在这一时期，深圳发展模式符合比较优势理论和雁行理论的逻辑，即在开放经济条件下，通过集中生产更具效率或资源优势的劳动密集型产品，来获得较大的经济效益。与此同时，深圳积极承接来自发达地区和国家的产业转移（加工装配环节），促进经济较快发展。

2. 实现向高技术产业时代转型

以加工贸易为主的劳动密集型产业具有不可持续性。到20世纪90年代初，伴随着我国全面改革开放政策的实施，深圳政策和特区制度的红利逐渐变弱。为重构竞争优势，深圳及时调整产业发展方向，向高附加值和低资源消耗的高新技术产业转型。

1991年，深圳市政府提出了“以科技进步为动力，大力发展高技术产业”的战略，建立“以高新技术产业为先导，以先进工业为基础”的工业体系。之后，进一步明确了将“深圳建成高新技术产业生产基地”，“加快发展先进和高新技术产业，加大技术改造力度”，并推出了一系列政策和措施大力培育大型企业和发展高科技项目。

这一时期，以电子信息产业为主的高新技术产业和优势传统产业实现了快速发展，使深圳经济总量依然保持了平稳的增长态势，“九五”和“十五”时期，地区生产总值平均增速仍达到16%，深圳市高新技术产品产值从1995年的225.8

亿元增加到2003年的2480.6亿元，年均增长34.9%，① 而且深圳形成了电子信息、机械制造等一系列有影响力的产品。

积极发展高新技术产业，促进了深圳制造业发展层次的提升，形成了以高新技术产业为主导的工业结构，使深圳产业结构调整再一次走到了全国前列。许多产品的产量在全国居第一位，如硬盘驱动器、硬盘磁头、计算机板卡、打印机、液晶显示器、电容器、集装箱、注塑机、压铸机、微电机、模具等产品产量在全国和世界都居于前列。

与此同时，出口贸易结构进一步优化，高新技术产品出口额达到1690.18亿美元，占深圳外贸出口总额的比重超过一半，达55.3%，而"三来一补"贸易出口比重已降到2.5%。

3. 实现战略性新兴产业引领发展

近年来，为进一步促进产业转型升级，深圳采取多种措施促进战略性新兴产业的发展。深圳先后将生物、新能源、互联网、生命健康、海洋经济、航空航天、智能装备等领域作为发展重点，以建立梯度发展的产业结构和培育新的产业竞争优势。如今，深圳已形成了以新一代信息技术、节能环保、互联网、文化创意、新材料、新能源、生物产业等为主的战略性新兴产业发展格局。促进培育新动能与转型升级相互融合发展，不断优化产业结构，加快产业转型升级步伐。

一是积极推进自主创新。从政策层面看，深圳将创新提高到城市发展的战略高度，大力加强创新体系顶层设计，制定了全国首部国家创新型城市总体规划和促进科技创新的地方性法规，如《深圳国家创新型城市总体规划（2008~2015年）》（深府〔2008〕201号）、《关于深化科技体制改革提升科技创新能力的若干措施》（深府〔2012〕123号）、《关于印发促进科技成果转移转化实施方案的通知》（深府办〔2016〕30号）等一系列政策措施。从创新载体来看，深圳积极打造创新载体，对开放式的重大科技设施、创新载体和服务平台进行布局。大力支持创客空间的发展，深化设计者、生产企业和融资平台之间的联系，如柴火创客空间。从资金支持来看，深圳对财政科技投入资金进行改革，创新投入机制，支持新型

① 陈伟新，吴校莉. 高新技术产业的空间选择与规划——以深圳为例［J］. 城市规划，2002（4）.

金融机构的建立，鼓励企业通过多种方式筹措资金。从知识产权保护来看，逐步建立起了从民事、行政到司法等完善的知识产权保护体系。

科技部发布的《2016 中关村独角兽企业发展报告》中，广东省共有 12 家独角兽企业，都在深圳。其中，42%是技术驱动型企业，主要分布在大健康、人工智能、云服务和智能硬件等领域中。

二是优化空间资源配置。为提升空间资源的利用效益和质量，深圳出台了关于优化空间资源配置的“1+6”政策文件，该系列文件包括 1 个主文件和 6 个附属文件，主文件为《深圳市人民政府关于优化空间资源配置促进产业转型升级的意见》，6 个附属文件包括《深圳市完善产业用地供应机制拓展产业用地空间办法（试行）》《深圳市工业楼宇转让管理办法（试行）》《深圳市贯彻执行〈闲置土地处置办法〉的实施意见（试行）》等。主要着眼于土地整备、二次开发利用、产业用地用房供给等方面。对不同的产业，实施差别化供地、差别化地价、差别化管理模式，对战略性新兴产业等符合深圳产业发展导向的产业，给予一定的优惠，并对不同产业供地方式和供地年限实行差别化管理。

为给高端产业的发展留出足够空间，采用“腾笼换鸟”的方法，淘汰落后低端企业和产业，用高端产业替代原来的低端产业，为新兴产业发展腾出更多的空间和资源。2015 年，深圳共清理淘汰 820 家低端企业，释放产业空间超过 200 万平方米，这样腾出了大批工业用地和厂房，用以吸引更高端的产业项目。

三是加大财政资金支持力度，并充分利用资本市场。设立重大产业、军民融合、并购、中小微企业发展等系列发展基金，总规模超过 2000 亿元，引导更多资金提高配置效率。设立产业转型升级专项资金，市财政出资 10 亿元，每年统筹不少于 20 亿元财政资金用于转型升级，重点用于清理淘汰低端落后企业和优势传统产业转型升级等领域。2012~2015 年，深圳市产业转型升级专项资金支出高达约 31.8 亿元。2009~2015 年，在战略性新兴产业领域投入 180 亿元专项资金。

深圳市拥有发达的融资环境、多层次资本市场和诸多的创投机构，为产业转型升级提供必要的资金支持。对国有企业来说，这些企业可以利用资本市场实施混合所有制改革，加快战略性新兴产业国资国企股份制改革进度；针对中小企业融资难问题，鼓励金融机构创新业务方式，加大对中小企业融资支持力度；优化产学研资对接机制，提升企业转型升级过程中技术、信息和资本结合效率，探索建立由政府、银行、股权投资公司、融资担保公司等机构组成的战略性新兴产业投融资体系，推动优化企业转型升级资金投入机制。

四是不断完善产业政策体系。深圳在全国率先出台生物、新能源、互联网三大新兴产业的振兴发展规划等相关政策。之后又陆续出台了新材料、新一代信息技术产业、文化创意产业等产业振兴发展规划。2015 年，深圳市制定了“互联网+”行动计划和“中国制造 2025”深圳行动计划，产业转型升级的政策体系不断完善。

深圳特区设立以来，曾以“三来一补”为主的产业结构，在经历了“蛙跳式”的发展以后，高新技术产业迅速崛起，新技术不断促进传统产业升级，新的经济形态不断产生，实现了产业结构的升级换代，经济发展方式不断向质量效益型转变。

（三）深圳市产业转型升级的启示

一是创新是经济持续增长的动力。深圳产业发展的经验表明，经济增长虽然对劳动力、资金、技术等生产要素配置的依赖性较高，但对创新的依赖性更强。深圳鼓励和支持企业自主创新，从人才、资金、产业政策、土地、知识产权保护等方面搭建了创新的支撑体系，促进了产业发展，取得了有目共睹的成绩。所以，一个地区要想经济能够持续健康发展，应将创新视为第一发展动力，形成有利于创新创业的良好氛围，大力鼓励和支持自主创新，加速科技成果转化。

二是超前布局，抢占发展先机。深圳早在国际金融危机之前就已经开始布局新经济，构建了战略性新兴产业、优势产业等产业体系。所以，新业态、新模式不断推陈出新。要想在新一轮产业分工格局中占领领先位置，需要对产业发展趋势做出准确的研判，抢先布局具有发展潜力的产业。

三是适度有为的政府。政府正确的引导和规划，有利于先进制造业的提前布局。深圳是一个市场化程度比较高的城市，政府为产业发展提供了良好的环境。深圳政府营造了有利于产业发展的“生态”环境，做“有为”的政府。所以，对于政府来说，不但要管好政府该管的事，处理好政府与市场之间的关系，又要遵循市场规律、产业发展规律，科学预测产业技术未来发展方向，做好产业发展的顶层设计，适时引导产业结构转型。政府通过产业政策、规划等手段对新技术、新企业、新业态的发展给予资金、发展空间等方面的支持。此外，政府应积极提高公共服务的质量和水平，创造公平的竞争环境，为产业发展提供强有力的服务保障。

三、东北地区的产业转型升级

东北地区制造业曾经有过辉煌的历史，是我国重大装备制造业基地，是新中国工业的摇篮，是我国在计划经济时期重化工业、装备制造业高度集聚的典型区域。但是，近年来，东北工业增速却出现了明显下滑，在全国工业经济中的分量持续下降，东北工业的规模优势也逐步消失，正处于产业转型升级的阵痛期。

（一）东北地区产业发展现状

进入 21 世纪以来，东北经济发展进入了快速增长期。2003 年，东北三省 GDP 总计 12722 亿元，到 2012 年达到 50477 亿元，是振兴初期的 3.97 倍，年均增长率 12.5%，高于全国平均增速。这些成就的取得，与国家陆续出台多个支持东北振兴的政策措施带来的红利密不可分。

但是近年来，东北三省的经济增长乏力，尤其是 2013 年以来，东北三省经济增速大幅回落。自 2010 年以来，我国经济增长进入持续下行通道，由高速增长转入中高速长，2013 年，中央经济工作会议提出我国经济发展进入新常态。2010 年我国的经济增速为 10.6%，到 2015 年下降为 6.9%。在此大背景下，我国各地区经济增长速度出现下滑属于正常现象，但东北经济增速下滑过快（见图 6-4）。2014 年辽宁、吉林、黑龙江的地区生产总值增速分别排在全国倒数第一、第三和第四位，2015 年东北三省的经济下滑仍然在持续，辽宁、吉林、黑龙江的地区生产总值增速分别为 3.0%、6.3%、5.7%。2016 年，辽宁省更是出现了负增长的态势，地区生产总值增长率为-2.5%，在全国排名倒数第一；黑龙江省为 6.1%，列倒数第三位；吉林省增速为 6.9%，排名为全国倒数第七。通过以上数据很明显看出，东北地区经济已经出现下滑趋势，曾经支撑东北老工业基地振兴中的增长动力正在逐渐衰减，东北地区的产业结构转型升级已经刻不容缓。

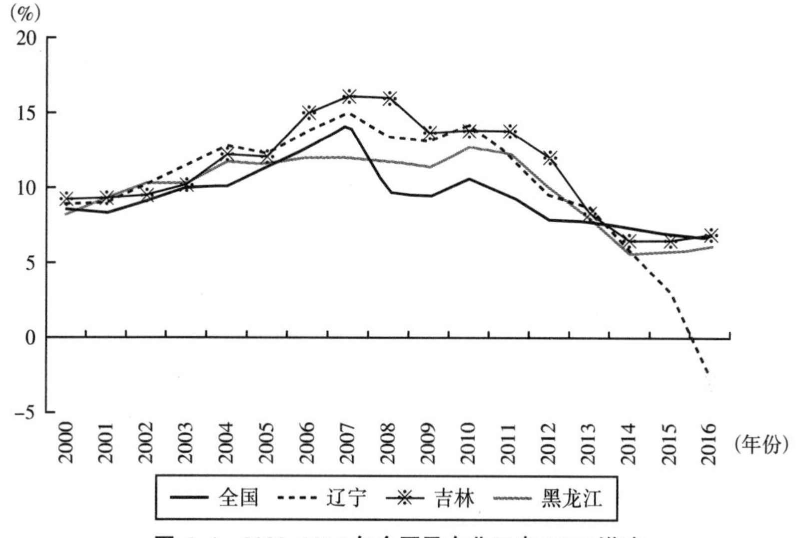

图 6–4　2000~2016 年全国及东北三省 GDP 增速

资料来源：根据国家统计局历年数据绘制。

从工业发展情况来看，近年来，东北三省的增加值增速迅速下降（见图 6–5）。其中，辽宁省的规模以上工业增加值增速在 2015 年和 2016 年甚至出现负增长，而且 2016 年下降速度达到 15.2%。可见，辽宁省工业发展几乎陷入停滞之中。2016 年，黑龙江的规模以上工业企业增加值的增长率为 2%，较全国平均水平低了 4 个百分点。而且东北地区工业内部结构中重化工业比例高，高新技术产业占比相对较低。

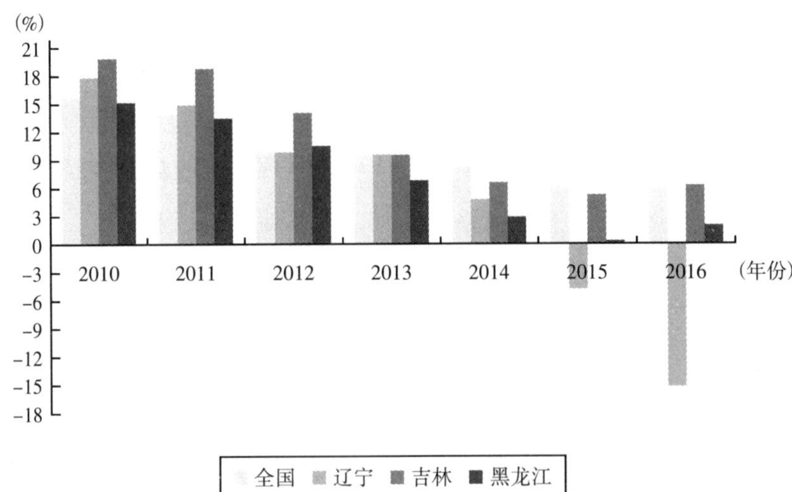

图 6-5 2010~2016 年规模以上工业增加值增速

资料来源：根据国家统计局历年数据绘制。

虽然东北三省的工业增长速度不容乐观，但是其装备制造业和高新技术产业发展取得了一定的成就。2015 年，辽宁省装备制造业工业增加值占全省规模以上工业的比重为 33%，主营业务收入、利润、利税三项主要指标分别占全省规模以上工业比重的 31.2%、43.9%、34%；吉林省规模以上装备制造业增加值占全省规模以上工业增加值的 9.1%；黑龙江省装备制造业占全省规模以上工业经济总量的 15%左右。在高新技术产业发展方面，2015 年，辽宁省高新技术产业的主营业务收入占规模以上工业的比重 11.1%，高新技术企业达 1539 家，是“十一五”末的 2.8 倍；黑龙江省高新技术产业增加值占地区生产总值的比重为 8%。

（二）基于 SWOT 分析的东北地区制造业升级的优势与挑战

对于东北老工业基地来说，经济出现了大幅下滑，其产业发展存在严重的产业发展路径依赖，许多学者提出存在“新东北现象”。要扭转这一困局，促进该地区的产业转型发展，既存在一定的基础，也会面临多重挑战。

1. SWOT 分析法

所谓的 SWOT 分析法是制定决策的重要方法，由美国旧金山大学教授因茨·

韦里克提出，是英文 S-Strength（优势）、W-Weakness（劣势）、O-Opportunity（机会）和 T-Threat（威胁）的简写（见表 6-4）。SWOT 分析法是通过具体的情景分析，将与研究项目密切关联的各种主要的内部优势因素、劣势因素和外部机会因素、威胁因素分别识别和评估出来，依据矩阵的形态进行科学的排列组合，然后运用系统分析的研究方法将各种主要因素相互匹配进行分析，最后提出相应对策的方法。

表 6-4　SWOT 分析模式

内部环境 / 外部环境	优势（S）	劣势（W）
机会（O）	SO 对策 发挥优势，利用机会	WO 策略 利用机会，克服弱点
威胁（T）	策略 扩大优势，避开威胁	WT 策略 改变劣势，防范威胁

2. 优势分析

一是东北地区具备了较为雄厚的产业发展基础。新中国成立之后，经过几十年的建设，特别是东北振兴战略实施之后的建设，东北形成了较为雄厚的工业基础，建设了设施完善、种类齐全、具有一定配套能力的制造业体系。形成一批优势产业，如机械行业、交通运输设备制造业等。东北地区制造业培育了一批大型企业，如沈阳机床集团、沈阳鼓风机股份有限公司、沈阳机车车辆有限责任公司、大连机车车辆有限公司瓦轴集团、大连新船重工集团、大连重工起重集团等，这些企业具有一定的竞争优势，属于国内同行业龙头企业；也培育出一批行业骨干企业，如大连机床集团公司、新松公司、一汽集团、沈阳矿山机械厂等。东北地区也形成了一些特色鲜明的产业经济带，如哈尔滨—大庆—齐齐哈尔经济带，长春—吉林—图口经济带、沈阳装备制造业集聚区和辽宁沿海经济带等。

二是区域一体化发展不断推进。从区域经济发展的情况看，目前，东北三省形成了辽宁沿海经济带和沈阳经济区、长吉图经济区、哈大齐经济区、牡绥经济区、长春新区、哈长城市群等“块状经济”“条状经济”，随着东北地区相关基础设施建设的不断加快，这些“块状经济”“条状经济”已经逐渐开始互相渗透、融合发展。

3. 劣势分析

东北地区的制造业经过几十年的发展，虽然积累了一定的优势，但在经济新常态下，既出现了各地区普遍存在的共性问题，又出现了东北自身思想观念陈旧、发展方式转变受阻、体制机制相对落后等个性问题。

一是产业协同创新能力欠缺（见表 6-5）。东北地区经济发展的停滞，导致技术投入不足，阻碍了自主创新能力的提高，近几年，东北三省的创新投入强度低于全国平均水平，许多产品技术通过合资、技术引进等方式获得，自主知识产权技术偏少。技术对外依存度较高，导致产品附加值较低。许多高技术企业根植性较弱，需要从其他地区引进零部件。高水平的创新平台和创新载体建设滞后。目前辽宁装备制造业只有约 5%的产品达到了国际先进水平，生产的主要产品只有 50%左右是市场上畅销和具有一定竞争力的产品。科技成果转化率不高。东北地区缺乏容纳和孕育创新文化的土壤，即创新创业的文化氛围和社会环境，创新资源流入东部地区。

表 6-5　2011~2015 年全国及东北三省规模以上工业企业 R&D 经费投入强度

年份	2011	2012	2013	2014	2015
全国	0.71	0.77	0.8	0.84	0.9
辽宁	0.64	0.6	0.64	0.66	0.73
吉林	0.28	0.3	0.32	0.34	0.39
黑龙江	0.73	0.72	0.7	0.71	0.75

资料来源：根据国家统计局历年数据绘制。

二是产业结构单一，制造业支撑能力减弱。产业结构单一可能导致经济发展后劲不足，如果主导产业一旦出现下行，那么就有可能导致整体经济下滑。辽宁省工业主要是以石化、冶炼为主；吉林省的工业主要以汽车产业为主；黑龙江省则以食品加工、采掘业为主。东北地区的新兴产业比重较小、增长较慢，难以形成接续拉动作用。对于电子设备制造业、生物制药、高端装备制造、新材料等新兴产业的培育不足。东北地区传统的产业已经无法发挥原有的支撑作用，地区经济增长出现了动力断档。2015 年，辽宁省制造业增加值增速下降了 4.9%，钢铁、汽车等支柱行业产量都出现负增长；吉林省的汽车、石化等重点制造业出现下滑。许多驻东北的央企将生产基地转移到内地，对东北地区的汽车、装备制造等造成不利影响。东北地区内部在新兴产业布局上呈现竞争态势，地区内部竞争日趋激烈。

三是体制机制一定程度上存在着僵化问题。东北地区最早建立计划经济体制，并且在计划经济体制作用下成为我国最大的重工业基地，但东北地区却最晚过渡到社会主义市场经济。所以，计划经济体制影响依然未能完全消除。政府对企业的经营干预仍较多。东北地区国有企业数量多，企业偏重重化工业。国有企业经营机制僵化，企业经营管理观念保守落后，管理方式传统落后，企业办社会的历史包袱重。这极大地影响了企业活力的释放，导致企业效率低下，影响了产业结构的转型升级。在东北三省经济增长中，投资需求仍是主要动力。

4. 机会分析

国家战略和政策的鼎力支持。党的十六大提出支持东北地区等老工业基地加快调整改造。2003 年，我国公布了《中共中央、国务院关于实施东北地区等老工业基地振兴战略的若干意见》（中发〔2003〕11 号），提出加快体制创新和机制创新、全面推进工业结构优化省级、大力发展现代农业、积极发展第三产业、推进资源型城市经济转型、加强基础设施建设等。在相关政策措施方面，提出完善城镇社会保障体系；选择部分老工业基地城市进行分离企业办社会职能试点，有步骤地剥离重点大企业办社会职能，中央企业分离办社会职能所需费用由中央财政予以适当补助；给予财政税收政策方面的支持；简化老工业基地调整改造项目审批程序等。

该意见的实施标志着振兴东北老工业基地战略实施拉开序幕。此后，在国有企业改革、项目投资、债务豁免、财政税收、金融贷款、社会保障、技术和人才引进、资源枯竭型城市转型、对外开放等方面采取了一系列政策措施，鼓励东北老工业基地亏损企业转型改制，尽快实现扭亏为盈。这些政策的实施，对于东北经济发展发挥了重要作用，取得了阶段性成果。东北经济开始快速增长，在全国所占的比重不断提高。

之后，我国又发布了《国务院关于进一步实施东北地区等老工业基地振兴战略的若干意见》（国发〔2009〕33号）、《东北振兴“十二五”规划》等。

在振兴东北战略实施10年后，我国于2014年8月出台《国务院关于近期支持东北振兴若干重大政策举措的意见》（国发〔2014〕28号）。2016年以来，我国相继出台了《中共中央 国务院关于全面振兴东北地区等老工业基地的若干意见》、《东北振兴“十三五”规划》（发改振兴〔2016〕2397号）、《关于推进东北地区民营经济发展改革的指导意见》（发改振兴〔2016〕623号）、《关于深入推进实施新一轮东北振兴战略加快推动东北地区经济企稳向好若干重要举措的意见》（国发〔2016〕62号）等政策文件。2017年1月，国家发改委发布《关于加强分类引导培育资源型城市转型发展新动能的指导意见》（发改振兴〔2017〕52号），东北三省新一轮振兴战略拉开帷幕。2017年3月，在十二届全国人大五次会议期间，习近平总书记强调“要推进供给侧结构性改革，推进国有企业改革发展，推进干部作风转变，深入实施东北老工业基地振兴战略，全面做好稳增长、促改革、调结构、惠民生、防风险各项工作”。

此外，国家发改委又批准了哈尔滨城市新区建设、哈尔滨综合保税区和辽宁自由贸易区建设。

5. 威胁

一是与其他地区相比，失去竞争优势，人力资源流失严重。东北地区资源型产业和传统产业的衰落，使大量的企业员工下岗，优秀的产业人力资源被闲置浪费。与此同时，东北大量的青壮年劳动力和高素质科技人才和经营管理人才向国内发达地区乃至国外流出。

东北地区人口出生率下降，出现人口负增长。国家统计局数据显示，辽宁、吉林、黑龙江三省2015年的出生率分别为6.17‰、5.87‰、6.00‰，远远低于当年全国人口出生率12.07‰；辽宁、吉林、黑龙江三省人口自然增长率分别为-0.42‰、0.34‰、-0.60‰，均远远低于全国人口自然增长率4.96‰。[①]

① 沈冠辰，朱显平. 东北老工业基地人口资源与经济发展研究［J］. 人口学刊，2017（3）：106-112.

第六次人口普查与第五次人口普查相比，东北三省人口净流出达 200 万，人口净流出现象的持续说明这个区域对外来人口和本地人口吸引力同步降低，因此出现人口净流出现象。人员大量流向东部发达地区，降低了东北地区人力资本水平，致使其不能充分发挥技术创新和技术扩散效应。

二是部分地区资源出现枯竭。对资源的过度依赖造成资源濒临枯竭。东北三省曾是全国资源最丰富的地区，有煤、石油、天然气、各类矿产资源、大面积的森林等。但在最初的发展期间，人们的环境保护意识不强，乱砍伐、乱开采，多年依赖重化工业以及资源性产业，大大减少了资源的储量，造成了资源濒临枯竭，如有色金属、煤炭、石油、木材等。在被国务院列入的资源衰退型城市中，东北地区占了 1/3，包括原来有着丰富资源的城市如阜新、抚顺、鹤岗、双鸭山等。资源曾经是东北老工业基地赖以生存的基石，资源的枯竭让很多产业不得不从外地，甚至国外进口原材料。这样一来，产品的成本就增加了，在市场中的竞争优势就荡然无存。不仅如此，重工业还造成了严重的污染问题。

（三）推动东北工业转型升级的建议

一是提高创新能力。创新是产业发展的第一动力。习近平总书记曾强调“抓住了创新，就抓住了牵动经济社会发展全局的牛鼻子”。首先，构建和完善区域创新系统。这是推动东北地区实现转型升级的现实路径。基于东北地区制造业的现实情况，构建有效的区域创新系统，必须依靠整个区域的创新。应充分调动东北地区各类创新主体的内在活力，整合创新资源和要素，实现东北地区各类资源的共享，提升产业技术的研发、消化和吸收能力。其次，鼓励企业加大研发投入力度，强化企业创新的主体地位，鼓励大中型企业建立技术研发中心，参与国家及地方的各类重大科技专项。此外，提高科技转化能力，建立科技成果转化平台。将强化工业企业创新主体地位、努力提升工业企业的核心竞争力和品牌塑造能力作为真正实现创新驱动战略目标和新常态下经济增长的重要“引擎”。为此，不仅需要继续深入推进工业企业产权制度改革，积极探索和推进创新型工业企业试点工作，还要建立和完善工业企业创新活动的利益分配机制，激励企业家、科研人员的创新积极性，为工业企业创新提供体制机制保障。

二是促进新兴产业发展，推进传统产业与新兴产业融合发展。应合理选择主导产业，构建合理的产业发展体系。大力培育和发展战略性新兴产业，如新能源、生物医药、高端装备制造等。大力发展新一代信息产业，强化信息技术在制造业中的应用，促进信息技术与制造业融合发展。

东北地区的重化型产业结构要向发展轻型结构转变，老字号产业结构向新字号产业结构转变，原字号产业结构向加工型产业结构转变，资源密集型产业结构向资本人力密集型产业结构转变，低附加值产业结构向高附加值产业结构转变。推动钢铁、石化等产业由规模扩张向提质增效转变。深化军民融合发展，提高军用技术的集成应用，增强对民用企业的渗透和带动效用。

三是深化国有企业改革。深化国有企业改革是振兴东北经济的关键和重中之重。首先，推进混合所有制改革，引导社会资本和外资参与国有企业改革，实现股权和投资经营主体的多元化，优化国有企业产权。其次，完善现代企业管理制度。应打破僵硬的管理体制，建立产权清晰、权责明确、政企分开、管理科学的现代企业制度，引入先进的管理理念，完善企业管理体系，提高企业运行效率，使国有企业成为真正的自主经营、自负盈亏的市场主体，为东北经济供给侧结构性改革奠定坚实的主体基础，促进东北经济振兴。

四是进一步促进政府职能转变。东北地区政府应解放思想，积极转变职能，构建服务型的政府，协调好与企业、资本以及社会各方面的关系。要科学界定政府的职能和责任，应从宏观上调控和引导微观经济运行，致力于打造统一、有序、竞争、开放的市场体系，要为企业创造公开、公正、公平的经营环境，避免对微观企业经营进行直接干预。强化事中事后监管的重要性与必要性，打破传统的审批式监管模式，不断完善“双随机、一公开”机制。

第七章 重点行业的转型升级

钢铁行业、汽车行业、水泥行业这三大产业的发展和转型升级问题在我国传统产业转型升级中具有很强的代表性。钢铁行业是传统的重型工业，与能源消耗和环境污染关系密切；汽车产业作为装备制造业，与市场结合紧密；水泥是经济社会建设重要的基础物资，是预拌混凝土、混凝土预制件等生产所需的标准化原料，其质量性能关乎建设工程的质量安全。本章以以上三大行业为例，对我国重点行业的转型升级问题进行分析。

一、钢铁行业的转型升级

钢铁行业是国民经济重要的基础产业，具有重要的战略地位，产业关联度极高，对其他行业具有较强的拉动作用。近年来，我国钢铁行业取得了巨大进步，已成为钢铁大国，并建成全球产业链最完整的钢铁行业体系，国际竞争力不断提高，但是我国钢铁行业的发展仍存在着许多的问题，如产能过剩矛盾突出、创新发展能力不足、环境能源约束不断增强、企业经营持续困难等。

（一）我国钢铁行业发展状况

1. 新中国成立到国际金融危机之前的钢铁行业发展历程

新中国成立以来，我国的钢铁行业经历了从无到有的发展过程。1949 年，我国钢铁产量仅有 15.8 万吨，居世界第 26 位，到 1978 年达到了 2208 万吨。改革开放之前，尤其是新中国成立初期，我国钢铁行业的发展完全照搬苏联模式。后来，受到 1958 年“大跃进”，之后的“文化大革命”的破坏、整顿、再破坏，以及其后的“闹翻番”“洋跃进”等影响，我国钢铁工业在十几年的时间里，走了一段三起三落的坎坷、曲折路程。但钢铁行业仍旧呈现出增长的态势，1952~1978 年，钢铁行业产量年均增长 12.9%，产值年均增长 11.8%。在 1978 年之前，我国对钢铁行业总投资 615.28 亿元，初步建立起了包括采矿、选矿、烧结、炼铁、炼钢、轧钢、焦化、铁合金等在内的较为完整的要素结构，建立起了具有生产 3500 万吨钢的综合能力的钢铁行业体系，[①] 为我国钢铁行业的发展打下了较为坚实的基础。当时，除了西藏外，各省份基本上都建有钢铁厂，企业分布较为均衡，一般企业都靠近原料基地、靠近大中城市。

改革开放之后，我国钢铁行业的发展较为迅速。从钢铁产量来看，我国粗钢的年产量以每年 200 万~300 万吨的速度递增，到 1983 年超过了 4000 万吨，1986 年，粗钢产量超过 5000 万吨，1996 年我国钢产量首次突破 1 亿吨后，超过了日本，成为全球第一产钢大国。之后用了七年时间，在 2003 年钢铁产量突破 2 亿吨。我国先后投资建设了宝钢、天津无缝钢管公司等企业，并对老钢厂实施了一系列重点改造项目，使钢铁行业的技术结构发生了明显变化，缩小了与世界先进水平的差距。

我国钢铁行业开始重视从国外引进先进设备和技术。1987 年，国家计委先后批准鞍钢、武钢、梅山、本钢、莱钢利用外资的项目建议书。自 20 世纪 90 年代开始，钢铁行业开始进行“关键和共性技术”等技术攻关，提升了生产效率。

社会主义市场经济体制的逐步建立，激发了钢铁行业的快速发展。钢铁行业作为许多地方的支柱产业，投资规模不断扩大，之后受亚洲金融危机的影响，投资规模有所收缩。1996 年，我国钢铁产量突破 1 亿吨，成为世界钢铁大国。同时，政府加强了对钢铁行业的宏观调控和投资控制。1998 年，钢铁企业逐步建立起企业法人财产制和法人治理结构。

---

① 张训毅. 中国的钢铁［M］. 北京：冶金工业出版社，2012.

2000年之后，我国工业化和城镇化进入快速发展阶段，对钢材的需求增加，大型钢铁企业纷纷扩大投资规模，地方也涌现出大量中小型钢厂。2002年，钢铁行业的全行业投资额达到710亿元，2003年达到1329亿元。[①] 2005年，钢铁行业固定资产投资出现了一定程度的下降，投资增速从2004年的47.6%下降到34.5%，2006年的增速仅为2.3%。2007年和2008年，钢铁行业的固定资产投资增速达到15.2%、29%。2008年，我国的粗钢产量达到5亿吨。

钢铁行业的发展，为我国国民经济持续稳定发展做出了重要贡献，满足了工业化、城镇化的发展需求。

2. 国际金融危机以来我国钢铁行业的发展

2008年的国际金融危机对全球经济发展造成了重创，钢铁、水泥等产品的需求急剧下滑。为了实现我国经济增长目标，我国实施了“四万亿”投资计划，大笔资金投入基础设施建设，拉动了对钢铁的需求。2009年，我国出台了十大产业振兴规划。在各种因素的刺激下，钢铁行业的投资和产量超出了政府预定的控制目标。为此，我国政府又出台调控政策，如2010年的《关于进一步加强淘汰落后产能工作的通知》；2014年，工信部要求淘汰落后炼铁产能1900万吨、炼钢产能2870万吨。

近几年，在全球需求萎靡不振及相关政策调控下，我国粗钢产量的增长势头有所减缓，钢铁行业投资处于萎缩阶段（见图7-1），自2014年以来已经连续3年下降，但我国钢铁产量在全球居于首位，几乎占全球粗钢产量的一半。如图7-1所示，2015年粗钢产量为80382.50万吨，2016年的产量为80836.57万吨。我国钢材的品种基本可以满足建筑、交通、铁路、机械、汽车、石油、化工等行业的需要。

由于我国钢铁行业产能过剩严重，我国钢铁企业一度经营困难，如2011年，重点大中型钢铁企业销售利润率为2.42%，远低于同期全国规模以上工业企业6.47%的平均水平；2012年，80家重点大中型钢铁企业销售利润率仅为0.04%，

① 陈剩勇. 中国政府的宏观调控为什么失灵——以1996年以来中国钢铁产业的宏观调控为例［J］. 学术界，2013（4）：5-24.

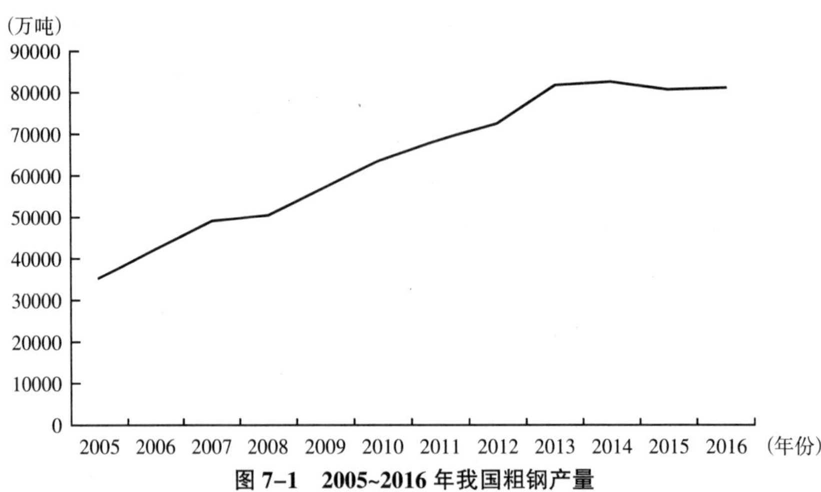

图 7–1 2005~2016 年我国粗钢产量

资料来源：根据国家统计局历年数据绘制。

几乎接近于零。2016 年，钢铁价格结束了多年下跌状况开始回升，钢铁企业经营状况有了一定的改善。工业和信息化部数据显示，2016 年，我国钢铁企业利润同比增长 2.02 倍，亏损企业亏损额减少，较 2015 年同比下降了 51%。重点统计钢铁企业累计盈利 303.78 亿元，利润同比增长超过 1000 亿元。

我国钢铁行业的技术水平不断提高，产品品种日益丰富。目前，我国多家钢铁企业采用了新一代控轧控冷技术、高效低成本冶炼技术、一贯制生产管理技术等技术，高端产品研发生产取得一定成果，百万千瓦级核电用钢、超超临界火电机组用钢、高磁感取向硅钢、第三代高强汽车板等均实现了产业化。具体来看，如马钢、太钢研发的时速 350 公里的高速动车组轮、轴材料完成 60 万公里运行测试，各项指标达到相关标准，已经可以投产，为我国高铁轮轴国产化奠定基础。首钢研制开发出高强度易焊接特厚钢板与配套焊材焊接技术，大型水电站压力钢管用钢实现新突破。宝钢等研制的大型轻量化液压支架，减重 14%，满足了液压支架向大采高、大阻力、轻量化发展要求。从钢铁企业的智能制造情况来看，我国钢铁企业的关键工艺流程数控化率超过 65%，企业资源计划（ERP）装备率超过 70%。宝钢、鞍钢等企业都开展了智能制造车间、智能制造工厂试点。个性化、柔性化产品定制新模式不断出现。

在节能降耗方面，“十二五”期间，钢铁行业增加值能耗下降 24.5%，重点统计钢铁企业吨钢综合能耗下降了 5.48%。主要能耗指标逐步下降，焦化工序能耗指标下降了 6.1%，烧结工序能耗指标下降了 10.4%，炼铁工序能耗指标下降了 5.0%。主要钢铁企业单位能耗水平、单位污染物排放水平进入世界先进行列。钢铁企业节能设备的利用水平不断提高，全国重点统计钢铁企业先进装备水平的焦炉、高炉、转炉占总产能的比例分别达到了 49%、65%和 61%。[①] 钢铁企业的能源管理水平不断提高，许多企业设立了能源管理中心，促进了钢铁企业两化融合，提高了企业能源管理的信息化、自动化、智能化水平。我国实现了自主知识产权处理含铁、含锌粉尘的转底炉技术，实现了对含铁、锌尘泥资源的循环回收利用。

很长一段时间以来，我国钢铁行业的区域分布较为集中，河北、江苏、山东、辽宁和上海是我国钢铁生产的主要区域。如 2013 年，我国全国粗钢总产量为 77904.1 万吨，而上述 5 个省市的粗钢总产量就达到了 41212 万吨，占了全国总产量的 52.9%。可见我国的钢铁行业分布主要集中在这五个省份。随着宝钢、武钢重大沿海基地项目的建设，以及部分城市钢厂的搬迁，“北重南轻”的布局有了一定的改变。

近年来，我国钢铁行业虽然实现了跨越式发展，但产能过剩矛盾较为严重。2016 年，我国钢铁行业去产能全面展开。经过 2016 年一年的努力，钢铁行业去产能任务提前超额完成 4500 万吨的任务，共压减 6500 万吨以上钢铁产能。2012~2016 年，钢铁行业共淘汰落后产能近 9500 万吨，化解过剩产能 1.2 亿吨以上，彻底清除地条钢 1.4 亿吨以上。从各地区完成的情况来看，大部分地区提前或超额完成任务（见图 7-2）。如河北省拆除炼铁高炉 33 座、炼钢（转炉）24 座，分别减压 1761 万吨炼铁、1624 万吨炼钢产能。安徽省退出生铁产能 62 万吨、粗钢产能 110 万吨。广东省在 11 月完成了 14 家企业 307 万吨产能的退出。浙江省也在原计划 303 万吨的基础上，超额压减炼钢产能 85 万吨。黑龙江省退出炼钢产能 610 万吨，完成了原本应在五年内完成的压减任务。山东省压减产能生铁 270 万吨、粗钢 270 万吨。江苏化解钢铁过剩产能 580 万吨。2017 年，我

① 郜学，尚海霞. 中国钢铁工业“十二五”节能成就和“十三五”展望［J］. 钢铁，2017（7）：9-13.

国钢铁行业去产能的目标是5000万吨，到2017年10月，这一目标已经完成。至此，钢铁去产能的“十三五”底线目标已经完成。

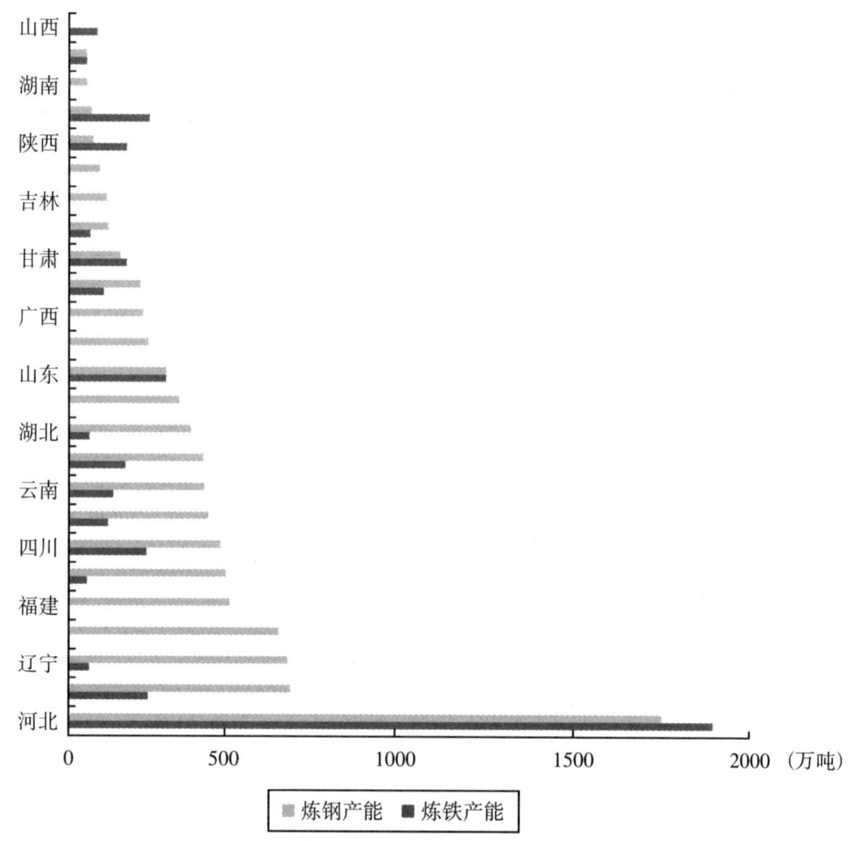

图7–2 2016年我国部分省份钢铁去产能规模

资料来源：根据各省经信委厅等相关部门公布的官方数据绘制。

我国钢铁行业在去产能的同时，在取缔“地条钢”方面取得显著成效。“地条钢”用废旧钢铁为原材料，用工频、中频感应电炉冶炼的劣质、低质螺纹钢、线材及不合格不锈钢产品。这种产品质量低劣、极易断裂，而且对环境污染严重。一直以来，我国“地条钢”屡禁不止，产能曾一度达到8000万吨以上。我国要全部淘汰“地条钢”，不仅生产设备要关停，而且要拆除，以杜绝死灰复燃的现象。2017年6月30日，我国“地条钢”全部被取消。2017年，钢铁去产能工作已完成预定目标任务，依法取缔“地条钢”任务按期完成。

我国钢铁行业的国际产能合作不断向纵深发展。随着“一带一路”建设的不断推进，钢铁行业的国际产能合作有序推进，一些重大项目不断开展。如2016年初，鄂钢获得中马友谊大桥的桥梁钢供货权，成为我国唯一为该桥梁项目供货的企业，中马友谊大桥是世界上首座在珊瑚礁上建设的桥，是马尔代夫最重要的连接岛屿工程，对材料要求较高。[①] 中钢国际的子公司中钢设备与伊朗有关钢铁公司签署了100万吨钢厂项目承包合同，涉及金额31亿元。2016年5月，中国十九冶集团中标位于马来西亚东海岸经济特区关丹港市的马来西亚马中关丹产业园350万吨钢铁项目，目前该项目已开工。鞍钢利用自身技术优势中标巴基斯坦城市轨道交通橙线项目8000吨钢轨需求合同，该项目是巴基斯坦第一条城市轨道交通项目，目前，供货任务已完成近5000吨。[②]

我国钢铁企业积极利用"互联网+"进行转型。2015年，李克强总理在政府工作报告中提出了"互联网+"战略。互联网和钢铁行业深度融合，使钢铁行业的生产模式、经营模式等不断发生变化，提高了企业的生产效率。"互联网+"为钢铁行业的转型升级提供了重要机遇，提高了钢铁行业的信息化水平，促进钢铁行业的转型升级。钢铁企业可以运用大数据分析技术，准确预测市场需求，有助于企业按照市场需求制订生产计划。钢铁企业可以利用信息技术，促进钢铁企业由制造商向服务商转变。如宝钢以"互联网+钢铁"为重点，建立欧冶云商系列电商平台，包括上海钢铁交易中心、上海第四方钢铁物流服务平台、钢铁互联网金融服务平台、钢铁材料技术服务平台4个子平台，并形成以大数据、平台经济、移动互联网和新型互联网企业等为支撑的生产性服务业新业态；杭钢股份以92亿元价格注入钢铁和环保资产，并涉足"互联网+电商"；复星国际积极打造"南钢+金融+互联网钢材交易平台+物流"。

（二）钢铁行业的产业政策发展

我国之所以可以成为钢铁大国，与我国的产业政策是密不可分的，产业政策发挥了关键性的作用。

---

① 鄂钢板将撑起中马友谊大桥［N］. 中国冶金报，2016-03-29.

② 鞍钢8000吨钢轨沿"中巴经济走廊""走出去"［N］. 辽宁日报，2016-10-09.

新中国成立初期，我国集中力量发展重工业，其中非常重要的一项任务就是发展钢铁行业，如强调“以钢为纲”，将粗钢产量的目标定为赶超英美。我国提出中央和地方都要发展钢铁，沿海和内地都要建钢厂，不仅建设大型钢厂，也要建立中小型钢厂，建成了鞍钢、武钢、包钢，形成了“三大、五中、十小”企业格局。

改革开放初期，我国集中力量建设大型钢铁企业，对大型钢铁企业进行技术改造和升级，开始引进外资和先进技术，提升生产工艺和效率。随着我国成为世界钢铁大国，国家加强了对钢铁投资的控制，以防止钢铁产能过剩，如 1999 年，国家经贸委发布了《关于做好钢铁总量控制工作的通知》，要求 3 年内不再批准新建炼钢、炼铁和轧钢项目。在政府的预防和治理下，钢铁行业的过度投资基本上得到了缓解。

2000 年之后，钢铁行业政策的重点逐步转向促进钢铁行业做强，政策手段是政府干预与市场调控相结合。针对投资过热现象，国家出台多项政策，如国务院办公厅发文，即《国务院办公厅转发发展改革委等部门关于制止钢铁电解铝水泥行业盲目投资若干意见的通知》（国办发〔2003〕103 号），要求各地运用多种手段，迅速遏制盲目投资、低水平重复建设的势头。与此同时，国家加强了处罚力度，如 2004 年曾引起较大关注的钢本事件。

2005 年，国家发改委出台了《钢铁产业发展政策》（发改委令 35 号），这是首次以产业政策的形式对该产业的生产和投资进行指导。之后，我国出台的主要政策有：2006 年的《关于钢铁工业控制总量淘汰落后加快结构调整的通知》（发改工业〔2006〕1084 号）、《国务院关于加快推进产能过剩行业结构调整的通知》（国发〔2006〕11 号）等。

2008 年国际金融危机爆发，我国为了保经济增长的目标，推出了 4 万亿元投资计划及配套政策。为保证钢铁行业平稳运行，出台了《钢铁产业调整和振兴规划》，规划的目标是总量恢复到合理水平、淘汰落后产能有新突破、联合重组取得重大进展、技术进步取得较大提升、节能减排取得明显成效。之后，2010 年发布《钢铁行业生产经营规范条件》、2011 年发布《钢铁工业“十二五”规划》等。

新时期以来，我国钢铁行业政策的侧重点为规范企业发展、化解过剩产能、强化环保约束等。为加强钢铁行业管理，规范现有钢铁企业生产经营秩序，2012年对《钢铁行业规范条件》进行修订，到2014年，工信部公布了305家规范企业名单。2013年，《国务院关于化解产能严重过剩矛盾的指导意见》（国发〔2013〕41号）提出压缩2015年底前再淘汰炼铁1500万吨、炼钢1500万吨。《钢铁行业规范条件（2015年修订）》提出了要严格控制新增钢铁产能。

近年来，为更好地引导钢铁行业化解过剩产能，国家、各地方政府纷纷出台文件，明确了去产能的目标、时间表和路线图（见表7-1）。2016年2月，国务院发布了《关于钢铁业化解过剩产能实现脱困发展的意见》（国发〔2016〕6号）。为进一步强化政策的引导作用，财政部、国家税务总局、中国人民银行、国土资源部、人力资源和社会保障部等部门相继发布了职工安置、环保、安全等8个配套文件，如《关于支持钢铁煤炭行业化解过剩产能实现脱困发展的意见》（安监总管〔2016〕38号）、《关于在化解钢铁煤炭行业过剩产能实现脱困发展过程中做好职工安置工作的意见》（人社部发〔2016〕32号）等。六部门联合发布的《关于坚决遏制钢铁煤炭违规新增产能 打击“地条钢”规范建设生产经营秩序的通知》（发改办运行〔2016〕2790号），明确不能新增任何钢铁产能，拆除工频炉、中频炉，禁止“地条钢”的非法生产。

表7-1　2016年国家层面有关钢铁行业的主要政策

序号	发布时间	发布单位	政策名称
1	2016.2	国务院	《国务院关于钢铁行业化解过剩产能实现脱困发展的意见》（国发〔2016〕6号）
2	2016	国务院	《推动钢铁行业重组处置“僵尸企业”工作方案》（国发〔2016〕46号
3	2016.3	国土资源部	《关于支持钢铁煤炭行业化解过剩产能实现脱困发展的意见》（国土资规〔2016〕3号）
4	2016.4	安监局、国家煤矿安监局	《关于支持钢铁煤炭行业化解过剩产能实现脱困发展的意见》（安监总管四〔2016〕38号）
5	2016.4	人社部、发改委、工信部、财政部、民政部、国资委、全国总工会	《关于在化解钢铁煤炭行业过剩产能实现脱困发展过程中做好职工安置工作的意见》（人社部发〔2016〕32号）
6	2016.4	中国人民银行、银监会、证监会、保监会	《关于支持钢铁煤炭行业化解产能实现脱困发展的意见》（银发〔2016〕118号）

续表

序号	发布时间	发布单位	政策名称
7	2016.4	质检总局	《关于化解钢铁行业过剩产能实现脱困发展的意见》(国质检监〔2016〕193 号)
8	2016.5	环保部、国家发改委、工信部	《关于支持钢铁煤炭行业化解产能实现脱困发展的意见》(环大气〔2016〕47 号)
9	2016.5	工信部、国家发改委、国家能源局、国家煤矿安全监察局	《关于印发钢铁煤炭行业淘汰落后产能专项行动实施方案的通知》(工信部联产业〔2016〕167 号)
10	2016.5	国家安全监管总局办公厅、国家煤矿安监局	《关于推动钢铁煤炭行业化解过剩产能开展安全生产执法专项行动的通知》
11	2016.6	财政部、国家税务总局	《关于支持钢铁煤炭行业化解产能实现脱困发展的意见》(财建〔2016〕151 号)
12	2016.6	财政部	《工业企业结构调整专项奖补资金管理办法》(财建〔2016〕253 号)
13	2016.10	工信部	《钢铁工业调整升级规划(2016~2020 年)》(工信部规〔2016〕358 号)
14	2016.11	国务院	《关于印发"十三五"控制温室气体排放工作方案的通知》(国发〔2016〕61 号)
15	2016.11	环保部	《关于实施工业污染源全面达标排放计划的通知》(环环监〔2016〕172 号)
16	2016.12	银监会、国家发改委、工信部	《关于钢铁煤炭行业化解过剩产能金融债权债务问题的若干意见》(银监发〔2016〕51 号)
17	2016.12	工信部	《关于加强废钢铁加工已公告企业管理工作的通知》(工信厅节函〔2016〕761 号)
18	2016.12	国家发改委	《关于切实做好全国碳排放权交易市场启动重点工作的通知》(发改办气候〔2016〕57 号)
19	2016.12	国家发改委、工信部	《关于运用价格手段促进钢铁行业供给侧结构性改革有关事项的通知》(发改价格〔2016〕2803 号)
20	2016.12	工信部、国家发改委、质检总局、安监总局、能源局、煤矿安监局	《关于坚决遏制钢铁煤炭违规新增产能 打击"地条钢"规范建设生产经营秩序的通知》(发改办运行〔2016〕2790 号)

在环保方面，如国家发展改革委印发《关于切实做好全国碳排放权交易市场启动重点工作的通知》(发改办气候〔2016〕57 号)，要求建立和完善工作机制，行业协会和央企应发挥带头作用；将钢铁行业列为我国碳排放权交易市场第一阶段的重点行业。该通知提出要明确企业的名单，确定的标准为在 2013~2015 年任

意一年综合能源消费总量达到 1 万吨标准煤以上（含）的企业法人单位或独立核算企业单位；对这些企业的历史碳排放进行核查。国务院印发的《关于印发“十三五”控制温室气体排放工作方案的通知》（国发〔2016〕61 号），要求 2020 年单位工业增加值二氧化碳排放量比 2015 年下降 22%，工业领域二氧化碳排放总量趋于稳定，钢铁、建材等重点行业二氧化碳排放总量得到有效控制。环保部发布的《关于实施工业污染源全面达标排放计划的通知》（环环监〔2016〕172 号）完善钢铁行业的污染物排放标准体系和监管机制，针对钢铁等产业制定了明确的目标、任务和时间节点。

新中国成立以来，我国钢铁行业的快速发展与国家产业政策是密不可分的。我国产业政策的长期目标是我国钢铁行业具有国际竞争力。在我国钢铁行业政策中，既有长期目标，也有短期目标，将长期目标和短期目标相结合。

通过对不同时期钢铁行业政策进行对比发现，我国钢铁行业政策正在从选择性政策向功能性政策转变，具体的政策措施变得多样化，逐步与新的经济发展阶段相适应。市场调控手段逐步加强，控制、规范、完善和引导一直是主要的手段，控制是控制总量、淘汰落后产能等，规范是规范企业的经营行为，完善是制定节能减排的目标、制定清洁生产评价指标体系、制定产能退出相关规定等，引导是引导企业绿色发展、促进国有企业改革等。

当前，我国钢铁行业政策手段仍主要以规范、完善和引导为主。我国钢铁行业政策主要是以化解过剩产能为主，控制产能、产量一直是我国钢铁行业政策的主要手段。现在，更加注重产品质量、技术创新，通过优化产业布局、促进兼并重组等方式，促进钢铁行业转型升级。产业政策更加强调发挥市场资源配置作用，提升产业发展的质量效益。这也可以从我国钢铁工业调整升级规划看出，当中所提到的目标包括产业规模、产业结构、产业效率、节能减排和科技创新。

我国经济发展进入新常态，我国经济已由高速增长阶段转向高质量发展阶段，正处在转变发展方式、优化经济结构、转换增长动力的关键时期。党的十九大报告提出，中国特色社会主义进入了新时代。钢铁行业的发展也要适应新时代发展的需要，钢铁行业政策应更好地发挥引导作用，准确把握产业未来发展方向，适时调整政策措施。

（三）钢铁行业发展面临的主要问题

虽然我国钢铁行业结构调整取得了一定的成效，在 2016 年整个产业的经营实现了扭亏为盈，但产业发展仍面临着许多困难，如产能过剩矛盾依然较为严峻、自主创新能力有待进一步提升、贸易摩擦不断发生等。

从产能情况来看，钢铁行业的产能过剩矛盾依然比较严重。我国钢铁行业的产能过剩已经由区域性、结构性过剩逐步演变为绝对过剩。我国钢铁行业去产能的任务依然较为艰巨。国务院发布的《国务院关于钢铁行业化解过剩产能实现脱困发展的意见》提出，2016~2020 年化解粗钢产能 1 亿~1.5 亿吨。而后，我国将钢铁去产能目标由原先的 1 亿~1.5 亿吨修正至 1.4 亿吨，未来化解产能任务依然非常重。从各地情况看，河北省计划在 2017 年去除炼铁产能 1954 万吨、炼钢产能 1439 万吨，任务量基本与 2016 年持平，而 2017 年要去除的产能主要是在产产能，难度较大。“十三五”期间，江苏省钢铁行业去产能目标是 1750 万吨，目前已经完成 577 吨，2017~2020 年仍需化解钢铁产能 1173 万吨左右。钢铁行业的集中度出现了下降，前十家钢铁企业产业集中度由 2010 年的 49%降至 2016 年的 35.9%。

从产业布局来看，产业布局不尽合理。近年来，我国钢铁行业布局不断优化调整。但我国钢铁产量仍主要集中于东中部地区，京津冀、长三角等钢铁产能集聚区的环境承载能力已达到极限；城市钢厂依然大量存在，面临着生态环境约束，以及与城市发展不协调等困境，而对于部分城市钢铁企业，改造难度大，不能全部使用简单的搬迁、关停的办法来处理。

从管理水平来看，能源管理水平亟待提高。我国钢铁行业的整个节能管理的体制和机制不完善。当前，我国的能源价格没有反映出资源稀缺的程度和环境代价，有利于节能的财政、税收、金融等配套政策还不完善，相关法律法规不健全，基于市场的激励和约束机制还没有形成。我国钢铁企业数量众多，既有先进的企业，但同时也存在管理水平相对落后的钢铁企业，这些企业对节能工作的重视程度仍需提高，许多企业仍未建立起真正意义上的能源管理体系，能源计量器具配备率普遍不足。

从产品角度来看，产品出口摩擦不断（见表 7-2）。近年来，多个国家对我国钢材产品采取贸易保护措施。以 2016 年为例，各国对我国钢铁发起的双反调查 49 起，占总数量的 42%。我国钢材出口难度增大，出口同比下降 3.5%。[①] 发生摩擦的国家既包括美国等发达国家，也包括马来西亚、泰国等发展中国家，受调查的产品既有普通钢等低级产品，也涉及不锈钢等高级产品。如 2016 年 5 月美国国际贸易委员会对我国的碳钢和合金钢产品发起“337 调查”，这在中国钢铁贸易史上属于首次，涉及包括宝钢、河钢、武钢、首钢、沙钢、鞍钢以及美国分公司等 40 家钢铁企业；东南亚一些国家也对我国钢铁产品进行了反倾销调查，如印度商工部发布无缝钢管反倾销调查终裁，建议对我国的无缝钢管征收反倾销税，征税额为到岸价与最低限价之间的差额，并扣除需缴纳的保障措施税。

表 7-2　2016 年我国部分钢铁贸易摩擦情况

时间（月）	品种	国家或地区	内容
1	预涂/漆/彩色涂层钢卷	马来西亚	对华预涂/漆/彩色涂层钢卷做出反倾销终裁
1	平轧钢板	巴西	对华平轧钢板反规避复审终裁并征税
2	无缝管	欧盟	对华无缝管钢铁进行反倾销调查
2	铸铁件	美国	对铸铁件做出反倾销快速日落复审终裁
2	碳和合金钢管	加拿大	对华碳和合金钢管做出双反终裁
3	热轧平板产品	印度	对进口 600 毫米及以上的热轧平板产品征收两年半保障措施税
4	热轧碳钢板和合金钢板	加拿大	对进口热轧碳钢板和合金钢板做出双反期终复审裁定
4	不锈钢板	印度	对华不锈钢板发起反补贴调查
4	热轧平板钢材	土耳其	终止对进口热轧平板钢材的反倾销调查
5	冷轧不锈钢	越南	对中国冷轧不锈钢加征高额反倾销税
5	无缝钢管和空心型材	印度	对华无缝钢管和空心型材征收临时反倾销税
6	冷轧钢板	美国	对华冷轧钢板做出反倾销反补贴产业损害终裁

①《2016 年钢铁行业运行情况和 2017 年展望》，工业和信息化部网站（http：//www.miit.gov.cn/n1146285/n1146352/n3054355/n3057569/n3057572/c5505058/content.html）。

续表

时间（月）	品种	国家或地区	内容
6	热轧条杆产品	多米尼加	对华热轧条杆产品做出反倾销初裁并征税
7	彩涂钢板	越南	对进口彩涂钢板发起保障措施调查
7	钢坯和盘条	越南	对进口钢坯和盘条做出保障措施终裁
7	无缝碳钢管	巴西	对华无缝碳钢管做出反倾销终裁并征税
8	盘条	智利	对华盘条启动反倾销调查
9	碳合金钢管	加拿大	对华焊接大口径碳合金钢管做出反倾销反补贴终裁
11	钢制螺杆	美国	对华钢制螺杆做出第六次反倾销行政复审终裁
12	合金 H 型钢	泰国	从 2017 年 1 月开始对进口的某些结构型钢征收最终保障措施税

（四）推动钢铁行业转型升级的建议

世界钢铁协会预计 2018 年全球钢铁需求量将增长 0.9%，达到 15.49 亿吨，这为我国钢铁行业发展带来较大的机遇。我国经济发展进入新常态，尽管经济面临下行压力，但仍存在着巨大的潜在需求。所以，我国钢铁行业仍需加快转型升级的步伐，提升我国钢铁产品的国际竞争力。

一是提高自主创新能力。很长一段时间以来，我国钢铁行业创新发展主要是以跟随创新为主，经过几十年的发展，当前的技术水平已经较为先进。但目前钢铁行业仍存在自主创新能力较弱、协同创新不足等问题，今后仍需加大自主创新能力。所以，应在充分整合现有科技资源的基础上，强化企业的创新主体地位，实施产学研用相结合，鼓励企业与科研院校、设计单位和下游用户协同创新，加强创新平台建设，完善创新体系。加快丰富标准、工艺向高端化发展，以标准引领钢铁企业的转型升级。

二是积极推动“绿色+智能”制造。未来钢铁行业的发展方向就是绿色化、智能化。钢铁行业发展智能制造是促进该产业提质增效、提高有效供给水平的重要途径。应积极发展流程型智能制造、网络协同制造、大规模个性化定制、远程运维等智能制造新模式，强化产品的全生命周期管理，提高产品的稳定性，满足客户的多样化需求。

习近平总书记多次强调要把生态环境保护放在更加突出位置。新修订的环境保护税法 2018 年将正式实施，除二氧化硫、氮氧化物、化学需氧量、氨氮及五项主要重金属外，其他大气和废水的污染物收税标准大幅度提高，且将不符合处置规范的固体废物也纳入了收税范围。所以，钢铁行业应大力加强节能减排，提高环保设备的利用水平，加快构建绿色发展体系。全面推进钢铁企业能源管理体系建设，实现能源循环利用，切实提高企业能源利用效率。

三是推进企业管理转型。创新管理体制可以提高企业核心竞争力。我国钢铁企业同样面临着优化管理、提质增效的问题。钢铁企业应优化内部管理流程，调整和协调内部各个部门之间的职责分工，提高企业管理效率，通过企业内部改革，创新管理制度，进而提高产品质量。

四是继续优化产业布局。考虑到我国一批重大沿海基地项目已经建成投产和启动实施，同时目前京津冀、长三角等钢铁产能集聚区，产能规模大、环境承载能力已达到极限，尽量减少这些地区钢铁产能布局。对于部分区域的钢铁企业，可以实施减量布局，通过对部分企业的整合，达到减少产能的目的。对于城市钢厂，根据钢企的位置、环境容量等问题，确定不同的出路，一些不适合搬迁的，可以实施“产城共融”战略，确实需要搬迁的，要谨慎选择搬迁地点，减量搬迁。

五是积极向服务型制造转型。服务型制造是全球制造业发展的基本趋势。随着制造强国建设的深入推进，对钢材品种、质量和服务需求将不断升级，单纯的产品难以满足用户的需求。所以，钢铁企业应在早期介入用户需求、后期跟踪改进等，主动增加服务，积极向服务商转变，由单纯的提供产品向提供“产品+一揽子解决方案”“产品+服务”转变，提高产品的价值。

二、汽车行业的转型升级

汽车行业是我国国民经济的支柱产业，产业关联度大、带动作用强。虽然我国已经迈入汽车大国之列，但是，我国本土汽车企业技术能力较弱，自主品牌产品绝大多数属于中低端，缺乏国际竞争优势。在我国经济进入增速换挡、结构升级和创新驱动的新常态的背景下，加快汽车产业转型升级是推动我国由汽车大国向汽车强国迈进的必由之路。

(一) 我国汽车行业发展成就

自进入 21 世纪以来，我国汽车行业飞速增长，已成为国民经济支柱产业（见图 7-3）。2000~2016 年，我国汽车产量年均增长速度为 17.7%，其中，2009 年，我国汽车的产量和销量位居世界第一，首次成为汽车产销大国。2016 年，我国汽车产销总量再次创下历史新高，全年汽车产量和销量分别为 2811.9 万辆和 2802.8 万辆，同比分别增长 14.5%和 13.7%，其中中国品牌汽车超过 1400 万辆。我国已经连续 8 年位居世界第一大汽车产销国。

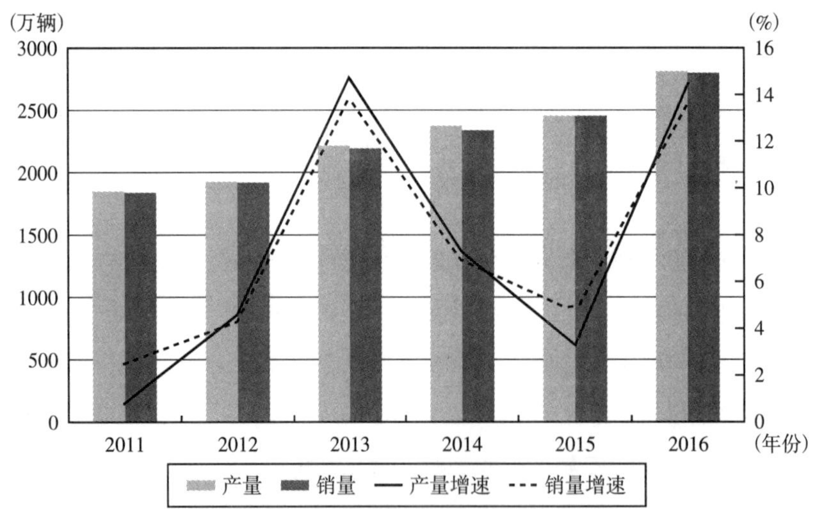

图 7-3 2011~2016 年我国汽车产量和销售量

资料来源：根据 Wind 数据库历年相关数据绘制。

从乘用车来看，2015 年，我国乘用车产量首次突破 2000 万辆，2016 年，乘用车产量保持继续增长势头，达到 2442.1 辆。从新能源汽车来看，2016 年新能源汽车生产 51.7 万辆，销售 50.7 万辆。我国的新能源汽车占全球保有量达到 50%以上。

我国自主品牌汽车继续保持快速增长势头。2014 年，自主乘用车销量整体实现两位数增长，由 2013 年的 564.71 万辆增加到 626.49 万辆，同比增长了 10.9%。2014 年，自主品牌汽车在国内乘用车市场份额为 33.9%。2015 年，自主品牌乘用车销售 873.76 万辆，同比增长 15.3%，占乘用车销售市场的 41.3%，市场份额同比提高 2.9 个百分点。2016 年，自主品牌乘用车销量首次超过千万辆，销售量达到 1052.9 万辆，同比增长 20.5%，占乘用车销售总量的 43.2%。

我国汽车行业的自主创新取得了明显的进步，在传统汽车领域，我国已具备了一定的自主研发能力，在先进动力总成、动力电池及驱动电机、燃料电池动力系统和整车轻量化等关键技术领域不断取得突破，初步掌控了部分关键技术，对前沿技术也有所布局。在复杂交通环境感知、行驶目标识别、复杂车辆动力性建模、驾驶员特性建模、车辆控制算法等领域已取得了阶段性成果。许多汽车院校、产业基地、企业建立人才培养平台，如清华大学汽车工程系、北京理工大学机械与车辆学院、吉林大学汽车工程学院等，国家也设立有汽车安全与节能国家重点实验室、汽车噪声振动和安全技术国家重点实验室等五个国家重点实验室，积极培育创新人才。

从区域竞争格局及市场空间来看，我国 70%的自主品牌汽车整车生产企业布局在中东部地区，如珠三角、长三角、环渤海以及东北地区。其中，珠三角占 7%，长三角占 22%，环渤海地区占 20%，东北地区占 21%。另外，中部地区形成了以十堰—武汉为核心的汽车工业集群，西部地区形成了以重庆为核心的汽车工业集群。我国的汽车产业经过多年的发展，产业链布局不断完善，目前已经发展成为一个“制造—营销—售后服务”的行业群集成，是汽车产品这个纽带将它们连接成既互相依靠又分工不同的产业链。如上海大众、上汽乘用车和区域内 300 多家强大的汽车零部件供应商形成了一个完整的产业链布局。

近年来，我国大企业集团的实力基本保持稳定。2014 年，前 6 家汽车生产企业的产销规模超过 100 万辆，前 6 家企业汽车销售量为 1859.33 万辆，占汽车销售总量的 79.2%。2015 年，前 6 家汽车生产企业共销售汽车 1914.84 万辆，占汽车销售总量的 77.9%。其中上汽销量突破 500 万辆，达到 586.35 万辆，东风、一汽、长安、北汽和广汽分别达到 387.25 万辆、284.38 万辆、277.65 万辆、

248.90 万辆和 130.31 万辆。2016 年，汽车销量排前十位的企业集团销量合计为 2476 万辆，占汽车销售总量的 88.3%。[①]

汽车行业发展的生态圈不断重构，跨界融合不断涌现。“中国制造 2025”和“互联网+”有力地推动了汽车行业转型升级。2015 年 5 月发布的《中国制造 2025》明确提出将重点发展智能网联汽车。“互联网+”为新常态下我国汽车行业的发展提供了创新思路。互联网技术的快速发展对汽车行业的发展产生巨大的影响。智能化、网联化等技术不仅可以改变汽车产品形态，也渗入到研发、生产、物流、营销等环节，催生了共享化、智能化、网联化等新模式。整车企业与零部件企业、整车企业与科技企业之间的合作不断加强，如广汽集团与腾讯达成战略合作协议，北汽与百度、上汽集团与阿里巴巴等开展战略合作。

我国车企“走出去”取得了一定进展，有利于全球布局。2010 年，吉利收购了沃尔沃轿车品牌，包括 3 家工厂、1 万多项专利权、完整的研发体系、员工体系、零部件供应链以及遍布全球的销售与服务网络等。2015 年，我国出口美国的首款豪车——沃尔沃 S60 Inion 在成都下线，国产豪车成功进入美国市场，这在我国汽车工业史上尚属首次。2011 年，中国汽车零部件企业中信戴卡以 2.58 亿欧元收购了德国汽车零部件生产商凯世曼。2014 年，东风汽车集团向法国 PSA（标致雪铁龙）集团注资 8 亿欧元，持股比例约为 14.1%。汽车零部件供应商万向集团以 1.492 亿美元成功收购美国插入式混合动力车制造商菲斯科，迈出了向整车制造企业升级的重要一步。

（二）汽车行业发展面临的挑战

我国汽车产业发展仍面临不少问题，如中高端产品的市场仍被跨国公司所主导，在低端市场也受到合资企业和外资企业的挤压，以及我国品牌起步较晚、关键核心技术不足等。

第一，零部件的自主创新能力较为薄弱。只有自主创新才能够拥有自主知识产权和核心竞争力。多年来，我国大多数汽车零部件技术在引进国外技术后只是

① 数据来源：中国汽车工业协会。

简单地模仿运用，再创新略显落后。核心零部件技术由跨国汽车企业和博世、德尔福、电装、爱信等零部件企业巨头控制，我国本土汽车零部件企业基础研发、系统开发的能力较弱。如电子控制技术较为落后，电控系统中的芯片很多仍依靠进口；作为汽车动力系统的关键零部件，自动变速器对进口的依赖程度较高。镁合金与国际领先水平存在一定的差距。合资企业对外方的技术依赖性较大，主要是处于加工生产状态，对汽车产业核心竞争力形成、拉动相关产业及技术发展的作用较弱。

第二，尚未形成具有国际竞争力的自主品牌。我国汽车的自主品牌与国际知名品牌还存在一定的差距。国外品牌历史悠久，这是我国自主品牌所不具备的优势。汽车产业是促进国民经济发展的重要推动力之一，世界各国一直致力于加强对汽车产业的控制权。各大跨国汽车公司纷纷加强在中国的市场布局，不断加大在各个环节的投入，一方面巩固中高端汽车市场的优势，另一方面加强对低端车的渗透，这对我国的自主品牌形成挤压态势。

我国汽车产业飞速发展，为汽车产业的品牌建立和自主技术创新提供了机遇，我国部分企业也抓住机遇建立了企业自主品牌，相应的汽车产业技术研发体系也不断健全。但由于我国汽车企业自主品牌意识不强，汽车企业自主品牌建立较困难，很多汽车企业仍依赖于合资模式。当前，我国自主轿车吉利帝豪、长安逸动、奇瑞艾瑞泽在市场上卖得较好，但主要是在低端市场；高端产品几乎都是外国品牌，我国的客车、货车、轿车自主品牌都比较少。

第三，需要进一步加快汽车的商业模式创新。以车联网为例，目前，国内车企推出的车联网智能系统，其基本原理大致相同，一般是通过网络通信手段实现远程连接，为车辆提供实时路况、通信等基本功能。但是，终端、系统层的标准并不统一，由于车联网较为复杂，这样商业模式目前还较为模糊，需要进一步完善。

第四，新能源汽车发展仍存在诸多阻碍。充电基础设施建设相对滞后，建设资金存在缺口，充电接口标准不统一，导致新能源汽车充电不够便利。电池是新能源汽车发展的关键，电池技术水平偏低，续航里程、安全、寿命等问题有待进一步突破。同时，低端电池出现了产能过剩。

第五，产业人才存在短板。我国汽车产业人才一直处于缺乏状态，尤其缺乏全球汽车行业的顶尖科学家和技术专家。相关数据显示，到2020年整个汽车行业新型人才缺口将达100万人，特别是具有综合型汽车管理岗位能力的高管人才缺口将更大。

同时，汽车从业人员还存在结构失调问题，汽车零部件企业、整车企业的科技人才与研发人员相对比较集中，汽车生产、维修领域的中高级技工缺口较大。由于中高级技工培训周期长、难度高，所以此类人才缺口短期内难以弥补。当前，产业跨界融合快速发展，对人才的知识结构要求越来越高。

（三）推动汽车行业转型升级的对策建议

应逐步解决经济新常态下我国汽车行业发展面临的重大挑战，进一步促进行业转型升级，提升行业的国际竞争力。

第一，提高汽车行业的创新能力。汽车行业转型应该与我国正在实施的“工业转型升级战略”和“汽车强国战略”相结合，聚焦于增强核心创新能力，坚持创新驱动发展导向，增强自主发展动力，实现转型升级。

完善以企业为主体的研发体系。以先进汽车电子、自动驾驶系统、核心芯片等为重点，加强研发与攻关，实现共性、基础性技术取得重大突破。大力支持智能网联汽车关键技术研发及应用，支持软件或互联网公司跨界研发。

第二，加强自主品牌建设。汽车行业应加强品牌培育，提高产品质量，提升企业的国际竞争力。汽车企业应加强可靠性设计、试验与验证技术开发应用，完善产品质量标准体系，健全全生命周期的质量管理机制，充分利用互联网、大数据等信息技术，提高质量控制能力，提升产品质量。

企业应提高品牌意识，积极实施品牌战略，提升品牌价值。企业可以充分利用国际产业合作、重大活动等机会对我国汽车品牌进行推广。行业组织可以考虑研究建立适合我国汽车行业特色的质量品牌评价体系。在现有汽车产业集聚区的基础上，进行改造提升，推动产业集聚向产业集群转型升级。具有一定优势的大企业大集团可以通过国际知名品牌收购和运管，提升自身技术水平。

第三，强化产业链合作，加强跨界融合。以互联网思维为指导，完善产业交流合作平台，鼓励汽车企业与互联网企业联合，推进深度结合，共同推动汽车新业态的培育。积极推进智能制造，鼓励企业在研发设计、生产制造等环节积极应用数字化、智能化技术。积极建设数字工厂、智能工厂、智慧工厂建设，促进企业实现大批量定制生产。推进企业智能化改造提升，促进全产业链协同发展。

整车和零部件企业之间可以构建新型“整车—零部件”合作关系，探索建立产业或创新联盟，完善利益共享机制，整车企业与优势零部件企业在研发、采购等层面加强合作，建立安全可控的关键零部件配套体系，双方企业在关键零部件和“四基”薄弱环节可以进行联合攻关，鼓励整车和零部件企业协同发展。

第四，促进新能源汽车健康发展。习近平总书记指出，“发展新能源汽车，是我国从汽车大国迈向汽车强国的必由之路”。根据技术和市场的发展，完善政策体系，对标准体系不断调整，建立补贴政策动态调整机制。加强对电池与管理系统的研发力度，提高电池性能；多方筹措资金，推进充电基础设施建设。

第五，加大培养复合型产业人才的力度。在引进高端人才的同时，加大人才培养力度，着力培养汽车产业的科技领军人才、企业家、复合型等紧缺人才队伍。加强“工匠”人才的培养。汽车产业也需要大量熟练的产业工人，而产业工人的培养主要依赖于各种类型的职业学校和技工学校。因此，增加对职业学校和技工学校的投入，加强企业与职业院校之间的合作，培养大量具有“工匠精神”的高级技术工人，提高产业一线人员参与自主创新的能力。健全人才评价体系，完善人才激励机制，优化人才流动机制，改善人才生态环境，不断完善人才制度。

三、水泥行业的转型升级

水泥行业是国民经济建设的重要基础原材料产业，具有规模经济效应，是高能耗、高污染行业，行业转型升级任务艰巨。当前，我国水泥行业正沿着低增长、低价格、低效益和高压力的“新常态”轨迹运行。我们要主动适应、积极应对我国经济建设的“新常态”，强化创新驱动，引导水泥行业调整优化结构，积极推动行业转型升级，实现可持续发展。

(一) 我国水泥行业发展现状

1. 产量保持平稳增长，行业效益有所好转

自 1985 年以来，我国水泥产量一直位居世界第一。近年来，我国经济增速放缓，由高速增长转变为中高速增长，投资放缓，水泥需求增长也逐步放缓，水泥产量的增速随之放缓（见图 7-4）。

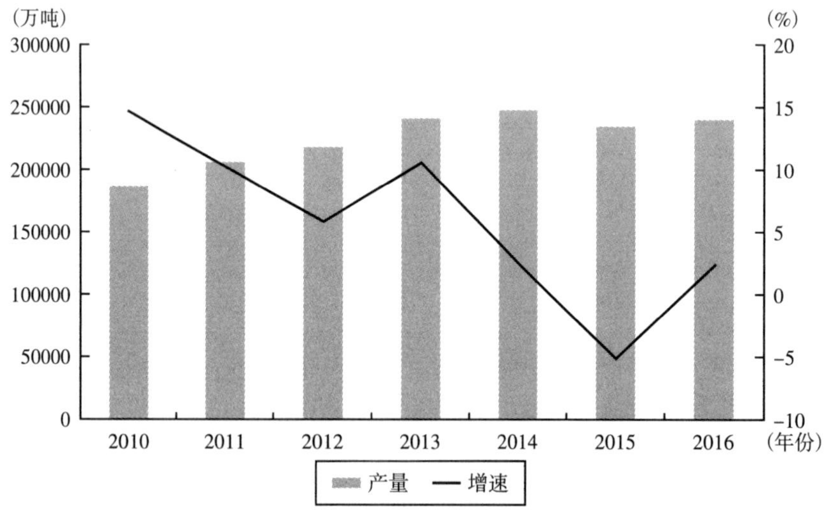

图 7-4　2010~2016 年水泥产量及增速

资料来源：根据 Wind 数据库数据绘制。

2014 年，我国水泥和熟料的产量均达到顶峰，2015 年出现了下滑后，这是近 30 年来的首次下滑，2016 年重新回到 24 亿吨的水平。华东和中南是全国需求最大的区域，两大区域水泥产量占全国比重接近 60%。新型干法水泥产量也从 2011 年起快速增长，到 2014 年已达 23.77 亿吨，占水泥总产量的 96%（见表 7-3）。

从水泥的价格来看，自 2011 年起至 2016 年初水泥价格总体呈现出持续下行的走势，2011~2012 年全国 P.O42.5 散装水泥市场价格由最高 431 元/吨下降至 324 元/吨，下降了 107 元/吨，降幅达 25%；2011 年的最高价与 2016 年初的最

表 7–3　新型干法水泥产量占比

年份	2010	2011	2012	2013	2014	2015
新干水泥产量（亿吨）	14.9	18.68	20.31	22.93	23.77	23.01
水泥总产量（亿吨）	18.68	20.63	21.84	24.14	24.76	23.48
新干水泥占比（%）	79.77	90.15	92.99	95	96	98

资料来源：根据国家统计局和 Wind 数据库相关数据绘制。

低价相比则下降了 187 元/吨，降幅高达 43%。2016 年全年，水泥价格回升，P.O42.5 散装水泥市场价格年初最低为 244 元/吨，至 12 月份已回升至 337 元/吨。

当前，水泥行业整体效益有所好转。2015 年，水泥行业企业亏损面约为 35%，亏损企业亏损总额为 215.36 亿元，亏损额较上一年增长一倍多。全国 31 个省级地区中，有 9 个省的水泥行业出现亏损，约占 29%。全年行业实现利润 329.7 亿元。2016 年，由于受水泥价格持续回升等因素的影响，北方省份大幅减亏且多数省份实现扭亏，南方省份利润均有不同程度的上涨。2016 年，水泥行业实现利润 518 亿元，较 2015 年有大幅增长。

2. 资源环境倒逼产业转型，技术不断升级

我国水泥行业在发展中面临的资源环境压力不断增加。国家在资源使用、能源消耗和环境保护等方面的改革逐步深入，环保执法力度越来越严，如为保护环境，工信部发布的《环境保护部关于进一步做好水泥错峰生产的通知》（工信部联原〔2016〕351 号）规定水泥行业要实施错峰生产，而且水泥粉磨站在重污染天气预警期间应实施停产。《京津冀及周边地区 2017~2018 年秋冬大气污染综合治理攻坚行动方案》（环大气〔2017〕110 号）规定，“2+26”城冬季错峰停产，主要是在北方采暖季中停止系列工业项目，以达到减少大气污染物排放的目的，水泥生产线就是被停产的项目之一。对于水泥行业而言，这意味着开采成本、环保治理成本将大大增加，这也在很大程度上倒逼着水泥行业不断转型升级。

在多种因素推动下，我国水泥行业的技术不断实现突破。当前，水泥行业技术创新，更多的是用信息化技术提升水泥生产监控和企业管理水平，从而提高劳动生产率；寻求新的可替代原料、燃料的使用，提升能效和增加资源综合利用水平；采用更先进的环保技术，降低污染物排放和温室气体排放，以降低环境负荷

总量；利用水泥窑炉高温和大处置能力的特性，开展城市垃圾、污泥、危废的协同处置，为城市化发展做贡献；引进生物多样性的理念，推行水泥绿色矿山采运的生产管理方式，使水泥企业在消耗石灰石矿山资源的同时，创造新的生态文明环境。新增产能将严格控制。

3. 行业集中度不断提高，产业组织结构合理化程度提升

我国水泥企业众多，各企业之间市场重叠度高、互相影响较大（见图 7–5）。《关于促进建材工业稳增长调结构增效益的指导意见》（国办发〔2016〕34 号）提出，到“十三五”末，前十大水泥熟料集中度达到 60%左右。

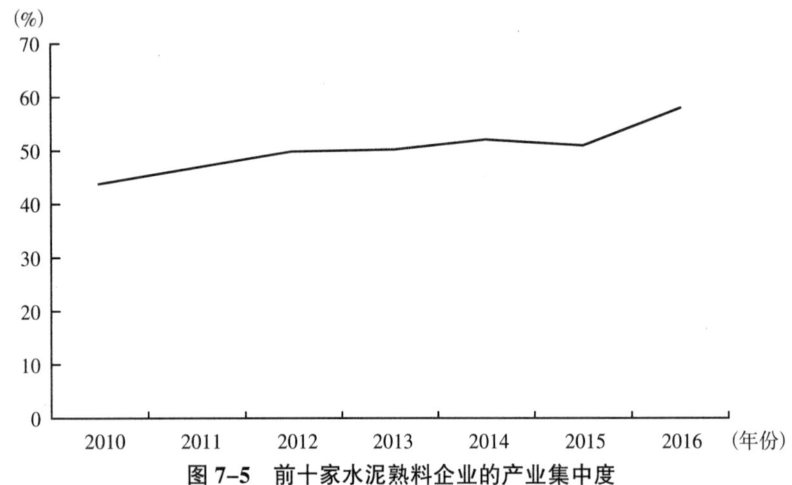

图 7–5 前十家水泥熟料企业的产业集中度

资料来源：中国水泥行业协会。

水泥行业的集中度不断提高。2014 年底，我国水泥企业数量超过 3000 家，各地区竞争形势错综复杂。以湖南省为例，前四大水泥企业行业集中度接近 80%，但由于企业数量过多，各自为政，使得湖南省水泥价格长期处于全国最低水平。到 2016 年，全国前 10 家水泥及熟料企业的行业集中度分别为 44%和 58%，比上年分别提高 5.0 个和 7.0 个百分点。

水泥企业兼并重组为行业的发展带来了新面貌，其中，较为典型的兼并重组案例如金隅和冀东的整合、中国建材和中国中材的合并、华新水泥进一步整合拉法基中国水泥资产。这些案例属于大企业间的强强联合，对水泥行业的发展具有

一定的示范效应，促进行业集中度的提高。

此外，“毒水泥”生产商的治理取得成效。按照国家资源综合利用相关政策，水泥、熟料生产中掺兑废渣达到一定比例即可享受税收优惠等政策。虽然国家对废渣的种类进行了明确的规定，但部分企业为了追求利益，竟然使用无机盐厂铬渣、焚烧发电厂炉渣等有毒有害物质作为掺合料，产生了“毒水泥”，这类“毒水泥”中锌、锰、铬等重金属严重超标，对水泥使用者和住户的身体健康都具有极大的危害。为此，各地方质检、环保等部门加大对水泥产品的抽检力度，对于这类企业，发现一家、取缔一家。

（二）水泥行业发展面临的挑战

我国水泥的产量虽然较大，还不是水泥强国，水泥产业的产品结构、技术结构和组织结构还需要不断调整、转型和升级，以解决近年来一直饱受困扰的产能过剩问题。

第一，产能过剩问题依然不容忽视。当前，我国水泥行业出现了严重的产能过剩（见表 7–4、图 7–6）。2013 年国务院发布的《关于化解产能严重过剩矛盾的指导意见》（国发〔2013〕41 号）明确指出，水泥为严重过剩产业，要求“各地方、各部门不得以任何名义、任何方式核准、备案产能严重过剩行业新增产能项目”。2016 年，国务院把化解产能过剩作为重中之重的工作，发布的《关于促进建材工业稳增长调结构增效益的指导意见》（国办发〔2016〕34 号）再次明确提出严禁新增产能。《水泥工业“十三五”发展规划》指出，“产能过剩的矛盾日益突出，行业产能利用率不足 67%~68%，部分地区不足 50%”。

表 7–4　2010~2015 年我国水泥产能利用率

单位：亿吨

年份	2010	2011	2012	2013	2014	2015
水泥产能	27.93	28.97	30.70	32.90	33.35	35
水泥产量	18.68	20.63	21.84	24.14	24.76	23.5
水泥产能利用率（%）	66.87	71.22	71.14	73.39	74.24	60

资料来源：国家统计局，Wind 数据库。

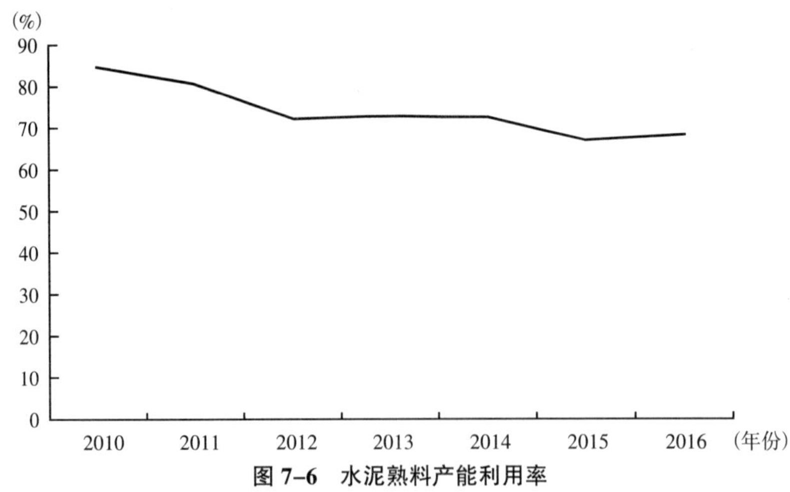

图 7-6 水泥熟料产能利用率

资料来源：根据中国水泥协会提供的数据绘制。

从实际新增产能来看，2016 年，新点火水泥熟料产能 2558 万吨，同比下降 46%。截至 2016 年，水泥熟料设计总产能约为 18.3 亿吨，较上一年仅增长 1%。虽然新增产能大幅下降，但水泥熟料产能的总量仍有所增长，产能严重过剩矛盾依然没有得到有效解决，尤其是随着我国经济发展进入新常态，经济增长放缓，水泥需求开始出现下行走势，出现需求“平台期”，所以水泥行业的产能过剩矛盾依然很突出。水泥协会数据显示，2016 年，水泥孰料的产能利用率为 68.1%，明显低于 80%的合理水平。

可以看出，我国水泥行业的产能利用率明显低于正常的工业发展水平。所以，虽然我国水泥行业经济运行呈现回升、稳中向好的势头，但产能过剩矛盾没有得到根本缓解，供给结构仍待进一步优化。

第二，技术水平有待进一步提高。目前，我国水泥行业整体技术偏低，落后工艺水泥产量占总产量的 30%，能耗高、能源利用率低，对环境带来严重的污染。许多技术环节还需要跟踪模仿外国技术，在理论上和关键环节缺乏突破。科技研发分割体制对创新具有一定的阻碍。由于科技研发体制分割，水泥行业的技术研发环节处于割裂状态，难以形成联合创新，资源和人才投入不能实现有效集成，难以形成研究合力。第二代新型干法水泥技术具有高效节能减排、“协同处置”废弃物、充分利用余热、高效防治污染、低碳技术等特点，但第二代新型干法水泥创新研发后劲不足。水泥窑“协同处置”技术发展需大力推进。虽然部分企业已具备了比较成熟的水泥窑“协同处置”技术，但大规模推广仍存在一定困难。

第三，环保压力依然较大。我国水泥产能巨大，行业自身的特点致使我国水泥行业的节能减排面临着巨大的压力。

由于我国水泥行业的产量较大，所以该行业的粉尘、CO_2等的排放量较大。水泥生产包括多个工艺环节，如水泥粉磨、熟料煅烧、原料开采等，都会大量排放CO_2。水泥行业的核心工艺就是熟料锻烧，由生料煅烧成熟料需要大量的热量。而目前我国的主要燃料就是煤，煅烧过程要利用煤炭燃料产生的热量，而煤炭在燃烧过程中也会产生大量的CO_2。在水泥企业环保执法方面，对不同的企业，尺度不大一样，随意性比较大，容易造成不公平竞争现象。我国水泥行业基本上完成了行业的技术结构调整，但仍存在着少部分新型干线规模小，技术指标不符合能耗、环保标准等问题。

（三）推动水泥行业转型升级的建议

一是积极化解过剩产能，优化存量。我们应继续严格遵守国家规定，限制新产能的增加。坚决淘汰落后产能，当前，国际上通用的基本上是42.5水泥，占比约50%，其余的50%是标号更高的52.5和62.5水泥，但我国水泥中，32.5的仍占有较大的比重，所以，我国应积极淘汰品种低标号的水泥。针对当前我国部分地区水泥行业的企业集中度还较低，存在无序竞争、恶性竞争、低价倾销等问题，如2015年水泥行业前十家熟料产能97724万吨，前10家企业行业集中度为54%，应加大兼并重组力度，进一步落实相关政策，加强引导，促进企业做大做强，通过重组化解过剩产能。鼓励和支持有条件的企业到海外进行投资，或与其他行业企业联合起来，共同走出去。

精心优化存量，是新一轮转型升级的一个重要突破口。可以考虑出台一些新标准、新规范，引导企业有效地优化存量。可对不同的企业进行分类指导，有针对性地解决问题。积极引导企业加大技术改造投入，促进技术升级。对于规模合理的生产线，进一步优化设计，有计划地、有针对性地更新设备，进一步提高竞争力。对于规模较小的新型干法线，可以研究转产方案。随着高层建筑增加和混凝土制品行业的发展，特种水泥和建筑骨料需求上升，可以探索转型生产特种水泥或配套陶粒骨料。

二是通过技术升级促进绿色发展。在现有技术基础上，通过自主创新、集成创新和协同创新，使我国水泥生产线在环保功能、产品质量、品种、智能化程度、污染物控制与减少排放、资源能源利用效率等方面都得到进一步提升。积极推广新技术的应用，如窑炉节能技术、氮氧化物减排的分级燃烧、SNCR 和 SCR 技术、高性能熟料和水泥产品生产技术、企业能效管理技术等。积极推行超洁净排放，降低工业污染物的排放量。全面推广水泥窑“协同处置”技术，利用水泥窑“协同处置”城市生活垃圾，逐步替代传统落后的焚烧及填埋处置城市生活垃圾形式，缓解城市垃圾问题。实现水泥行业转变为“两型一绿”行业，即“环境友好型、资源节约型、绿色循环产业”，打造环境友好、资源节约的绿色水泥制造行业。

三是提高产品标准，延伸产业链。以提升标准、创新标准来促进行业转型升级。通过制定、修订标准加快推广高性能混凝土使用，鼓励生产和使用高标号水泥。加大科研力度，研发水泥新品种，大力发展高品质的水泥深加工产品，改善产品性能，开拓新的应用领域。要切实转变发展观念，转变依靠单一水泥产品规模实现增长的传统发展方式，通过优化技术、品牌、管理、资源、市场等要素配置，着力做强以水泥熟料为龙头的主业，实现纵向一体化和横向多元化发展，开创企业新的利润增长点。可利用矿山优势和资本优势，进入混凝土骨料市场，以发展绿色矿山为契机，提高混凝土骨料市场导入成本，占领当地骨料市场。在多元化发展方面，统筹发展研发设计、工程服务、商储物流等生产性服务业，通过完善产业链、拓宽产品结构，发挥产业协同效应。

四是创新业态模式。水泥企业应主动运用“互联网+”，不断创新业态模式。深化新一代信息技术在企业生产经营中的运用，将“互联网+”思维与物联网技术结合，充分运用大数据、云计算等，改造企业的生产流程，提升管理效率，实现组织模式和商业模式的创新。大力发展水泥电商贸易，大中型企业可以向提供研发设计、技术改造服务等领域延伸，提供第三方服务，向服务型制造转型。

参考文献

[1] 赵昌文等. 新时期中国产业政策研究 [M]. 北京：中国发展出版社，2016.

[2] 程立茹，李书江. 我国企业海外并购的政治风险及防范策略研究 [J]. 对外经济贸易大学学报，2013 (8).

[3] 蓝庆新. 近年来我国资源类企业海外并购问题研究 [J]. 国际贸易问题，2011 (8).

[4] 杨春桃. 中国企业海外并购现状及法律风险分析 [J]. 人民论坛，2013 (8).

[5] 江飞涛，李晓萍. 当前中国产业政策转型的基本逻辑 [J]. 南京大学学报 (哲学·人文科学·社会科学版)，2015 (3).

[6] 刘志彪. 经济发展新常态下产业政策功能的转型 [J]. 南京社会科学，2015 (3).

[7] 宋小芬. 后金融危机时期产业政策的作用空间 [J]. 改革与战略，2011 (11).

[8] 丁茂中. 产业政策的竞争评估研究 [J]. 法学杂志，2016 (3).

[9] 郧彦辉. 进一步降低我国制造业成本的对策建议 [N]. 中国经济时报，2016-09-30.

[10] 郧彦辉. 金融手段可有效分解“僵尸企业”处置成本 [J]. 中国党政干部论坛，2016 (6).

[11] 郧彦辉. 应正确看待我国首次成为资本净输出国 [N]. 中国经济时报，2015-04-10.

[12] 盛朝迅，黄汉权. 中美制造业成本比较及对策建议 [J]. 宏观经济管理，2016 (9).

[13] 孙早，席建成. 中国式产业政策的实施效果：产业升级还是短期经济增长 [J]. 中国工业经济，2015 (7).

[14] 波士顿咨询集团 (BCG). 全球制造业的经济大挪移 [R]. 2015 (8).

[15] 陈汉林，朱行. 美国“再工业化”对中国制造业发展的挑战及对策 [J]. 经济学家，2016 (12).

[16] 宾建成. 欧美“再工业化”趋势分析及政策建议 [J]. 国际贸易，2011 (2).

[17] 德国 2020 高科技战略：创意·创新·成长[J]. 科技导报，2011 (29).

[18] 丁纯，瞿黔超. 金融危机对德国经济与社会的影响以及德国的对策 [J]. 德国研究，2009 (2).

[19] 丁纯，李君扬. 德国“工业 4.0”：内容、动因与前景及其启示 [J]. 德国研究，2014 (12) .

[20] 黄阳华. 德国“工业 4.0”计划及其对我国产业创新的启示 [J]. 经济社会体制比较，2015 (2).

[21] 姚海华，金钟范. 韩国政府应对国际金融危机的政策及其启示 [J]. 亚太经济，2011 (1).

[22] 张光磊. 国际金融危机以来韩国促进经济长期创新增长的政策及对我国的启示 [J]. 当代经济，2014 (14).

[23] 姜达洋. 现代产业政策理论新进展及发展中国家产业政策再评价 [M]. 北京：经济日报出版社，2016.

[24] 盛朝迅. 发达国家新兴产业政策的新动向与启示 [J]. 经济纵横，2016 (11).

[25] 王喜文. 日本发布《机器人新战略》[N]. 中国电子报，2015-04-02.

[26] 周雅甜，饶晔，刘润生. 德国出台新的高技术战略 [J]. 科学中国人，2015 (1).

[27] 张建红，周朝鸿. 中国企业走出去的制度障碍研究 [J]. 经济研究，2010

(6).

[28] 李磊，包群. 融资约束制约了中国工业企业的对外直接投资吗 [J]. 财经研究，2015，41 (6).

[29] 王碧珺，谭语嫣，余淼杰，黄益平. 融资约束是否抑制了中国民营企业对外直接投资 [J]. 世界经济，2015 (12).

[30] 刘莉亚，何彦林，王照飞，程天笑. 融资约束会影响中国企业对外直接投资吗 [J]. 金融研究，2015 (8).

[31] 蒋冠宏. 企业异质性和对外直接投资——基于中国企业的检验证据 [J]. 金融研究，2015 (12).

[32] 王恕立，向姣姣. 制度质量、投资动机与中国对外直接投资的区位选择 [J]. 财经研究，2015 (5).

[33] 吴群锋，蒋为. 全球华人网络如何促进中国对外直接投资？[J]. 财经研究，2015 (12).

[34] 蒋冠宏. 制度差异、文化距离与中国企业对外直接投资风险 [J]. 世界经济研究，2015 (8).

[35] 何帆. 中国对外投资的特征与风险 [J]. 国际经济评论，2013 (1).

[36] 姚凯，张萍. 中国企业对外投资的政治风险与量化评估模型 [J]. 经济理论与经济管理，2012 (5).

[37] 张舒. 工业先行国产业升级路径的比较：以纺织业为例 [J]. 财经问题研究，2014 (10).

[38] 胡昱. 产业升级路径选择：循序演进与跳跃发展 [J]. 东岳论丛，2011，32 (12).

[39] 姜泽华. 我国产业结构升级模式变迁的效应与前瞻分析 [J]. 理论探讨，2010 (1).

[40] 朱卫平，陈林. 产业升级的内涵与模式研究——以广东产业升级为例 [J]. 经济学家，2011 (2).

[41] 黄群慧. 东北地区制造业战略转型与管理创新 [J]. 经济纵横，2011 (7).

[42] 张志元. 珠三角经济发展模式及其对东北地区经济振兴的借鉴——以制造业为例 [J]. 兰州学刊，2013 (5).

[43] 王立国，高越青. 建立和完善市场退出机制　有效化解产能过剩 [J]. 宏观经济研究，2014 (10).

[44] 李庆国，于凡修. 东北三省工业企业自主创新能力分析 [J]. 黑龙江社会科学，2017 (4).

[45] [英] 威廉·配第. 政治算术 [M]. 北京：商务印书馆，1978.

[46] 武力，温锐. 1949 年以来中国工业化的“轻、重”之辨 [J]. 经济研究，2006 (9).

[47] 刘伟. 工业化进程中的产业结构研究 [M]. 北京：中国人民大学出版社，1995.

[48] 周林，杨云龙，刘伟. 产业政策推进发展与改革 [J]. 经济研究，1987 (3).

[49] 刘伟，张辉，黄泽华. 中国产业结构高度与工业化进程和地区差异的考察 [J]. 经济学动态，2008 (11).

[50] 开局首季问大势——权威人士谈当前中国经济 [N]. 人民日报，2016-05-09.

[51] 林毅夫. 中国在 2020 年有望成功跨越中等收入陷阱 [EB/OL]. http://finance.ifeng.com/a/20160322/14283635_0.shtml，2016-03-22.

[52] 辜胜阻，曹誉波，王敏等. 跨越“中等收入陷阱”的路径选择 [J]. 商业时代，2012 (14).

[53] 马晓河. 跨越“中等收入陷阱”的战略选择 [M]. 北京：社会科学文献出版社，2012.

[54] 厉以宁. 中国不会落入“中等收入陷阱” [J]. 求是，2013 (2).

[55] 刘晓光，时英. 东北应走出“单一经济结构困局” [J]. 宏观经济管理，2016 (6).

[56] 黄宏磊，齐向东，刁兆峰. 我国水泥工业面临的现实困境与战略转型对策研究 [J]. 宏观经济研究，2015 (10).

[57] 中共中央文献研究室. 习近平关于社会主义经济建设论述摘编 [M]. 北京：中央文献出版社，2017.

[58] 李文军. 经济新常态下加快产业转型升级的路径 [J]. 经济纵横，2015(8).

[59] 江小涓. 理论、实践、借鉴与中国经济学的发展——以产业结构理论研究为例 [J]. 中国社会科学，1999 (6).

[60] 姜晓东. 关于中国钢铁产能过剩的若干思考与建议 [J]. 钢铁，2013 (10).

[61] 金碚，吕铁，李晓华. 关于产业结构调整几个问题的探讨 [J]. 经济学动态，2010 (8).

[62] 宋小芬. 后金融危机时期产业政策的作用空间 [J]. 改革与战略，2011 (11).

[63] The American Clean Energy and Security Act of 2009，June 2009 by Congress，United States.

[64] American Power Act of 2010，May 2010 by the United States Senate.

[65] Clean Energy Technology Manufacturing and Export Assistant Act of 2010，August 2010 by House of Representatives.

[66] A Strategy for American Innovations，2011 by the White House.

[67] A National Strategic Plan for Advanced Manufacturing，February 2012 by Executive Office of the President and National Science and Technology Council.

[68] National Network of Manufacturing Innovation：A Preliminary Design，January 2013 by Executive Office of the President，National Science and Technology Council，Advanced Manufacturing National Program Office.

[69] A Roadmap for U. S. Robotics—From Internet to Robotics (2013)，March 2013 by Office of Science and Technology Policy of USA.

[70] Measurement Science Roadmap for Metal-Based Additive Manufacturing，May 2013 by the National Institute of Standards and Technology of USA.

[71] Driving Success：UK Automotive Strategy for Growth and Sustainability，2013，

Department for Business, Innovation & Skills.

[72] Low Carbon Transport: A Greener Future, 2009, Department for Transport.

[73] Low Carbon Construction Innovation & Growth Team: Final Report, 2010, Department for Business, Innovation & Skills.

[74] Industrial Strategy Government and Industry in Partnership, 2014, Department for Business, Innovation & Skills.

[75] Information Economy Strategy, 2013, Department for Business, Innovation & Skills.

[76] Innovation and Research Strategy for Growth, 2011, Department for Business, Innovation & Skills.

[77] Nuclear Industrial Strategy: The UK's Nuclear Future, 2013, Department for Business, Innovation & Skills, Department of Energy & Climate Change.

[78] Offshore Wind Industrial Strategy: Business and Government Action, 2013, Department for Business, Innovation & Skills, Department of Energy & Climate Change.

[79] New Robot Strategy, February 2015 by the Headquarters for Japan's Economic Revitalization.

[80] Japan Revitalization Strategy-Japan is back, June 2013 by Ministry of Economy, Trade and Industry of Japan.

[81] Additive Manufacturing Roadmap, 30 November 2016 by Department of Defense USA.

后 记

自人类社会进入大工业时代以来，产业结构转型升级问题就一直是各国政府、学界最为关注的理论与实践问题。数百年来，有关研究成果汗牛充栋，但随着时代的不断进步，新的研究课题也在不断涌现。自2008年国际金融危机爆发以来，以“脱实向虚”为主要特征的西方国家经济体也充分认识到产业结构不断优化升级的重要性，并且在最近十年间采取了一系列或成功或成效仍然有待检验的产业政策。与西方国家不同，改革开放以来党和政府所采取的有效产业政策，保证了我国产业结构转型升级的大方向清晰而科学，学术界的主要任务有两个：一是在理论上总结出具有中国特点的产业政策理论体系，在这方面经济学家们的争论一直很激烈，而且争论会随着产业结构的现代化而持续下去；二是在实践中归纳和总结我国产业结构转型升级面临的主要挑战及具体对策。笔者一直在政策研究部门工作，对于理论问题只能藏拙，因此本书的研究内容主要偏重于实践的对策问题。

从实践角度来看，产业结构转型升级面临的问题千头万绪，笔者依照化繁为简、重点突出的原则，对当前和未来一段时期我国产业结构转型升级所面临的重点、难点问题进行了较为全面的分析。笔者以为，对于我国产业结构转型升级而言，只要我们能够借鉴近年来西方国家产业政策实施的经验教训，抓准我国产业结构转型升级的关键问题，把脉重点地区、重点行业转型升级的难点问题，就一定能够顺利实现制造强国的目标。有鉴于此，本书主要章节所讨论的主题围绕以上三个方面的内容来展开。

在本书写作过程中，众多领导和师友提供了大量无私的帮助。首先，要感谢工业和信息化部相关司局领导的关心和指导，感谢我的单位——中国电子信息产业发展研究院领导的支持，感谢我所在的产业政策研究所每天朝夕相处的同事们的帮助。其次，感谢母校中国人民大学统计学院的赵彦云院长、胡毅教授多年来对学生的指导和帮助；还要感谢我的家人，尤其是我的丈夫，婚后十多年他一直默默地在背后支持我，虽所学专业不同，但琴瑟和鸣，岁月静好。最后要感谢的是经济管理出版社的领导和编辑老师，感谢经济学家张世贤研究员的大力扶持，感谢丁慧敏老师的专业意见和审读把关。由于知识和能力有限，书中一定存在着不足与疏漏之处，还请各位方家不吝指正，以待我在今后的学习与研究过程中不断修改和完善。

郧彦辉

于西山大有北里

2018. 1. 8